山东省高校青年教师过度劳动问题研究

Research on the Problem of Overwork among Young Teachers in
Institutions of Higher Learning of Shandong Province

万 利　刘甲坤◎著

经济管理出版社

ECONOMY & MANAGEMENT PUBLISHING HOUSE

图书在版编目（CIP）数据

山东省高校青年教师过度劳动问题研究/万利，刘甲坤著.—北京：经济管理出版社，2019.11

ISBN 978-7-5096-6867-2

Ⅰ.①山… Ⅱ.①万… ②刘… Ⅲ.①地方高校—青年教师—劳动强度—研究—山东 Ⅳ.①G645.15

中国版本图书馆 CIP 数据核字（2019）第 181296 号

组稿编辑：梁植睿
责任编辑：梁植睿
责任印制：黄章平
责任校对：赵天宇

出版发行：经济管理出版社
　　　　　（北京市海淀区北蜂窝 8 号中雅大厦 A 座 11 层　100038）
网　　址：www.E-mp.com.cn
电　　话：（010）51915602
印　　刷：唐山玺诚印务有限公司
经　　销：新华书店
开　　本：720mm×1000mm/16
印　　张：13.5
字　　数：227 千字
版　　次：2019 年 11 月第 1 版　　2019 年 11 月第 1 次印刷
书　　号：ISBN 978-7-5096-6867-2
定　　价：68.00 元

前　言

　　2016 年 8 月 19 日至 20 日，习近平主席在全国卫生与健康大会上强调，没有全民健康，就没有全面小康。要把人民健康放在优先发展的战略地位。加快推进健康中国建设，努力全方位、全周期保障人民健康，为实现中华民族伟大复兴的中国梦打下坚实健康基础。2016 年 10 月 25 日，中共中央、国务院印发了《"健康中国 2030"规划纲要》。由此可见，人民健康管理问题已经引起国家高度重视，上升为国家重要发展战略。

　　近年来，高校青年教师"过劳死"事件时有发生，高校青年教师健康现状究竟如何？据《2009 中国城市健康状况大调查》报告显示，在全国各大城市中六成以上劳动者因长期过度劳动，身心健康受到严重影响，其中以高校青年教师尤为典型。倦怠、抑郁等现象在该群体中呈迅速蔓延之势。高校青年教师不仅从事高强度的脑力劳动工作，同时，每天还要从事带有情感色彩的工作，体验情绪上的紧张和痛苦，因此成为职业紧张的高危人群。高校青年教师的过度劳动为社会经济的全面健康、持续发展带来了潜在的负面影响。中共中央、国务院《关于深化教育改革全面推进素质教育的决定》指出，建设高质量的教师队伍是全面推进素质教育的基本保证。

　　从高校环境来看，各高校为激励教师开展科研工作，制定相关的科研绩效考核制度和标准，尤其是把科研绩效与职务晋升、职称评定相挂钩；实行岗位聘任制，考核周期短，任务量重……这些导致高校青年教师的科研压力与日俱增。这种超负荷的科研绩效压力给高校青年教师带来严重的心理负担，从而引起精神高度紧张和焦虑情绪，引发身体产生不良反应，导致免疫力下降，如溃疡、心律失常、高血压等过度劳动疾病。当前，高校青年教师（40 周岁以下）已经成为高校教师队伍的中坚力量,是高校人力资源的主要组成部分,而高校青年教师角色的多元性导致其科研绩效压力大、职业紧张以及过度劳动等问题可能更为严重。

国内学者近年来已开始关注高校青年教师的过度劳动问题,研究视角多侧重于理论思辨,过度劳动的影响因素及形成机理相关研究还需要更系统的研究,尤其是大样本的定量和实证研究。

基于以上问题,本书共分为以下几章:

第一章为导言,主要包括研究背景、研究目标、研究方法、研究内容。

第二章为概念界定及理论基础,主要包括本书研究变量的相关概念界定、国内外研究现状的梳理,并结合理论基础,通过变量之间的关系构建研究理论假设。

第三章为研究模型及研究方法,主要通过文献综述和理论基础构建研究模型,对相关研究概念进行操作性定义和量表的选定,为了验证研究假设和模型,通过问卷调查进行样本抽样,并对样本进行描述性统计。

第四章为实证分析与假设验证,通过对回收的调查问卷进行有效处理,并进行信效度检验、相关关系分析及回归分析,检验研究假设及研究模型,探析高校青年教师过度劳动的影响因素及成因。

第五章为结论与展望,根据实证分析结果,得出研究结论和研究启示,并对未来的研究进行展望。

本书的研究能够为改进高校青年教师的过度劳动提供科学依据和决策参考,有助于促进高等教育人力资源的全面、健康、可持续发展和健康中国的全面实现。

在本书完成过程中,诚挚感谢山东青年政治学院经济管理学院人力资源管理教研室各位领导老师的支持,感谢人力资源管理专业学生万琳琳、杨瑾等同学对本书的帮助,感谢家人的理解与支持。

目　录

第一章　导言

第一节　研究背景及研究目标

一、研究背景

高校青年教师"过劳死"事件近年来时有发生，究其原因究竟为何？

2016 年 8 月 19 日至 20 日，习近平主席在全国卫生与健康大会上强调，没有全民健康，就没有全面小康。要把人民健康放在优先发展的战略地位。加快推进健康中国建设，努力全方位、全周期保障人民健康，为实现中华民族伟大复兴的中国梦打下坚实健康基础。2016 年 10 月 25 日，中共中央、国务院印发了《"健康中国 2030"规划纲要》。由此可见，人民健康管理问题已经引起国家高度重视，上升为国家重要发展战略。

高校青年教师健康状况究竟如何？据《2009 中国城市健康状况大调查》显示，在全国各大城市中六成以上劳动者因长期过度劳动，身心健康受到严重影响，其中以高校青年教师尤为典型，倦怠、抑郁等现象在该群体中呈迅速蔓延之势。高校青年教师不仅从事高强度的脑力劳动工作，而且每天还从事带有情感色彩的工作，体验情绪上的紧张和痛苦，因此成为职业紧张的高危人群。高校青年教师的过度劳动为社会经济的全面健康、持续发展埋下了隐患。

基于此，本书以高校青年教师为研究对象，试图解决以下四个问题：①高校青年教师过度劳动的现状；②高校青年教师过度劳动的影响因素；③高校青年教师过度劳动的影响结果；④高校青年教师过度劳动的干预体系构建。通过研究为改进高校青年教师的过度劳动提供科学依据和决策参考，促进高等教育人力资源的全面、健康、可持续发展和健康中国的全面实现。

二、研究目标

本书以过度劳动较为典型的高校青年教师为研究对象，研究目标主要包括以下五个方面：

一是过度劳动及高校青年教师过度劳动的国内外研究评述。通过文献资料收集，梳理国内外对过度劳动及高校青年教师过度劳动的研究现状及评述，并结合国内外研究现状与评述，重点探讨本书的创新点。

二是探析高校青年教师过度劳动的现状。通过对山东省24所院校抽样调查和深度访谈，分析高校青年教师过度劳动的现状。

三是实证分析高校青年教师过度劳动的影响因素及成因。利用SPSS、AMOS等统计分析软件，对抽查样本进行实证分析，结合国内外研究现状和理论梳理，进一步进行深度访谈，实证分析高校青年教师过度劳动的影响因素。

四是实证分析高校青年教师过度劳动的影响结果。利用SPSS、AMOS等统计分析软件，对抽查样本进行实证分析，并结合深度访谈，实证分析高校青年教师过度劳动的影响结果。

五是构建高校青年教师过度劳动干预体系。根据实证结果，从宏观、中观和微观三个层面着手构建高校青年教师过度劳动干预体系。

第二节 研究方法及研究内容

一、研究方法

（一）文献研究方法

本书将通过对文献进行系统分析，梳理过度劳动研究的历史脉络，界定过度劳动的理论内涵和国内外研究评述。

（二）深度访谈方法

为探析高校青年教师过度劳动的现状，对山东省 50 名高校青年教师进行深度访谈，获取一线数据和评价指标。

（三）问卷调查方法

首先对山东省 24 所高校的 2453 名青年教师进行大规模问卷调查，获取本书研究的样本，为本书进行实证研究提供了有效数据。其次利用 SPSS、AMOS 等软件对获取的样本进行信效度检验以及相关关系分析、回归分析，验证构建的模型及提出的假设。

（四）个案研究和案例分析方法

为弥补问卷调查研究的缺陷，同时对山东省三所高校中的 100 名高校青年教师进行个案研究和案例分析，进一步验证实证分析的结果和理论模型。

二、研究内容

根据研究目标，本书包括以下内容：

第一章为导言，主要包括研究背景、研究目标、研究方法、研究内容。

第二章为概念界定及理论基础，主要包括本书研究变量的相关概念界定、国内外研究现状的梳理，并结合理论基础，通过变量之间的关系构建研究理论假设。

第三章为研究模型及研究方法，主要通过文献综述和理论基础构建研究模型，对相关研究概念进行操作性定义和量表的选定，为了验证研究假设和模型，通过问卷调查进行样本抽样，并对样本进行描述性统计。

第四章为实证分析与假设验证，通过对回收的调查问卷进行有效处理，并进行信效度检验、相关关系分析及回归分析，检验研究假设及研究模型，探析高校青年教师过度劳动的影响因素及成因。

第五章为结论与展望，根据实证分析结果，得出研究结论和研究启示，并对未来的研究进行展望。

第二章 概念界定及理论基础

第一节 研究变量概念界定

一、高校青年教师

高校青年教师是指年龄在 40 岁以下，在高校从事教学科研工作的专业技术人员。他们是高校教学科研的主力军，大学生健康成长的引路人，未来公民的塑造者。他们的健康关系着高校的人才培养质量，关系着国家核心竞争力和可持续发展能力。高校青年教师有激情、有理想、有担当，国家就有前途、民族就有希望（孙绪敏，2018）。

随着高等教育深化改革的不断推进，社会、学校、学生对高校青年教师的要求越来越高，高校青年教师的工作强度也越来越大，压力水平也越来越高。每年的教学工作量、科研任务使他们每天忙于备课、上课、做实验、写论文等。学历层次的提升和专业技术职务的晋升，使他们在工作的同时还要挤出时间用于学习和研究。聘任制度、考核评价制度等人事制度变迁，使他们内心深处时有一种不稳定、不安全的感觉。此外，高校青年教师还面临着结婚生子、赡养老人等重要的、无法回避的现实问题。伴随着超负荷的工作，他们的身体、心理承受着来自各方面的压力，出现了身体透支、心理焦虑等问题，健康受到威胁，高校的办学质量和长远发展也必然受到影响。从 2005 年 1 月到 2 月底短短 2 个月的时间里，接连发生了 4 起中青年知识分子去世的现象,其中,除清华大学的两名教师外,还有一位年仅 38 岁的中国科学院科学家,另一位是年仅 32 岁的中国社会科学院的青年学者。2013 年 3 月 15 日,年仅 36 岁的中国社会科学院文学研究所副研究员张晖病逝,报道称张晖 2006 年参加工作,当时工资很低,养家糊口的压力很大,他只能牺牲休息时间去从事额外的工作。由于指标的限制,卓越的学术成就并未给他带来任何实际收益。2013 年 3 月,正处于事业上升期的东南大学年仅 37 岁的博士、副研究员张哲因病医治无效逝世。随着类似事件的发生,高校青年教师压力与健康的问题,成为维持、促进高校发展的重要课题之一(者卉,2016)。

(一) 高校青年教师的概念

从广义上讲,高校青年教师是指在高校从事教育工作的青年教师(者卉,2016)。徐晓明(2011)将高校青年教师界定为:"在高等院校专门从事教学、科研工作的年龄在 40 岁以下的教师,包括在学校各职能部门工作的具有本科以上的职工、教辅人员、行政人员。"陈海芳(2016)提出关于"青年"的年龄界定。李光奇(1994)在《"青年"年龄划分标准管见》一文中指出,青年年龄的过渡期限在 14～40 岁,分为 14～18 岁的低龄青年、18～28 岁的中间层次青年、28～40 岁的大龄青年三个阶段。《教育部优秀青年教师资助计划实施办法》《高等学校优秀青年教师教学科研奖励计划实施办法》中也对高校青年教师的年龄进行了界定,前者认定高校青年教师群体的年龄不超过 40 周岁,后者根据学科类别对高校青年教师的年龄进行不同要求,自然科学类高校青年教师年龄不超过 40 周岁,社会科学类高校青年教师年龄不超过 45 周岁(者卉,2016)。关于青年的年龄,世界其他国家、国际组织和我国都没有一个明确统一的界定。在不同的认识角度下,青年的年龄上限和年龄下限都有不同的界定。联合国教科文组织把青年的年龄界定为 14～34 岁(1982 年)。世界卫生组织将青年的年龄界定为 14～44 岁(1992 年)。联合国人口基金把青年的年龄界定为 14～24 岁(1998 年)。我国国家统计局把青年的年龄界定为 15～34 岁(人口普查)。共青团把青年的年龄界定为 14～28 岁(《中国共产主义青年团章程》)。青年联合会把青年的年龄界定为 18～40 岁(《中华全国青年联合会章程》)。我国港、澳、台地区把青年的年龄界定为 10～24 岁(香港青年事务委员会、澳门人口暨普查司、台湾青年辅导委员会)(徐珠君,2008)。高校青年教师的年龄下限相对于一般意义上的"青年"，界定起来相对容易。目前高校聘任学术型教师，至少具有博士学位，因此正常情况下其年龄一般在 28 周岁以上。关于高校青年教师年龄上限的界定，王彩霞（2017）将其限定为 40 周岁以下（不包括 40 周岁），其主要原因有以下两点：首先，近年来，部分重要科研基金项目对中青年项目申报者的年龄上限要求基本在 40 周岁以下。其次，教师工作是一项复杂、艰辛而富有创造性的脑力劳动，由于教育有周期性长、教育成果评价滞后性的特点，对于绝大多数高校青年教师而言，30 周岁是他们工作的起步阶段，历经 10 年的奋斗，到 40 周岁时，无论在教学科研水平上还是工作经验上都基本成熟。

在我国，教育部负责承担高等教育教学的宏观管理工作，并指导高等教育教学基本建设和改革等相关工作，是高校的管理部门。教育部对于高校青年教师的年龄范围虽无明确定义，但在教育部发布的人文社会科学研究青年基金项目中，则对申请者的年龄限制为不超过 40 周岁，可以认定教育部对于高校青年教师的年龄限制为 40 周岁以下（刘坤，2015）。

（二）高校青年教师的特点

高校青年教师在当今社会尤其是专业技术人才队伍里是一个比较特殊的群体，两个群体的交集构成了他们的特殊性：首先，作为大学教师，他们处于知识"金字塔"的顶端，对现实有着深刻的理性判断与思考，是社会价值观念和思想意识的拓建者和传播者，积极推动着整个人类文明的发展和进步。其次，从青年的视角看，他们充满了激情和活力，有远大的理想和抱负，对世界常有自己独到的思索和见解，兼具批判主义精神和理想主义情怀。这双重身份使他们与其他社会阶层具有明显不同的特点，"青椒""工蜂""学术民工"都是他们的代名词。同时，高校青年教师也是一个平静的、缺少社会关注的群体，他们甚至不及青年明星、新生代农民工和大学毕业生所获得的社会关注度高（陈海芳，2016）。

高校青年教师作为青年知识型员工的典型代表具有以下几个突出特点：

1. 工作量大

高校青年教师是教师行业的主干力量，为了获得学校、学生的认可，不仅需要在教学工作上投入很多精力，还要不断地充实自己，以此来获得升职、加薪、完成个人目标的能力。据统计，高校青年教师的日平均劳动时间为 10.62 小时，相比于正常岗位职工多出 2.62 小时，同时睡眠时间、娱乐时间都比一般职工要少，因此高校青年教师工作负担重已经成为其职业压力形成的重要原因。

2. 劳动对象的特殊性

应届毕业生面临严峻的就业形势，他们的唯一优势就是成绩，而作为培养其成才的教师为学生步入社会可谓煞费苦心，却没能得到学生的认可，特别是对于高校青年教师来说，学生的不理解就是对自己热情的亵渎，就是对自己辛苦付出的不尊重，因此导致各种负面情绪的产生，造成了巨大的心理压力。

3. 学校人际关系影响心态

学校是一个大群体，高校青年教师作为其中一部分，必须处理好人际关系，如此才能更好地展开教育、教学工作。但是在人际关系出现问题时，也会影响高校青年教师的心理健康，比如评优、晋级等机制，导致内部竞争的加剧，使教师之间的关系紧张（朱旖旎，2016）。

（三）高校青年教师的研究综述

国外关于"高校青年教师"一词的研究一般是从"高校青年教师职业压力及健康状况"的视角展开的。20 世纪 90 年代因疾病问题离开教学岗位的教师数量比 80 年代多两倍。1979 年，有 1617 名教师因为疾病问题提前退休或调离教师岗位；而在 1990 年，因为疾病问题退休或调离教师岗位的人数达 4123 人。由于职业压力过大而导致健康状况不佳和工作成绩下降的现象，成为研究中受人关注的重点问题。学术界普遍认为，与压力有关的疾病因素是导致教师提前退休的诱因。Kyriacou 和 Sutcliffe（1978）的研究发现，压力会对身体造成影响，如胃溃疡、心血管病、沮丧、焦虑等。对压力反应进行分类，包括行为的反应、精神的反应、情绪的反应和身体的反应。Sutton 和 Huberty（1984）经过研究发现，角色模糊、学生纪律、人际冲突等压力因素与不良健康分数之间呈现出显著的相关性。Brown 等（1986）的研究发现，压力最普遍的征兆是"头痛"等身体信号，且有 60%的教师和 67%的职员符合这一研究结果。一些研究根据生病缺勤指标，判断压力与人们精神或身体疾病之间的关系，这类研究的先验假设是："缺勤"被视为一种反应方式，是由于受到压力折磨的一种反应。有研究指出，患病率最高的时间是在教师开始教学生涯时，同时认为大多数疾病和压力有直接关系。Blackburn 等（1986）通过对密歇根大学的教师和高层管理者群体的压力和最近三年内生病日期的数量测量，结合自尊、全体社会支持等调节变量，研究发现，压力和生病日数有显著关系。Richard 和 Krieshok（1989）对大学的教师进行研究，结果发现，在多元回归模式中，职业压力对身体紧张度的解释率是 45。

Adams 等（1999）使用多元回归模式，探索教师压力和疾病症状、职业满意度、控制感等变量之间的关系，研究发现，解释教师压力变量时贡献最多的变量是疾病症状，应付巨大压力的教师都受到以下问题的影响：睡眠问题、工作焦虑、头疼、胃痛。Gillespie 等（2001）对 15 所大学教师的压力体验、压力水平、压力源、压力造成的影响等方面的问题进行了研究，并在研究的基础上进行总结分析，结果显示，教师职业压力会直接导致健康问题。75%的高校青年教师由于职业压力而患有头痛、失眠、背颈疼痛、高血压、免疫力下降等健康问题，66%的高校青年教师认为压力对他们的心理造成了某种程度的影响，如焦虑、倦怠、沮丧、易怒、无主等（者卉，2016）。

通过文献梳理，国内学界对于"高校青年教师"这一研究对象的主要关注议题有七个方面，频率从高到低分别是：教学与科研问题、思想政治与职业道德、自身发展与能力建设、压力与职业满意度、组织管理与队伍建设、收入与绩效考评、职称评聘。从研究内容上看，关于高校青年教师的研究似乎集中在教学科研、职业道德、组织管理等方面。但实际上，其中多数研究都会设置定语，添加区别词以缩小研究对象的范围，而这其中就以"高校青年教师"相关研究最多。进一步梳理文献，可知关于高校青年教师的研究内容，大致集中在以下几个方面：教研能力与职业发展、思想政治与职业道德、生存现状与社会心态、培养与激励机制、收入与绩效考评。如果再从学科视角加以区分，可知教育学多关注高校青年教师的教研能力与职业发展；思想政治教育多重视职业道德相关研究；管理学与经济学关注的是激励机制与绩效考评（袁博，2018）。廉思在《工蜂：大学青年教师生存实录》一书中，从横向、纵向、个体三个立体维度来定位高校青年教师，以批判和反思的笔触，结合大量调查数据，向外展现了这一特殊群体的真实生活：奋斗与迷茫，理想与艰难。2011 年以来，廉思带领研究团队在高校比较集中的北京、上海、广州、武汉、西安五个城市共发放问卷 5400 份，针对上百所高校的 5000 余名 40 岁以下高校青年教师进行了调查，为世人描绘出当代中国高校青年教师的立体全貌图，包括他们的教育背景、婚姻状况、经济来源、职业保障、教学压力、科研环境等各个方面。廉思在此基础上撰写的《中国高校青年教师调查报告》更是得到了学术界的关注和中央领导层的高度重视，具有重大的社会意义（陈海芳，2016）。

二、工作压力

随着全球化进程的加剧、科学技术的日新月异与我国市场经济改革的不断推进，我国企业面临日益激烈的市场竞争，员工的工作压力也随之急剧上升：工作节奏加快、时间变长，工作的安全感日益降低、流动性大为提升。工作压力已成为现阶段我国企业员工面临的重大问题之一（冯起升，2013）。

在"工作压力"的主题下，许多不同的压力反应也被研究，如生理变化、工作满意度、焦虑、罢工、缺勤、疾病。基于此，有些学者认为限定压力的概念是不可能的，他们认为，工作压力这一概念不过是一个模糊的一般性概念，它所指向的是一个特定的领域；有些人则认为它是个体和环境交互作用的产物。舒晓兵和廖建桥（2003）总结出工作压力成因的"刺激说""反应说"。综合各种理论，许多定义都是从工作压力的静态学说和工作压力的动态学说两个方面出发的（贾方方，2008）。

（一）工作压力的概念

20世纪二三十年代，国外的医学领域开启了对压力研究的大门。1936年，加拿大生理学家塞尔耶（Hans Selye）首次提出了"压力"这一术语，随着研究的不断深入，学者们又把压力的研究逐渐延伸到心理学、组织行为学、管理学、社会学等学科领域。由于学术界研究方向和侧重点的不同，不同学者对工作压力给出了不同的解释，至今"工作压力"的定义还没有一个统一的标准。有的认为工作压力是引起个体紧张、不安的外部环境刺激物，偏重对各项压力来源的研究。有的认为工作压力是个体对外部环境刺激的一种生理和心理反应，强调个体对外部环境刺激的主观感受。有的把工作压力看成个体和外部环境相互作用的反应过程。有的从可操作性、感受等角度对工作压力进行阐述。

Cooper和Marshall（1978）认为个人的主观愿望和客观环境的匹配性决定了工作压力的产生，当匹配度低时，工作压力就大，并且认为工作压力可能同时来自组织外部和内部。当个体所能利用的资源不足以应对工作要求时，工作压力因此而产生，而不只是因为工作要求高，工作压力才产生。Arsenault和Dolan（1983）这样定义工作压力：在工作情境和个体特征的交互作用下，工作要求与个体间的不匹配。

许小东（2004）提出工作压力是指在相关工作情境中，那些令个体的工作行为受到威胁的逼迫压力源长期不断地作用于个体，在个体的主体特性和应对行为的共同影响下产生一系列心理、生理以及行为反应的系统过程。舒晓兵（2007）提出工作压力是指在组织中工作要求与个体能力的匹配以及对风险的害怕程度。李梅（2008）提出工作压力代表个体特征与工作要求的交互作用导致的个体焦虑性反应。刘玉新（2011）提出工作压力代表当个体感到自身拥有的内外部资源不足以应对工作要求时，会导致个体心理、生理和行为的一些变化（甘元霞，2014）。

（二）工作压力的影响因素

对于工作压力的影响因素的研究，我们可以从工作压力源的视角进行探讨。工作压力源就是指引起压力的各种客观事件和事实，几十年来，国内外众多学者对压力源进行了研究，其中就有工作本身、组织角色、职业发展、组织结构与风格、人际关系五因素工作压力源学说。Cooper 和 Marshall（1978）认为职业白领的工作压力主要来自工作本身特点、职业发展、人际关系、组织内角色、组织结构和组织外家庭经济六方面。而人格、角色、组织结构和组织程序四大因素特征是员工工作压力的主要来源。个体的工作压力主要来自个体、组织和环境三方面，是典型的工作压力源三因素学说（毕琳琳，2012）。

有关工作压力来源，国外学者和国内学者都进行了较多的研究，但因其研究对象不同，工作的压力源也呈现出多样化。

在众多的文献和研究中，冯起升（2013）归纳出工作压力源有两大类，即员工内部和员工外部。员工内部包括自身能力与素质、自身人格特质、自我效能感、个人预期、家庭因素及工作中的角色等；而员工外部又可以分为两种类型，即组织内部因素和组织外部环境因素。组织内部因素主要有组织基本因素（组织战略和发展、组织结构、组织文化）、工作特征（工作时间、工作负荷、工作角色冲突等）、团队氛围、职业发展和人际关系等。组织外部环境因素包括政治、经济、社会、文化和人口等宏观环境因素。员工的压力既来源于外部的因素，也有自身的因素。外部的因素有些是可控的，但更多的是个体无法控制的，如整体经济形势、就业人口等因素；内部因素固然有些是可以通过自身的努力加以改变或控制的，但同样存在许多因素，即便是员工个体因素，都是个体本身无法改变的，如某些人格特质，个体就很难甚至无法加以改变。

（三）工作压力的影响结果

梳理相关文献后发现，工作绩效、工作满意度、组织承诺等作为压力结果变量是众多研究者研究的重点。

（1）工作压力和工作绩效。学术界有四种经典理论来描述工作压力与工作绩效的关系：工作压力-绩效无关理论、工作压力-绩效适度理论、工作压力-绩效抑制理论、工作压力-绩效激发理论。"无关论"在个体处于绝对理性的假设条件下，认为员工只关心绩效，当个体面临压力时，会自然忽视这些压力，压力不能成为员工获得高工作绩效的障碍。"适度论"认为刺激力和业绩间呈现一种倒U形关系，当个体承受的压力水平过高时，个体会有种压抑的感觉，对个体的生理、心理及工作都会产生负面影响；而压力水平过低，个体获得高绩效的积极性则大大降低，不愿意努力去出色地完成组织赋予的高标准任务；只有适度的压力水平才能激励员工取得高绩效。"抑制论"认为工作压力的出现，干扰了准确信息的流动，并减少了行动或行动导致的预期可能性，因此干扰了正常的工作活动过程。"激发论"认为工作压力是工作绩效的活力源之一，是激励员工取得高工作绩效的助推力和催化剂，工作压力和工作业绩呈现出一种积极的正向关系。

（2）工作压力和工作满意度。从国内外众多研究者的研究结果来看，工作压力是工作满意度的重要预测变量，两者一般呈现一种负向关系。早在1988年Sloan和Williams设计的指标体系模型中，相同的压力源条件在不同的个性特征和应对机制下会产生不同的结果，而工作满意度就是其中一个重要结果变量。舒晓兵和廖建桥在2003年通过对300名国有企业管理人员进行调查，得出如下结论：①工作压力对工作满意度有显著的影响；②工作条件和要求、职业发展以及组织结构与倾向三个压力源对国企管理者的工作满意度的影响最大。许小东于2004年以165名知识型员工为研究对象，来探讨知识型员工工作压力和工作满意度之间的关系，得出以下主要结论：①在工作压力构成中，知识型员工外源压力较低而内源压力较高；②知识型员工的工作满意度水平比较高；③知识型员工内源压力和工作满意度间呈显著的正相关关系；④知识型员工外源压力和工作满意度间呈显著负相关关系。

（3）工作压力和组织承诺。Irving和Coleman（2003）通过对处在组织变革条件下的员工工作压力与组织承诺的关系研究发现，工作压力越大，情感承诺越低；工作压力越大，持续承诺越高。通过调查和研究发现，员工工作压力对组织承诺具有负向预测作用，众多压力源中工作本身压力对组织承诺的预测性最强（甘元霞，2014）。

（四）工作压力的研究综述

国内外关于工作压力的研究大多集中在对不同行业人群的工作压力状况研究，如对护士、公务员、管理者、银行人员、教师等职业人群的工作压力研究，而从性别视角出发，对女性压力状况进行的研究相对偏少，尤其是在国内。目前对工作压力的研究大多集中在对其局部的分析上，有的研究压力源，有的研究压力管理策略，而从压力产生的原因、影响因素、产生结果以及作用机制几方面进行系统研究的较少（焦乐，2015）。

不同学科对工作压力的研究，始于其在 20 世纪初被社会学领域引入之后。职业紧张或工作应激是心理学领域对压力的界定，而在组织行为学和管理学的研究领域，则注重在组织管理的过程中，组织绩效受到个体的工作压力的影响程度，因此称之为工作压力。通过整理国内外现有的文献，可将压力的定义划分成以下四类：①压力刺激说。刺激说强调外部环境的影响，认为压力是个体在受到外部环境刺激下产生的生理反应。②压力反应说。反应说将压力认定为一个或者一系列的心理反应，主要强调压力带给个体的认知和体验。③压力的主体特征说。特征说认为之所以对相同压力产生不同的反应程度，是由于个体的不同，着重强调影响因个体主观因素而异。④压力的交互作用说。这种理论说法把上面的三种说法相结合，将压力看作个体受外部环境影响以及自身主观反应的结果，是心理反应和生理反应的一种结合。刺激说与反应说相比，前者未重视主观的特征感受，而后者则未重视外部压力源的作用和差异，两种说法都具有一定的片面性。交互作用说既强调个体特征差异又考虑到外部压力源作用，是当前压力问题研究中相对成熟的一种观点。

三、职业紧张

随着科技的发展和生产自动化程度的提高，人们的生活节奏也在不断加快，对紧张的感知越来越强烈。职业紧张是在某种职业条件下，客观需求与主观能力之间失衡而出现的生理变化和心理压力，以及由于不能满足需求而引起的相应的功能性紊乱。随着生物医学模式向社会—心理—生物医学模式的转变，不良的职业社会心理因素对人体健康的危害正逐步引起专家学者乃至全社会的广泛关注，甚至一些观点认为，职业紧张已经成为影响职业健康的最突出因素（王彩红、杨永坚，2011）。

（一）职业紧张的概念

职业紧张（Occupational Stress）又称职业压力、职业应激、工作应激等，根据中国科学技术名词审定委员会的心理学名词规范，统一为"职业应激"或"工作应激"。有研究者认为，职业紧张是与工作有关的因素和个体相互作用所发生的生理、心理反应的增强或减弱，个体表现出心理和生理功能异常的状态。还有研究者认为，职业紧张是对引起工作紧张因素的消极反应而导致生理和心理受到伤害的疾病。另外，还有研究者认为职业紧张是"在个体的需求与反应能力之间的一种功能紊乱，或者说是用以描述不良的职业心理因素时，其含义可以认为在某种职业条件下，客观需求和主观反应能力之间的失衡所带来的心理、生理压力"。不同的研究者对于职业紧张的界定侧重点不同，职业紧张是一个动态发展的概念，本书将职业紧张界定为：职业紧张是工作或与工作有关的因素与个体因素间的相互作用，个体因素和工作或与工作有关的因素决定个体职业紧张发生与否及强度（景安磊等，2013）。

（二）职业紧张的影响因素

关于职业紧张的影响因素的研究基本上是沿两条思路展开的。一是研究外源性影响因素，即环境研究取向。分析职业环境因素对职业紧张的影响，如任务难度、工作的自主性等微观变量，还有组织特征和物理环境等宏观变量。二是研究内源性影响因素，即社会认知的研究取向。此类研究把个体的任务知觉、心理控制源、自我效能感以及归因方式、应对方式等作为干预变量，证实了它们与职业紧张有关。如有研究者认为在环境压力下是否产生职业紧张，取决于个体对任务和环境条件的主观认识。如果个体认为成功是由于自己的能力或努力，即进行成功后的"内源性归因"，那么即使在面对高风险、高压力的环境下，也会以乐观的心态和正确的认知面对。

由于外源性影响因素涉及面广、干预难度大，所以基于职业紧张调节的现实需要，社会认知定向研究范式成为当前工作压力和职业紧张研究的主流。例如，卡普兰提出的人与环境匹配模式，把应激源细分为人际关系、工作动机、职业发展、组织结构、组织气氛五个方面，把个体间差异作为中介变量，分析它们与个体职业紧张反应的关系。关于影响职业紧张的个体间差异变量，比较多的研究选择了任务知觉和控制感，并通过实证方法验证了控制感是工作压力和职业紧张之间的中介变量（宋爱芬，2007）。

（三）职业紧张的影响结果

对于工作紧张的影响结果的研究侧重其消极影响（危害）方面：

1. 对员工生理、心理健康状况的影响

通过查阅文献资料，发现职业紧张会使从业人员的生理、心理健康状况受损，从而影响他们的生活质量。也有研究发现，当面临某些特殊的职业压力时，一部分有遗传倾向的个体，往往比不具有遗传倾向的人更容易患某种或某些疾病；职业紧张还会增加高血压等心血管疾病的患病概率；除此之外，职业紧张还可以使机体抵抗力下降，引起一系列的功能性紊乱。最新研究显示：胚胎停止发育也有可能与职业紧张密切相关。职业压力和心理疾病之间有着密切的联系，这一问题的论证结果已经证实并被大众所接受，比如焦虑、抑郁等精神问题就和繁重的工作压力、严苛的监督管理制度、闭塞的信息等紧张因素有关。此外，职业紧张还能引起个人行为的一系列改变，比如不积极工作、迟到早退、怠工旷工、吸烟酗酒、不愿参加集体活动等。范琳波等（2009）在其发表的《高校教工职业紧张与睡眠时间关系的研究》中对云南省一所高校的教职工进行职业紧张测评，同时收集他们睡眠时间的资料，研究数据显示，该校教职工的睡眠时间随着职业紧张程度的增加而减少，紧张程度越高减少得就越明显。他们的另一篇文章《1244名高校教职工职业紧张与血压的关系》的研究结果显示，研究对象的职业紧张还和血压密切相关，女性教职工尤为明显，特别是在工作中付出与回报不成比例时，血压升高得更加明显；他们还运用了中文版的"付出－回报失衡问卷"来研究高校教职工职业紧张与血脂的关系，结果表明，在男性教职工中，随着职业紧张程度（付出/回报比值）的增大，其发生高脂血症的危险性也在逐渐增加，与同处在低职业紧张程度的教职工相比，中等职业紧张程度的教职工发生高脂血症的危险性增加了 3.5 倍，而处在高职业紧张程度下的教职工发生高脂血症的危险性则增加了 4 倍，但这种相关性在女性教职工中反而表现得不是很明显。随着工作环境中职业紧张程度的增加，高校青年教师的身体健康状况也越来越差，这些结果都和国外的研究相近。长期处在高强度的职业紧张下，不仅生理和心理健康受到影响，还可能引起一系列组织行为问题，比如旷工怠工、迟到早退、缺乏工作积极性等。过度的职业紧张对职工心理状态也有较大的影响，并可引发一系列不良行为效应和疾病症状（张冬梅，2014）。

2. 对员工的工作能力和工作满意度的影响

现阶段，企业员工的工作能力直接影响企业的工作效率，而员工的工作满意度也直接关系到职工对企业的认同度。杨惠芳等（2006）关于体力劳动者的职业紧张与工作能力现状关系的研究发现：职业紧张因素的持续存在造成体力劳动者心理和生理健康状况下降，影响了劳动者的健康并出现了生理、心理和行为效应从而影响他们的工作能力。还有研究者在研究了人-机交互作用后，认为工作负荷较大、控制不佳和对使用新技术训练不足等紧张因素可导致身体不适；而性格改变以焦虑和恐惧为主，还可导致生活质量下降，工作满意度降低。

3. 对员工的职业倦怠和个体疲劳的影响

疲劳的严重等级很大程度上取决于个体所承受的紧张水平。员工个人的职业紧张程度越高，其工作压力就会变得越大，就更容易产生个体的疲劳，也就更容易对自己的职业失去信心，使他们情绪低落、工作消极，以致职业倦怠（陈术坤等，2012）。

（四）职业紧张的研究综述

国内外关于职业紧张的研究体现在以下几个方面：

研究对象主要选择了工作中可能较易引起职业紧张的人员，主要是社会服务业（如护士、医师、教师、物流中心工人等），野外作业（如油田作业、石油化工人员等），高责任、高危险性行业（如火车司机、客车司机、警察、军人等），工业企业（电池厂、电机厂、造纸厂、显示屏厂等）的视屏仪表监控、放射、调试、质检、搬运、维修、包装、文员、会计、保安等工种的一线工人和企业管理人员等。其中，有的研究者调查了342名医师得出结论，职业紧张男性高于女性（有的则相反），而与年龄无关。

职业紧张的研究内容集中在对职业紧张因素、职业紧张与身心健康、工作能力等方面。目前对于职业紧张的研究表明，紧张来源于职业本身的刺激，包括以下几个方面：角色特征、工作特征、工作中的人际关系、组织机构、人力资源、物理性紧张源。除职业因素之外，影响职业紧张更具体的因素则包括：年龄、职业、文化程度的差异以及社会支持等。职业紧张与健康的关系体现在：适度的紧张有益健康，过度的职业紧张将导致劳动者工作能力下降、缺勤率升高以及职业性伤害发生率升高，并且会损害劳动者的身心健康、降低工作效率，给社会带来一定的经济损失。研究表明，职业紧张可能导致或诱发冠心病、高血压、消化道溃疡、神经衰弱综合征、精神病及头痛等疾病的产生，还可能导致免疫功能下降，造成慢性肌肉骨骼损伤、女性妇科乳腺疾病等，从而影响心理健康，降低劳动效率和生活生命质量。

随着研究的深入，20世纪90年代初，国外对职业紧张的干预开始起步，而国内则较晚，并且大多局限于对职业人群紧张反应现状以及紧张反应的生理机制进行研究。关于职业紧张的评估方法，总体而言可分为以下三大类：其一，按照职工工作种类进行评估，这种评估方法有其一定的科学性，因为不同工种职业紧张程度也会不同。但是，局限在于因为人与人之间存在不同的个体差异，所以每个人的情况常常不能进行真实的反应。其二，由专家通过对职工在工作中进行的实地考察，实行现场评估，这种方法能够比较准确地反映情况。不过，这种方法耗资耗力，常常受制于有限的人力资源，而实际能够运用的场所很少，可操作性不强。其三，问卷调查，职工自评。自20世纪60年代以来，自评职业紧张是被广泛采用的研究形式，对职业紧张自评问卷的研究已成为一个热点，并由此形成了多种职业紧张的理论与各有特色的问卷（赵作荣，2014）。

四、焦虑

焦虑研究起源于存在主义哲学领域，丹麦哲学家克尔凯郭尔（Kierkegaard）于1844年出版了《恐惧的概念》一书，最早提出了焦虑理论。在之后的一百多年里，学者们对焦虑进行了更为深入的研究。美国心理学家斯皮尔伯格（Spielberger）提出了"状态-特质焦虑"（State-Trait Anxiety）理论，指出状态焦虑是由特定的情境引起的专门反应状态，如紧张、恐惧、忧虑等，往往伴有植物神经系统的功能改变，一般比较短暂；特质焦虑是一种人格特征，是具有个体差异的相对稳定的焦虑倾向。俄罗斯心理学家阿拉西夫和贝科夫（Alasheev & Bykov）分析焦虑的既有研究结果后指出："虽然心理学界对焦虑的定义纷杂，但区分两种不同的焦虑定义是有必要的，一种是'个性焦虑'（personal anxiety），另一种是'情境焦虑'（situational anxiety）。个性焦虑与个人性情有关，是一种觉察到更大范围的能引起威胁的关联性情景的趋向或趋势，并通过转入焦虑的状态以应对这种情景；情境焦虑是一种由特定情景引起的紧张、不安、担心和精神不振等情绪的主观体验，通过神经系统持续有力的强化作用、心率加快和持续出汗等症

状表现出来。"（肖伟平、马勇军，2009）

（一）焦虑的概念

焦虑是人类的一种基本情绪。当焦虑情绪出现时，个体在心理上会有紧张、烦躁、忧虑的感受；在生理上也可能会伴随出汗、发抖、胸闷等现象，并且通常包含着避免危险等做出的努力和期望，但是个体却对这种危险无能为力。从进化心理学角度来看，适当的焦虑对个体是具有生存意义和价值的，但是过度的或不当的焦虑则会对正常的社交生活带来影响甚至是危害。工作作为个体生活中十分重要的一部分，对个体的身心健康有很大的影响。研究工作焦虑的内涵与测量，可以为有效干预焦虑做出贡献。

关于工作焦虑的定义，有学者认为工作焦虑是员工一种情绪紧张的倾向性，这种情绪是由员工一般性的莫名紧张、不安全感以及对工作中一个或多个因素的恐惧引起的。如将工作焦虑定义为员工与其个体心理特质相关的，对工作中有关因素害怕和忧虑的心理状态。从这两种定义来看，前者倾向于将工作焦虑看作与情境或状态有关的；而后者则倾向于将工作焦虑看作与个体稳定的、潜在的特质相关的。国内学者贾树艳和刘岳（2010）认为，工作焦虑是一种心理状态，当个体面对工作中一些即将来临的、可能会造成危险和灾祸或者要做出重大努力进行适应时所产生的心理状态，会伴随忧虑、恐惧和焦灼不安兼而有之的情绪反应。

（二）焦虑的影响因素

影响个体焦虑的因素是多方面的，其中事件刺激和人格因素是最主要的两个方面。有关事件刺激与焦虑的关系，斯皮尔伯格构建了状态焦虑产生的过程模式图。他认为个体焦虑的产生需要经过一个时间过程，首先个体感受到来自外界的刺激事件，如果个体存在对刺激事件的危险评价，那么焦虑就会被激发，其焦虑水平取决于知觉到的危险程度，而持续时间则取决于威胁刺激存在的时间以及个体以前处理类似事件的经历（党彩萍，2005）。大量研究也证明了事件刺激与焦虑存在显著的相关关系。

涉及人格特征的研究表明，个体的自尊、自我效能感和控制点等人格特征对焦虑有显著的影响。张向葵和田录梅（2005）通过实验和问卷相结合的方法，探究了自尊对个体失败后焦虑的影响作用，结果表明，无论采取何种方法，高自尊个体在面对失败后表现出的焦虑情绪显著低于低自尊者。余安汇等（2011）的研究表明，自我效能感越高的员工，其体验的焦虑和抑郁情绪越低。汤家彦等

（2013）以军队女性医护人员为研究对象，结果也表明，个体的控制点与焦虑、抑郁呈显著负相关关系。

（三）焦虑的影响结果

以往的研究表明，焦虑会对个体的生理造成不同程度的损害。有研究发现，焦虑情绪会导致个体产生一系列的生理问题，如躯体疼痛、睡眠质量、高血压等。有研究发现，员工在工作中面临的工作负荷会直接导致员工焦虑情绪的产生，并进一步影响员工的躯体疾病。此外，很多学者将焦虑等负性情绪反应引入组织行为学领域，并探讨了员工焦虑情绪对工作态度和行为的影响。还有研究以情感事件理论为基础，探究了在工作情景中挑战性压力源和阻碍性压力源对员工组织公民行为的影响，研究结果表明，无论挑战性压力源还是阻碍性压力源均会引起员工的焦虑等负性情绪反应，进而影响员工的组织公民行为。也有研究发现，焦虑在工作压力源与员工工作绩效中起着部分中介作用。此外，大量的研究表明，员工工作中表现出的焦虑情绪对工作态度也有明显的预测作用。

综上所述，焦虑是由于个体受到外界刺激时而产生的一种消极的情绪反应。在工作情景中，当员工面对较高的工作要求时，容易产生焦虑、紧张等负面情绪，进而对员工的工作态度（如工作满意度、组织承诺）产生影响（周国有，2016）。

（四）焦虑的研究综述

焦虑情绪是焦虑的一种轻微状态，人类对焦虑的关注已有悠久的历史，但由于不同学者的哲学观点、研究角度不同，对于焦虑的界定、焦虑的形成等问题，一直以来存在着诸多观点，从而形成了众多不同的焦虑理论。

1. 国外相关研究综述

焦虑研究起源于存在主义哲学领域，哲学家克尔凯郭尔在《恐惧的概念》一书中提出了最早的焦虑理论。在他看来，焦虑是一个人在面临自由选择时所自然出现的心理状态。他指出，"非理性主观体验"的存在才是人的本质存在，而人在面对自由选择时因无法预料新路彼岸潜藏的危险，对某一对象既深怀恐惧、渴望退缩到安全地带，又万般迷恋、难以割舍，这种矛盾的心态就构成了非理性的焦虑体验。同时，他又指出，焦虑是伴随自我意识的形成和自由选择意愿的出现而出现的，当自我意识尚未形成的儿童面对世界时，其只有恐惧而无焦虑可言；但当儿童的自我意识形成之后，其就会有独立的倾向并产生选择自己生活的意愿，这时焦虑也就接踵而至。克尔凯郭尔的焦虑理论涉及焦虑的机制、结构及其与人类存在的关系，但它完全从哲学角度出发，属于哲学思辨范畴。

较早提出一系列焦虑观的当属精神分析学派的弗洛伊德（Freud）。弗洛伊德认为，焦虑常用来指知觉危险时所引起的主观状态。社会与人的本性是对立的，社会文明是对本能的约束和否定，于是人总是处于被压抑中，因而就使人的心理能量得不到释放，从而形成各种焦虑。在弗洛伊德的焦虑理论中，焦虑既是遗传的，又是后天习得的。该理论虽然认识到内外刺激威胁自我是焦虑产生的根本原因，但弗洛伊德始终认为焦虑是先天性过程决定的，没有认识到焦虑产生的社会性因素，从而否认了焦虑产生原因的多样性。新精神分析学派的霍妮（Honey）和沙利文（Sullivan）在接受弗洛伊德关于焦虑体验源于无意识冲动的一些观念外，提出了焦虑的新观点。霍妮强调应从宏观的社会文化环境和微观的个体环境中去寻找焦虑的根源。她认为，焦虑就是"一个孩子在一个充满敌意的世界里所拥有的一种孤独和无助的感觉"，从而把环境的作用提高到首要的地位。沙利文则从人际关系入手，阐述焦虑产生的社会文化根源，认为焦虑是人际关系分裂的表现，人际关系分裂是焦虑的根源。

行为主义的焦虑理论主要认为焦虑是一种重要的习得。英国心理学家艾森克（Eysenck）的焦虑理论主要源于他的人格理论，他把人格划分为两个维度：外向/内向和神经质，其中神经质人格对焦虑尤为敏感。艾森克还认为，如果人的抑制过多，就会形成内向性格，从而容易焦虑。行为主义流派的焦虑理论的贡献主要说明了焦虑可以通过自我训练进行调节和控制，为后来的焦虑情绪的心理治疗提供了依据，但是它过于强调外在的条件刺激，从而忽视了人的心理因素及其社会因素的影响。

在以心理治疗著称于世的人本主义心理学家罗洛·梅（Rollor May）看来，焦虑是人在面临威胁时产生的一种痛苦的情绪体验，只要主观上认为某个价值受到威胁，人就足以产生焦虑情绪。他认为，个体的焦虑"是受这一事实限制的，即他生活在一定文化的历史发展的特定时代"，焦虑的形成和导致焦虑的因素在很大程度上是受文化影响所致的。罗洛·梅的焦虑理论虽然看到了所处特定历史时代的影响，但是却带有一定的推测性和描述性。

在众多的焦虑理论中，影响较大的还有斯皮尔伯格的状态-特质焦虑理论。他认为在其他条件同等的情况下，有焦虑倾向的人在更多的情景下对相对较多的场合有比较高的感觉焦虑的能力。斯皮尔伯格的理论启发人们，对焦虑的研究不仅可以作定性研究，而且还可以作定量研究，从而结束了仅在理论上研究焦虑的历史，拓宽了焦虑的实证研究领域。

另外，在焦虑理论的发展过程中还产生了一些影响相对较小的焦虑理论，比如焦虑控制缺乏理论、生理学理论、认知理论等，从不同侧面丰富了焦虑理论的研究，而近期的焦虑四因素理论及焦虑六因素理论，则体现了焦虑理论研究的进步之处。

虽然国外心理学家几十年来对焦虑问题一直在进行探索，但是，由于科学主义心理学与人文主义心理学长期以来的分裂与不相容，使很多心理学者彼此专注于自己的研究领域，而无法将各种理论整合起来形成完整的焦虑理论，造成了当今焦虑理论研究不够系统的遗憾。随着 20 世纪 90 年代后现代主义的兴起，后现代思想中的倡导多元性、不确定性、偶然性以及非中心化等理念，使焦虑理论的研究也开始向多元化发展，从而大大丰富了其理论的研究。

2. 国内相关研究综述

汪新建和王丽（2007）综合运用社会学、心理学等知识，对新时期国民的焦虑问题进行了探讨，从理论上对现代人的焦虑问题进行了研究，得出焦虑是我国"由计划经济向市场经济转轨"这一特定的历史时期所产生的特定的心理状态这一结论。

赵铭锡（2000）采用焦虑自评量表（SAS）的方式对师范院校学生进行了焦虑的定量调查，得出大学生的焦虑在性别间及学科间并无显著差异。同时他对影响焦虑的因素进行单因素分析，得出学习压力大和人际关系紧张是大学生产生焦虑的主要原因的结论。

中国科学院的研究人员应用"考试焦虑调查量表"对大学生进行的调查则表明，我国大学生考试焦虑是由于对考试紧张过度、自信心缺乏、对考试的结果过分担心以及认知障碍等因素所造成的，而且女生比男生更为焦虑。

杨君佑等（2001）对医科新生焦虑进行了调查研究，他们采用焦虑自评量表（SAS）对入学 4~6 周的医科新生进行调查，结果表明，男女生之间存在显著的性别差异，女生焦虑水平明显高于男生；城乡之间也存在显著差异，农村大学生焦虑水平高于城市大学生。经过分析，他们认为影响新生焦虑的主要因素有两个方面：一是担忧将来的前途，找不到理想工作；二是经济负担大，从而出现焦虑症状。

黄辛隐等（1999）做了中国大学生焦虑问题的比较研究，结果表明，对于中国大学生状态焦虑和特质焦虑男女生存在显著性差异，经分析认为，焦虑与所处的社会文化背景有密切关系。

相比国外研究，国内在焦虑问题上的研究有自身的一些特点。国内学者大多重视实践研究，并且已经取得了一些成果，但理论研究相对较弱，并且国内学者对焦虑问题的研究多数集中在医学领域中最严重的焦虑即焦虑症的研究上，而非医学领域对大学生焦虑问题的研究又大多集中在对具体的焦虑问题，如考试焦虑、学习焦虑、情感焦虑及社交焦虑等的研究上（常彦梅，2008）。

五、情绪劳动

随着人本主义思潮的兴起，以员工为本的管理理念逐渐受到重视，员工情绪、员工心理健康等议题也得到了社会的广泛关注。此外，服务业的蓬勃发展使得越来越多的劳动力投身服务行业，而工作的特殊性往往要求他们付出更多的情绪劳动。因此，情绪劳动便成了学者们探讨的热点。情绪劳动的研究不仅有利于了解员工情绪，维持员工心理健康，同时也对企业绩效、企业竞争有所帮助，即研究情绪劳动对个人、组织以及社会都具有十分重要的意义（梁伟，2015）。

（一）情绪劳动的概念

情绪劳动这一概念是近几十年来才逐渐发展起来的。此概念是由美国社会心理学家 Hochschild 在其著作《情绪管理的探索》中通过对空姐的工作进行详细的分析而正式提出。她指出空姐的工作不仅需要生理方面的劳动，更需要满足在情绪方面的要求，必须时刻应付乘客和她们自己的情绪问题。比如向乘客表现出良好的情绪状态，甚至在乘客发出抱怨时进行耐心的帮助。Hochschild 认为情绪劳动是员工通过管理自己的情感来建立一种公众可见的表情和身体展示，从而获得报酬的一种劳动方式。她更倾向于从心理控制的角度来研究情绪劳动这一概念。

随后几十年，不同学者从不同的角度发展了情绪劳动这一概念。

Morris 和 Feldman（1996）从互相交往的角度出发，认为情绪劳动的产生很大程度上取决于社会情景，他们将情绪劳动定义为"在人际交往的过程中，个体通过自我心理努力、心理计划从而控制自己，使自己的表现行为与组织要求的一致"。

Grandey（2000）对情绪劳动给出的定义为"为了达到组织要求表现的情绪，个人所进行的必要的心理调剂加工"。Grandey 的定义是在总结上述三位学者观点的基础上，结合情绪调节理论提出的。而且 Grandey 进一步指出，所谓的心理调节，主要是指在工作中调节和控制自己的情绪，采取的方式包括表层扮演和深层扮演，这个过程受到很多因素影响。Grandey 不仅对情绪劳动的概念进行了界定，还指出了情绪劳动的内涵，分析了情绪劳动的相关因素，使情绪劳动的研究更加丰富和深化（梁伟，2015）。

Diefendorff 等（2003）从心理控制论的角度出发，认为情绪劳动是自我监控和调节的过程，也是"员工持续监控自己的情绪表达与表达规则之间是否存在差异，并努力采用一定的情绪调节策略降低差异的心理监控过程"。

相对于国外学者对于情绪劳动的研究，我国学者对于情绪劳动的研究大多集中在对于情绪劳动的应用方面。刘衍玲（2007）在对我国中小学教师情绪的研究中，结合情绪劳动与教师的工作特点给出如下定义：教师的情绪劳动指的是教师为了完成自己的教学任务，在教师与学生的互动中对自我情绪的加工调节，从而表达出符合学校及教学要求的行为过程。

刘国珍（2009）以零售业服务人员为例，研究对于服务人员情绪劳动在人力资源管理方面的问题，他认为企业应将情绪劳动应用在招聘、培训、绩效、薪酬等方面。

杨洋（2009）以饭店员工为例，研究了饭店、管理者及员工个人对于员工的情绪劳动如何进行管理。

但也有一部分学者对于情绪劳动理论进行研究，比如有学者从情绪劳动可观察性的角度出发，将情绪劳动定义为高情感劳动者或与顾客高度接触的一线服务人员，必须在组织或情境的要求下，展现合宜的情感与愉悦的工作气氛（赵旭，2013）。

综上所述，关于情绪劳动的概念，学者们已经提出了大量的观点，且各有侧重。但无论是关注情绪管理或心理历程，还是聚焦情绪表现或工作要求，学者们对情绪劳动的认识和理解都处于不断深化之中，提出的概念也更加科学和完善，而且趋于可操作化、易于衡量的特点（梁伟，2015）。

（二）情绪劳动的影响因素

Morris 和 Feldman（1997）对表现规则的清晰性、任务常规性、工作自主性和服务接受者的权力四个前因变量与情绪劳动维度之间的关系进行了验证，结果发现：任务常规性与情绪劳动的频率呈正相关，与情绪劳动的持久性呈负相关，与情绪不协调呈正相关；工作自主性与情绪不协调呈负相关；服务接受者权力与情绪劳动的频率呈正相关。

Kruml 和 Geddes（2000）首先指出两类因素会影响情绪劳动：一是个体变量，包括年龄、性别、工作经验、移情能力（情绪关注和情绪感染）；二是工作相关的变量，包括情绪表现的训练、客户情感、质量导向、情绪维系和表现自由度。结果表明：年龄与情绪努力呈正相关，与情绪不协调呈正相关；女性与情绪努力呈负相关；情绪感染与情绪努力呈正相关，与情绪不协调呈负相关；表现自由度与情绪努力呈负相关，与情绪不协调呈负相关；职业任期与情绪不协调呈负相关。

Grandey（2000）指出有三类因素影响情绪劳动的表面行为和深度行为：一是个体因素，如性别、情绪智力、情绪表达和情感倾向；二是情境因素，如交往期望（频率、持久性等）、情绪事件（积极的和消极的）；三是组织因素，如工作自主性、组织支持和同伴支持。

Diefendorff 的研究结果显示，大五人格对于表层和深层行为具有显著的预测作用。表层行为与外倾性、责任性、宜人性呈显著负相关（r 分别为-0.2、-0.28、-0.31），而与神经质呈显著正相关（r=0.4，达到中高程度）；相反的情况出现在深层行为上面，它与外倾性、责任性、宜人性呈显著正相关（r=0.15、0.13、0.27）（吴宇驹，2008）。

研究者进行了大量的研究，提出了众多影响因素，大致可以分为三类：个体因素、情境因素以及组织因素。Kruml 和 Geddes（2000）的研究发现，女性的情绪努力相对男性低，而且年龄越大，越要付出更多努力，越容易造成情绪失调；Diefendorff 等（2003）探讨了大五人格对情绪劳动的影响。情境因素主要包括顾客交往特征和情绪事件。组织因素主要有组织承诺、情绪表现训练（Kruml & Geddes，2000）、组织支持等（梁伟，2015）。

（三）情绪劳动的影响结果

对情绪劳动结果的研究，分为个体和组织两个层面。一方面，持续不断的情绪劳动会对个体造成压力（Hochschild，1979），继而对心理和生理造成副作用，涉及的变量主要包括情绪失调、工作倦怠、工作满意度。另一方面，情绪失调指的是"真实情绪体验与组织要求表达的情绪之间的冲突",是个体使用表层扮演策略时出现的紧张感受。情绪失调可能进一步导致个体出现自我不适或工作不适,比如低自尊、抑郁、情绪衰竭和工作疏远等。

工作倦怠中的"情绪衰竭"和"去个性化"两个维度也与情绪劳动密切相关。研究发现,情绪失调与情绪衰竭存在正相关;表层扮演、深层扮演、情绪失调和情绪衰竭之间都存在相关关系;员工越多地运用表层扮演策略,就会出现越多的情绪衰竭。

现有研究中,对工作满意度与情绪劳动的关系认识并不一致。Hochschild(1979)认为,情绪劳动抑制了员工的个人表达,是令人不愉快的。Grandey(2000)指出,与工作满意度呈正相关的可能是情绪表现,而与之呈负相关的则是情绪调节过程。有些学者发现,情绪失调和工作满意度存在显著的负相关(Morris & Feldman,1997);还有些学者发现情绪劳动与工作满意度直接负相关,伪装情绪容易导致较低的工作满意度。

除了以上三个主要结果变量,情绪劳动还可能导致个体工作压力的增加、角色认同,或引发政治行为、促进非正式组织的形成等。

另外,情绪劳动对组织的影响,目前主要包括对客服务绩效和员工退缩行为。实证研究发现,餐厅服务员微笑和友好的情绪能够带来更多的小费;而银行柜员的情绪表现也与顾客满意度呈正相关。然而,另一些学者的研究则发现了两者之间更微妙的关系,"真诚"至关重要。被顾客感觉到不真诚的情绪表达可能对顾客满意度产生负面影响,因为当人们伪装情绪或表层扮演时,似乎存在着能被观察者察觉到的"漏洞",Grandey(2000)认为,这说明了深层扮演与服务绩效是正相关的,而表层扮演则与服务绩效负相关。

员工退缩行为包括缺勤、迟到和离职等对组织绩效产生消极影响的行为。Grandey(2000)指出,情绪劳动过程需要个体付出不同程度的努力,如果个体的这些资源持续被消耗而得不到及时补偿,就会产生心理压力,并导致其采取退缩行为来进行自我保护。研究显示,在处理难缠的顾客时,离开工作地点或与同事聊天是大多数服务人员常用的方法。长期来看,情绪劳动的水平也许能够对员工离职做出预测,因为如果某个员工需要经常调节情绪才能满足工作要求,这可能意味着当前的工作环境并不适合他。实证研究发现,对不愉快情绪的压抑会降低工作满意度,进而提高离职意向(杨佳,2012)。

（四）情绪劳动的研究综述

自从 Hochschild（1979）第一次提出情绪劳动的概念以来，西方国家的学者对情绪劳动进行了大量的研究，除了对情绪劳动的概念、性质、特点以及理论的研究以外，还展开了有关各种职业情绪劳动的实证研究，如关于教师、医生、电话接线员、银行职员等情绪劳动的研究。该研究采用的理论模型是 Fischbach（2003）提出的情绪劳动再定义自我管理模型（Redefinition Self-regulation Model of Emotion Work，RS Model），该整合模型是建立在情绪劳动、压力文献回顾（Grandey，2000；Schaubroeck & Jones，2000；Zapf，2002）和 Hackman（1969，1970）评价任务压力效果的框架模型（Framework for Assessing the Effects of Tasks）的基础上，从而整合了情绪劳动的不同概念和角度。

Morris 和 Feldman（1996）在情绪劳动定义的基础上，首先提出了四维情绪劳动理论。他们认为情绪劳动包括以下四个维度：①情绪劳动的频率，指客户和服务提供者之间交往的次数；②情绪表现规则的注意水平，包括交往的持久性和情绪表现要求的强度两个方面；③情绪要求的多样性，指工作角色需要表现情绪的类别；④情绪不协调，指真正感受到的情绪状态和组织需要表现的情绪状态之间的冲突。尽管 Morris 和 Feldman（1996）提出的情绪劳动的概念性结构对后续的研究工作提供了参照，但已有研究者认为，他们提出的情绪表达的频率、对表达规则的注意程度以及情绪表达的多样性三个维度只属于工作特征，而不是情绪劳动的结构（谭亚梅，2008）。

国内对于情绪劳动的研究主要就情绪劳动与工作倦怠的关系展开。高情绪需求和高组织问题可能同时发生并与高水平的倦怠联系在一起。Zapf（2002）用多元回归比较了任务特征、社会工作条件和情绪劳动对倦怠的影响。情绪劳动变量在任务相关变量和社会变量（比如社会压力源和支持）后最后一个进入回归方程。尽管在预测变量群中有一定比例的共享方差，但是情绪劳动变量可以在大多数情况下解释倦怠变量的方差。Zapf 等在预测情绪衰竭时发现了任务相关压力源（比如时间压力、组织问题、目标获得的不确定性）和情绪失调的相互影响作用，也就是说情绪工作要求对倦怠有显著影响，而情绪失调和组织、社会压力源的交互作用会导致更高水平的情绪衰竭和去个性化（陈夏芳，2006）。

六、组织氛围

对于组织氛围的研究主要源于心理学领域对心理氛围的研究。组织气氛、员工感知到的气氛，没有具体形态，像空气一样，却在员工周围无处不在。Lewin（1936）首次在其著作中提出了组织气氛或氛围的概念。他认为组织氛围是不同个体认知之间相似或相同的部分或是组织内部个体的共同知觉，用以描述一般环境刺激与人类行为之间动态的复杂关系。继 Lewin 之后，关于组织氛围的定义衍生出很多观点（李建军，2016）。

（一）组织氛围的概念

"组织氛围"一词最早可以追溯到 Thomas 有关环境"认知地图"的概念，他在实验中发现学习就是要建立一种符号格式塔的连续操作，而符号格式塔是通过环境提示和有机体经验之间的相互关系学会的，通过这样的学习得到对周围环境的某些认识，并在大脑中形成与此环境有关的认知地图，从而获得对环境的真正了解。组织氛围之所以被认为与此有关，是因为组织氛围可以说是组织成员在头脑中形成的对组织状态（环境）的认知地图，这里指的仅是个体知觉。后来，Lewin 发展了这一概念，他在研究场地论时首次提出了心理氛围的概念，并把任何群体的氛围或气氛定义为个体共同的知觉或个体所形成的认知地图之间相同或相似的部分。

1968 年，Litwin 和 Stringer 首次以书籍的形式对"氛围"这个概念进行探讨，此后，有关组织氛围的研究就大量地出现了。组织氛围是组织内工作环境一系列特性的集合，并且可以被测量。Litwin 和 Stringer 定义组织氛围为基于组织成员对其工作环境的共同认识并影响其行为的一整套组织特性，它可以被成员间接或直接所知觉，然后影响成员的动机与行为。特定组织的一系列独特特征，可能来自组织对待其成员和环境的方式，其关键成分是个体对组织的知觉。气氛知觉是人们对系统行为与程序的一种心理意义上的整体描述，通过这些行为与程序，系统可以创造任何一种气氛，而人们形成这种知觉是因为它可以作为一种参考框架，从而使得人们可以与系统保持一致。气氛被看作组织成员对于正式的和非正式的组织政策、实践和程序的共享的知觉。进一步地，组织氛围分为了四个维度：与物质因素有关的生态维度；与成员相关的社会背景维度；与组织结构和管理层级有关的社会系统维度；与成员价值观、信仰、思维方式有关的文化维度。

测量组织氛围就是测量组织成员对组织的整体感知（赵鑫，2011）。

（二）组织氛围的影响因素

对组织氛围的影响因素的研究，大多通过对组织氛围维度的研究展开。

1. 领导行为

领导行为风格是影响组织氛围的一个重要因素。Lewin（1936）在其领导风格研究中，通过对民主型、专制型、放任型三种不同的领导方式所形成的组织氛围的研究，得出领导方式与组织氛围的显著相关。在研究领导氛围与工作动机的关系时，通过对不同的领导风格的控制形成不同的组织氛围，推导出组织氛围与工作动机之间的关系。有的学者也在对领导行为、领导风格与组织氛围之间的关系进行探索性的研究，组织中领导者的领导行为、领导风格与组织氛围有着密切联系。在此基础上得出领导行为中的关怀行为有助于提升组织氛围中的专业度、支持度、亲密感，与组织氛围高度相关。通过研究认为，领导行为中的关怀行为能够很好地预测组织内部氛围。此外，变革型的领导方式能很好地预测创新型组织氛围。除工作行为维度对组织氛围中相互信任维度影响不显著外，对组织氛围中其他的维度均呈现显著的正相关关系。

2. 组织特征

组织中不同的部门结构以及不同的组织层级的安排都会对组织氛围产生不一样的影响。对组织氛围与个体工作绩效、组织总体产出的关系进行研究时，得出人力资源开发与管理实践中的督导、配置、雇佣、激励、奖励、发展会对组织氛围产生影响的结论。然而，对组织氛围与员工感知人力资源管理实践之间的关系进行研究时，得出的结论却是员工感知的人力资源管理实践与组织氛围之间正向相关，但并不显著。由此可见，关于人力资源管理实践对组织氛围的影响还必须放在不同的组织形态中进行进一步实证验证。

3. 领导价值观

对领导者价值观对于组织氛围的影响的研究认为组织建立者及早期领导者的价值观、道德观会显著影响组织氛围的形成。对组织内部伦理道德观念与组织氛围关系的研究，得出组织主要领导者的伦理道德观念决定了一个组织的纪律状况、道德状况，从而影响组织氛围的结论（赵鑫，2011）。

（三）组织氛围的影响结果

对于组织氛围的影响结果的研究是近年来的一个热点，研究者们都意识到组织中良好的组织氛围对于组织绩效、组织产出、员工的工作满意度、敬业度、参与度、员工的创新、知识分享等有着某种联系。

1. 组织氛围与员工的态度

对员工态度的研究主要集中在员工敬业度、员工满意度和员工参与度三个方面。①组织氛围与员工敬业度。高认知组织氛围中的员工会因为对薪酬奖励有较高的公平感和认可度，从而增强自身的敬业度。高支持组织氛围中的员工对团队会有较高的满意度和敬业度。高责任和高支持的组织氛围通过为员工提供成长所需的磨炼机会和支持，从而促进员工的学习成长。组织氛围对于员工的敬业度有着正向的影响作用。组织氛围中的沟通因素对超半数的敬业度因素均有较强的推动作用，营造创新氛围和鼓励创新行为对提高员工的行为投入和企业整体氛围有着推动作用。②组织氛围与员工满意度。在研究组织氛围与员工满意度、生产率、离职率的关系时，得出员工的满意度、员工离职率降低、生产率的增加来源于组织良好氛围的感受的结论。良好的组织氛围对员工工作满意度影响显著，其中员工的工作价值观在组织氛围与工作满意度之间起着中介调节作用。组织氛围中大多数维度都对员工工作满意度产生显著影响，组织氛围中只有成就取向、报酬水平维度与业绩有关。③组织氛围与员工参与度。组织氛围与员工参与的实证研究发现，组织氛围中组织机构的科层性、创新性和对员工的支持度三个维度对员工参与度（Ployee Involvement）最具有解释力。

2. 组织氛围与员工行为

在现有的研究中，对组织氛围与员工行为之间关系的研究主要集中在组织氛围与员工离职率、员工投入、知识共享、组织公民行为、员工创新和组织承诺之间的关系上。①组织氛围与员工离职率、知识共享。对组织氛围与员工生产效率、离职率之间的关系进行研究发现：当组织成员感受到良好的组织氛围时，会使得自身生产率增加，同时也会降低离职意愿。而在对组织氛围与员工知识共享行为进行研究发现，组织气氛不仅对员工知识共享行为有直接的影响，还会通过影响员工知识共享的自我效能和结果预期进而对员工知识共享行为产生间接的影响。②组织氛围与组织公民行为。组织氛围与组织公民行为之间关系的研究在中国台湾的学者中有所涉及，在对组织氛围、组织承诺与组织公民行为之间的关系进行研究时证实：组织氛围与组织承诺正向影响组织公民行为，组织承诺在组织氛围与组织公民行为中起到中介影响作用。③组织氛围与员工投入、组织承诺。

组织氛围对员工投入与组织承诺有正向影响作用，其中组织氛围中管理风格维度对员工的价值承诺有影响。组织氛围中人际关系、组织科层性和管理风格维度显著正向影响员工的留职承诺。组织氛围中人际关系显著影响员工的努力承诺，管理风格和人际关系两个维度显著影响员工的工作投入。组织氛围各个维度都能够对工作投入度中的工作责任心与认同工作的重要性产生影响。④组织氛围与个体创新。现有关于组织氛围对个体创新影响的研究主要有两类：一类是组织氛围对个体创造力影响的研究，这类研究主要源自心理学中有关个体智力和能力研究；另一类是组织氛围对个体创新行为影响的研究，这类研究是在第一类研究的基础之上进行的，是针对员工创造力的外显化内容进行的分析，比较适用于员工创新行为显见并且可以量化的情况。

3. 组织氛围与绩效

现有的关于组织氛围与绩效之间关系的研究归纳起来主要有三类：主效应模式，即组织氛围会对员工个体绩效产生直接影响，进而影响组织绩效。对大学组织进行研究时证明：组织氛围中员工参与、行政效率、任务取向、支持创新、正规化程度显著影响大学业绩。不同研发阶段中的组织氛围与组织绩效之间会出现不同的相关性。组织氛围可以有效地预测组织中的安全状况，通过改善组织氛围会有效地提高组织的安全绩效。叶其生（2004）在对企业组织氛围与绩效管理的相关性研究中得出，国企绩效管理的实施与员工团队承诺、员工满意度、工作标准等氛围指标均存在较高的正相关，但与员工个体自主性和工作回报两个指标几乎不相关。而民营企业恰好相反，绩效管理各环节与员工个体自主性和员工回报这两个指标都存在较高的正相关，与团队承诺及工作标准几乎不相关（赵鑫，2011）。

（四）组织氛围的研究综述

对于组织氛围的研究大多是从组织文化、领导风格、战略人力资源管理等角度展开的。

学者对组织氛围与组织文化进行了研究，他们得出的结论是：组织氛围与组织文化是有区别的。第一，组织文化的概念来源于人类学，而组织氛围的概念来源于社会学，因为起源不同，所以两个概念的研究方法和研究后续发展也是不同的。第二，组织文化是员工在组织中共同拥有的行为方式，所有的组织成员拥有共同的价值观，而组织氛围则是员工对组织环境的认知和感觉。第三，在研究方法上不同，组织文化更多采用定性的研究方法，而组织氛围则更多采用定量的研究方法。第四，组织文化是客观的组织属性，而对于组织氛围不同的学者所持的意见会有不同，有学者认为是主观的个体属性，也有学者认为是客观的组织属性。除此之外，组织氛围对于员工动机与行为的影响要高于组织文化的影响。然而，组织氛围与组织文化却又有着千丝万缕、不可分割的联系。组织文化中成员们可以意识到共同的期望和行为准则，而成员们不能意识到的是价值观和深层次的隐形内涵。其中，员工们能感知到组织文化中组织所期望的行为规范和组织日常运作，这些元素是组织氛围形成的基本成因。组织文化是组织氛围形成的必要条件。除此之外，由于组织期望与组织中的共同行为准则更容易被组织成员所接受，因此会对组织氛围的后续发展产生极大的作用。也有一些研究表明，组织氛围在组织文化与组织成果中起到中介作用。组织氛围中的创新、公平、支持、人际关系和员工身份认同五个子氛围对团队起到有效性的影响作用。研究结果表明，不同的团队组织氛围对团队的绩效、团队工作成员的满意度以及团队承诺具有不同的影响，同时，团队群体效能感在组织氛围与团队的有效性之间有一定的中介作用。

在组织氛围中，一些学者针对不同的领导风格对员工的创新行为影响进行研究，个人的行为意愿受组织氛围的影响。如果处在公平的、友好的、接受创新和鼓励创新的组织氛围中，员工就会有意愿主动地和积极地去创新。员工如果感知到组织有意愿支持创新行为，心理感知到创新氛围，员工就会主动产生创新行为。组织氛围会影响到个体的态度、动机、信念、想法、价值观和创新行为，并最终影响到整个组织的创新能力与组织业绩。在管理实践中，如何更好地为员工提供组织鼓励和支持组织氛围，就显得尤为重要。在组织层面，企业可通过企业文化与企业价值观建设，接受员工创新构想，不要由于组织流程或人为的原因而使创新构想流产，组织能够更好地引导和鼓励员工创新性思考，能够接受小范围犯错。保证研发人员的互动频繁、沟通频繁，增强双向沟通渠道，保证信息交流畅通，为其提供最新技术信息、最先进的设备等。管理层则应该尊重员工不同意见，积极地接受员工的工作改进意见，适当授权给员工自由的工作空间，及时给予知识员工积极正面的反馈，特别是当知识员工遇到挫折或失败时，要鼓励他们从失败中总结经验教训。

战略人力资源管理针对员工创新行为提出，组织氛围在员工创新行为与组织战略人力资源管理中起到部分中介作用，对员工创新行为作用显著。在组织氛围较融洽的状态下，组织成员之间的互动频繁，有利于组织内部知识的共享与整合，能够促进组织创新能力和组织的创新业绩。组织氛围包含三种维度，分别是竞争性氛围、支持性氛围和人际沟通氛围，这三种氛围可以较好地预知员工职业生涯。在组织氛围多种维度中，公平性氛围、学习成长氛围、支持性氛围和人际沟通氛围都可以较好地预知员工职业生涯。在创新实施情境中分析组织氛围含义，从氛围作用和氛围强度两个维度提出了组织氛围的四种类型：积极-强氛围、消极-强氛围、积极-弱氛围和消极-弱氛围。结合案例分析，探讨了不同类型的组织氛围对企业创新实施的不同影响作用，指出建立和培育积极与强大的组织氛围是企业创新实施成功的关键所在。组织氛围的不同维度与隐性知识的不同因子的共享存在相关关系，组织氛围的不同维度能够在一定水平上预测隐性知识不同因子上的共享程度，但也显示隐性知识的不同因子共享机制并不一致。在分析高新技术企业人力资源配置与组织氛围重要性的基础上，针对高新技术企业的特殊性，发现组织氛围可以作为不同组织特征，通过采取不同战略的高新技术企业人力资源配置对组织绩效产生影响。然后，引入组织氛围作为中间变量、组织特征作为控制变量、战略一致性作为调节变量，来探讨高新技术企业中人力资源配置对组织绩效影响的具体过程，得出了高新技术企业人力资源配置对组织绩效影响的作用机理模型（李建军，2016）。

七、工作-生活平衡

工作-生活冲突问题一直是人力资源管理和社会心理学关注的问题。随着经济社会的迅猛发展，工作与生活的压力问题逐渐凸显。工作-生活平衡问题于20世纪90年代中期引起了组织关注，并逐渐成为企业议程的一个重要问题。大量的研究表明，工作-生活失衡给组织、个人带来消极的后果。工作-生活平衡的问题源于如何划分生活和工作。工作-生活平衡被用作一系列不同概念的总称，如"工作""家庭""生活""冲突""平衡""连接""匹配""促进""融合"等（夏玲，2017）。

国外关于"工作-生活平衡"（Work-Life Balance，WLB）的早期研究一般是从"工作-家庭冲突"的视角展开的，可以追溯到20世纪五六十年代。相关研究涉及"工作-家庭冲突"的界定、"工作-家庭冲突"产生的理论分析、"工作-家庭冲突"的形成机制和作用机制的实证研究、"工作-家庭冲突"的人口统计学差异以及"工作-家庭冲突"的应对策略研究等。"工作-生活平衡"这个名词首次作为专门术语被使用是在 1986 年，但直到 20 世纪 90 年代末，研究者们才逐渐意识到人们的非工作生活并不仅局限于家庭范畴，还可以包括很多其他形式的活动。研究者们也开始把研究视角从"工作-家庭冲突"逐渐向"工作-生活平衡"扩展（杨哲，2012）。

工作-生活平衡一般是以工作和工作以外生活领域之间的调和为题。工作-生活平衡于 21 世纪已在西方各国人力资源领域占据一席之地。工作-生活平衡通过满足组织内部成员的个人生活水平达到提高公司生产率的目的。如今，一周五天工作制使休闲时间得以增加，女性社会参与度得以提高，同时，与现有员工不同，出现了相较公司更重视自我开发、家庭等自我生活领域的新人类，使以"工作中心说"的价值观逐渐转向追求"生活质量"的价值观。这样的职业价值观的变化为人们的注意力逐渐从组织向个人生活领域转移提供了契机。对于工作-生活的研究由来已久，但是大部分将两者分开，各自研究。最近，研究人员对此持怀疑态度，认为工作-生活之间的矛盾与调和不仅对个人生活，甚至对家庭、同事、组织成果等都产生了不小的影响，随着这些研究结果的登场，两者间的平衡成为一项重要的社会研究课题。ASTD 学术大会（American Society for Training & Development）也将工作-生活平衡作为重要主题等，工作-生活平衡逐步成为人力资源管理的研究热点（万利、赵大伟，2017）。

（一）工作-生活平衡的概念

"工作-生活平衡"最初是提出人的重心应该放在哪个领域。在 Dubin 的一份以产业劳动者为调查对象的研究资料中，10%的调查对象认为工作中的社会关系重要，与此相反的 90%的人认为与非工作中认识的人之间的关系更为重要。同时，在 1972 年的国际劳动关系大会中引用了"劳动环境的质量"（Quality of Work Life，QWL）一词，进一步具体化了工作-生活平衡的概念。从美国汽车工业协会首次提出为劳动革新推行 QWL 项目计划开始，QWL 便得到广泛关注。QWL 项目是根据员工的要求帮助其开发健康的生活方式，统一工作条件和劳动者的幸福之间的关系，通过给劳动者提供补偿、工作的安定性及成长的机会等提高劳动者满意度，以劳动者家庭生活为中心，达到重视劳动者休闲、教育的工作-生活的平衡（万利、赵大伟，2017）。

尽管对于平衡的研究不断地向前发展，但是目前对工作-家庭平衡的概念并没有达成统一。归纳起来对于工作-家庭平衡定义主要包括三种情况：

　　第一种是从工作-家庭冲突和促进的视角去定义平衡，例如，认为工作-家庭平衡与工作-家庭冲突是一个统一体的相对的两端，工作-家庭不平衡就是没有办法处理好工作-家庭冲突。与其相同的还有 Carlson 和 Frone（2003）融合了冲突和促进的两个方面：工作-家庭平衡（Work-Family Fit）是一种由于兼顾家庭和工作而导致的促进和冲突并存的生活体验，整合了冲突与促进的视角。

　　第二种是从多角色的有效性和满足感的角度出发对平衡进行定义，工作-家庭平衡就是工作和家庭这两个领域的卷入程度。Clark（2000）认为工作-家庭平衡就是在家庭和工作中都比较满足并在工作和家庭中能很好地行使职责，感受到的角色冲突最低。

　　第三种是从多角色的卷入进行定义。例如，Greenhaus 和 Powell（2003）认为工作-家庭平衡指的是"个体能均衡地参与工作角色和家庭角色，并能从中体验到均衡的满意感"。与其持相同观点的 Grzywacz 和 Marks（2000）同样表示：工作-家庭平衡是一种角色期望的达成，且这种达成是通过在工作、家庭领域中与相关的合作者协商和分享来完成的。当工作-家庭平衡时各个角色的职责都能很好地完成和有效（黄世伍，2016）。

　　综上所述，本书将工作-生活平衡定义为"合理分配和统治工作和生活各领域之间的时间、能量等资源，从而感到满足、均衡的一种生活状态"。

　　（二）工作-生活平衡的影响因素

　　国外研究中工作与生活关系的影响因素有很多，按照影响因素的来源可分为外部影响因素和内部影响因素两大类。

　　1. 工作-生活平衡的外部影响因素

　　社会文化是学者们研究较多的一种外在影响因素，工作和家庭的压力是社会期望以及员工个人期望在工作家庭中的折射，而这些期望受制于当时社会的总体价值观、信仰以及被社会化的人们的自我定义。不同国家由于其历史背景、政治、经济等状况不同，导致社会文化存在很大差异，这些差异在工作家庭关系上都有所体现。研究表明，美国雇员比中国雇员感知到更大的家庭压力，其原因正是中美之间不同的经济发展水平和文化差异造成的。

2. 工作-生活平衡的内部影响因素

工作与家庭关系的内部影响因素可从个人、家庭、工作、组织四个角度来研究：

（1）个人特征。个人特征从心理特征和生理特征两方面进行研究。

1）心理特征：每个人都有其独特的心理特征和个性，如价值观、人格、潜能等都会对个体工作家庭关系产生影响。关于价值观，首先，关于工作、家庭优先次序的价值观对一个人的工作和家庭态度产生至关重要的影响，职业因素对家庭优先的人影响更大，反之亦然。其次，角色价值观对个体工作家庭关系具有重要影响，个人的价值影响个体的目标和追求，个体寄予工作上的意义也会影响家庭。关于人格，对人格因素的变量研究主要集中在大五人格和负面情感两个方面，研究表明，负面情感通过中间变量的形式影响工作家庭关系。Aryee 等（2005）的研究发现乐观性人格更容易获得社会支持，对压力情景会采取更多的应对方式，因而对平衡工作和家庭非常有利。

2）生理特征：包括性别、年龄、健康状况等，其中研究结论主要集中在对性别的研究上。性别是影响工作家庭关系的重要因素。传统就有"男主外，女主内"的观念。研究认为，工作方面男性投入多于女性，而家务方面女性投入则往往更多。研究表明，女性因需要照顾家庭及孩子，如果从事工作则会体验更多失衡。也有研究表明，性别对工作家庭冲突程度无显著相关性。

（2）家庭特征。

1）家庭结构：包括家庭生命周期、子女、老人的个数、年龄等。家庭的构成决定了个体在家庭中不同的义务和责任。Salzstein 等（2001）研究发现，在传统家庭结构（男性工作，女性照顾家庭和孩子）中，男性在工作-家庭平衡上难以满意，同样的问题也存在于有孩子/老人的双职工家庭的妇女身上。大量研究证明，拥有未成年子女的父母在子女照顾、家务劳动等方面投入的时间和精力远远多于普通家庭。

2）家庭支持：家庭成员特别是配偶给予员工的支持在很大程度上影响着员工的心理平衡，可有效减少工作-家庭冲突（Holohan & Gilbert，1979）。夫妻之间相互支持可以减轻婚姻中的角色压力（Roskies & Lazarus，1980）。更进一步地说，夫妻之间如果能公平分担家务劳动和养育子女的责任，可以直接减少家庭负担，有利于减少角色紧张，从而感受更多的平衡。缺少家庭支持尤其是配偶的支持，个体经历更多的工作-家庭失衡（Grzywacz & Marks，2000）。由此可见，足够的家庭支持是维持工作-家庭平衡必不可少的条件。

3）家庭角色卷入：研究证明，个体高度卷入家庭角色会带来更多的工作-家庭冲突（Carlson & Perrewe，1999；Grzywacz & Marks，2000）。Adams（1999）的研究发现家庭投入与工作家庭平衡之间呈正相关。

4）家庭的经济状况：家庭经济状况是影响工作-家庭关系的一个重要的客观条件，它决定着家庭可支配资源的多少，反映家庭成员的工作成果，是来自家庭的另一个重要的压力源。

（3）工作特征。工作特征的研究包括工作压力、工作时间标准、工作弹性、工作角色卷入等方面。工作压力是由于各种因素的影响使员工失去对工作的掌控，不能圆满完成工作任务，从而表现出来的一系列消极反应的一种动态感受形式。Grzywacz 和 Marks（2000）研究发现，工作-家庭失衡与工作压力及工作焦虑有关。工作时间标准包括工作时长、时间分配、加班、轮班等，工作时间标准可以将工作时间和家庭时间分开。工作时间的不确定性会影响平衡，如工作频繁更换时间、加班、轮班等都可能影响工作-家庭平衡。工作弹性是员工在工作时间安排上的灵活程度。Greenhaus（2001）研究指出工作自主性与工作-家庭冲突负相关。Hill 等（2001）经研究发现，在工作任务量等同的条件下，弹性工作时间和地点能让员工体验到更多的工作-家庭平衡。然而，也有研究者在对弹性工作时间与平衡的关系进行研究时，并未发现两者显著相关。工作角色卷入是指个体全神贯注在一个方面而忽视另一方面责任的一种心理卷入状态，Aryee 等（2005）经研究表明，对工作角色的高度卷入会影响工作-家庭平衡。

（4）组织特征。研究主要从支持家庭的工作环境的角度界定组织特征，包括家庭支持主管、家庭友好政策两方面。

（三）工作-生活平衡的影响结果

研究表明，"工作-生活冲突"会对员工的工作动力、工作乐趣、社交生活质量产生负面影响，降低员工的工作效率，最终导致身心疾病。Linda 和 Christopher（1991）对加拿大雇员的研究结果显示："工作-生活冲突"正在损害很多加拿大人的健康，并且导致家庭问题的产生。对于被调查者而言，"工作-生活失衡"不仅是导致忧虑的原因之一，而且是造成工作不满的主要原因。此外，研究还发现，工作-生活平衡问题与"退缩行为"（包括离职和不真实的因病缺席）

之间有明显关联。除此之外，研究结果显示：高工作负荷通过降低"裁员幸存者"（Layoff Survivors）的"工作-生活平衡"程度，进而降低其工作与生活的满意度。

有研究以大学毕业新入职人员为对象探讨了工作-生活平衡对组织承诺和离职意图的影响。首先，大学毕业新入职人员的工作-生活平衡对个人的个性变量和职务及组织特性变量产生相互不同的影响，并且对于刚入职的大学生来说，工作-生活平衡、组织承诺与离职意图之间有着显著的相关关系，而且，对工作-生活平衡的下位变量对离职意图产生负影响的分析结果显示：与工作-家庭平衡对离职意图产生负影响相反，工作-成长平衡对离职意图产生正影响。工作-生活平衡对动机和组织投入的影响的研究结果显示：工作-生活平衡对组织成员的动机表现出相互不同的影响。同时证明，工作-生活平衡和组织承诺间的关系对动机产生部分性的媒介效果。以国防部公务员为对象展开问卷调查，实证分析了公共服务动机和工作-生活平衡对公务员的组织承诺的影响。首先，公共服务动机和工作-生活平衡基准并没有随着性别、在职时间、年龄、级别的不同产生认识上的差异。公共服务动机和工作-生活平衡大体都对公务员的组织承诺产生影响，但是差异相对较大。以新入职人员为对象分析了工作-生活平衡对工作满意度和离职意图的影响，新入职人员的工作与生活平衡对工作满意度产生有益的正影响，对离职意图产生有益的负影响。在工作-生活平衡和工作满意度及离职意图之间的关系中，LMX 关系具有显著的调节效果（万利、赵大伟，2017）。

夏玲（2017）认为，工作-家庭平衡的影响主要体现在员工的态度、行为和幸福感以及组织的有效性方面。①组织绩效。论述了工作-生活平衡实践与组织绩效之间的关系，个体层次（减少工作-生活冲突、提高工作相关的态度）和组织层次（改善人才招聘、人才保留和提高生产力）的工作-生活平衡实践能够提高组织绩效。②主观幸福感工作-生活平衡促进了个体的主观幸福感，其中需求的实现在两者之间起中介作用。③组织承诺。对护理专业人员的研究发现，工作-生活的平衡与组织承诺有积极的关系。④组织公民行为与态度。基于拓延和建构理论（Broaden and Build Theory），发现工作-家庭的平衡通过积极的情绪促进组织公民行为。许多组织努力地提高员工的工作-生活平衡（如弹性工作制、家庭友好政策）以提高满意度和生产率。基于资源保护理论发现，领导者的工作-生活平衡促进了下属的工作-生活平衡，进而提高员工的工作满意度。对印度员工的研究发现，员工的工作-生活平衡通过组织承诺促进了组织公民行为（夏玲，2017）。

（四）工作-生活平衡的研究综述

对工作-生活平衡的研究最初是从工作-家庭分界面大量地研究阐释两者之间的关系：工作-家庭冲突（Work-Family Conflict）、工作-家庭促进（Work-Family Enrichment）、工作-家庭平衡（Work-Family Balance）、工作对家庭的溢出（Work to Family Spillover）、分离（Segmentation）、补偿（Compensation）、整合（Integration）等。其中工作-家庭冲突、工作-家庭促进研究最多。

对于工作-家庭冲突的研究，从结构变量的视角来看，1995 年，Ganster 和 Thomas 研究指出，个体在生理和心理上的消极反应与工作-家庭冲突呈正相关性。如果行为者在工作、家庭生活中出现突发的身体或心理状况，这种冲突会更显著。1992 年，Linda 和 Christopher 发现个人家庭生活质量与幸福感及工作-家庭冲突有关。Wiley 则进一步呈现了这种关系的方向，认为他们与家庭-工作冲突是负相关的。边界理论提出者 Clark（2001）认为工作和家庭是个体每天活动的这两个不同的范畴，而每个领域都有自身的规则和要求，一定程度限制了人们的活动，并在边界上徘徊。这种边界是以世俗、心理和物理等形式存在的。有研究认为，行为者自身是否有子女以及子女年龄的大小，每周的工作时间及工作时间的不确定性，是否经常加班及加班的时长等都会导致工作-家庭冲突的出现。同时，当一个人工作具有更大的挑战性时，其工作-家庭冲突越大；而当工作中的挑战性出现较小值的时候，这种冲突则越小。行为者在工作中所发挥的主动性与工作-家庭冲突的关系呈现负向的关系，这种负向的关系同样也体现在关于配偶工作类型的相似程度方面。以上研究主要集中于影响个体工作-家庭冲突存在的主要影响因素，并没有对冲突发生后，行动者是否有通过策略行动进行冲突的缓解和解决的研究。

有关工作-家庭促进的研究开始于 20 世纪 80 年代，国外学者赛贝尔对工作-家庭关系积极面进行了首次关注，他认为个体可以享受参与角色所赋予的各种资源所带来的积极作用，这些促进作用可以改善其他领域的一些职能。克劳特则研究了积极渗溢、增益和助长三个方面的促进。积极渗溢是工作-家庭关系间相互促进的一种形式，这与前面的溢出理论有相似之处。增益的观点认为，个体在工作和家庭活动中都会收获到一些帮助个体在对应的角色领域中增强自我能力和表现的资源。助长是指个体从事相关活动所获的资源（如幸福感、自我效能感和社会关系）会加强其在另一个角色领域的活动能力和表现。由此可以发现，工作-家庭促进研究较为集中关注工作-家庭关系的积极效果，两者冲突的研究则相反，关注消极的影响，这也是其最为明显的不同之处（乐楠子，2017）。

八、成就需要动机

成就动机（Achievement Motive）是人要求获得高成就的欲望，它有三重含义：一是指不断努力以达到所渴望目标的内在动力；二是指从事某种工作时，个人自我投入精益求精的倾向；三是指在不顺利情境中，冲破障碍、克服困难努力追求目标的内在倾向。成就动机对工作成绩有重要影响。佟丽君和张守臣（2008）认为成就动机问题的研究是人们对自身复杂社会活动特别是对追求成就行为进行认知解释的一种有意义的尝试。

（一）成就需要动机的概念

关于成就动机的概念早在近一个世纪前就已经在科学心理学领域内进行了探讨。成就动机的概念始于 20 世纪 30 年代默里提出的"成就需要"，他把这种需要定义为克服障碍、锻炼力量、最好最快地努力从事困难工作的推动力。这一需要使人表现出下述行为：追求较高的目标，完成困难的任务，竞争并超过他人。但成就动机概念正式提出者则是麦克里兰和艾里克森，他们对于默里的投射测量理论寄予了热烈的回应。麦克里兰在《成就动机》一书中说："成就动机就是与自己所特有的良好标准相竞争之下，个人所学习而来的一种追求成功的需要或驱力。"麦克里兰认为成就动机具有持久性的人格特征。成就动机人人具有，但类型强度各异。Helmreich 和 Spence（1974）提出了成就动机的四因素模型，Clark 等又提出了成就的多维概念。他们认为，成就动机可以定义为对于优秀标准的竞争、个体设定或实现个体目标的愿望（Edward，1997）。Elliot（1999）又将成就动机定义为以竞争为基础的情感、认知、行为的激活化和方向化。伯纳德·韦纳（1989）认为成就动机是人要求获得高成就的欲望，它有三重含义：一是指不断努力以达成所渴望目标的内在动力；二是指从事某种工作时，个人自我投入的精益求精倾向；三是指存在不顺利情境中，克服困难，奋力追求目标的内在倾向。

国内学者对成就动机也有不同的看法，景怀斌（1995）认为成就动机是指对成就的欲求。他还指出大学生成就动机中包含：探索未知事物的兴趣，证实自己智力、体力、胜任能力的欲望，成绩优异、工作出色获得相应地位或自尊的满足。而张德和郝文彦（2001）认为，成就动机是使人为了实现一定的目的，而主动地、坚持地完成活动的内在动力。

徐献梅（2006）把成就动机看成人们追求高目标，完成困难任务，竞争并超过他人的人格力量。它是个人事业成功与否的关键因素，它像智力一样，作为一种工具，能够增加人们一生中在任何领域取得成功的机会。冯祥斌和周红金（2006）则认为成就动机涉及卓越的表现、竞争、挑战性的目标、持之以恒的毅力和克服困难的精神等方面的内容，即指一个人对于自己认为重要的有价值的工作乐意去做，并力求达到成功的内在原动力。杨勇（2006）的观点则与默里一致，他认为成就动机是由成就需要转化而来的一种动机，它是指个人对自己认为重要或有价值的工作，不但愿意去做，而且能达到完美地步的一种内在推动力量。

（二）成就需要动机的影响因素

美国心理学家奥苏伯尔将成就动机放入学校这个特定的情境下，并提出了成就动机驱动构成论。奥苏伯尔指出：一般称之为学校情境中的成就动机至少应包括三个方面的内驱力决定成分，即认知的内驱力（Cognitive Drive），自我提高的内驱力（Ego-enhancement Drive），附属的内驱力（Effiliative Drive）。他认为，学生所有的指向学业的行为都可以从这三方面的内驱力加以解释：①认知的内驱力。即一种要求了解和理解的需要、要求掌握知识的需要以及系统地阐述问题和解决问题的需要。认知内驱力和学习之间是相互作用和相互影响的，认知内驱力对学习具有推动作用，学习成功的经验又会增强认知内驱力。②自我提高的内驱力。即个体对因自己的胜任能力或工作能力而赢得相应地位的需要。自我提高的内驱力，乃是把成就动机看作赢得相应地位与自尊心的根源，它显然是一种外部动机。③附属的内驱力。它指的是一个人为了赢得长者（如家长、教师等）的赞许或认可而表现出来的把工作做好的一种需要。它既可指向学习任务本身，也可指向于自我地位的提高，它之所以指向学业成就仅仅是因为成就被看成从长者那里赢得赞许和认可的手段（崔凯，2007）。

麦克利兰的社会成就动机理论也有此方面的涉及，他从文化背景尤其是家庭的教养方式与成就动机的关系进行了研究。麦克利兰发现，人们的成就动机差异是由儿童时期的不同经历造成的。着重发展成就动机的文化和家庭总是强调发展个人的独立性，鼓励儿童的自由探索；相反，儿童成就动机较低的文化和家庭，总是着重发展儿童的依赖性，给予儿童较多的管束和限制（肖志玲，2002）。

美国心理学家阿特金森认为追求成功的动机乃是成就需要、对行为成功的主观期望概率以及取得成就的诱因值三者乘积的函数，如果用 Ts 来表示追求成功的倾向，那它是由以下三个因素决定：①对成就的需要（成功的动机）（Ms）；②在该项任务上将会成功的可能性（Ps）；③成功的诱因值（Is）。用公式可表示为：$Ts = Ms \times Ps \times Is$。在这个公式中，Ms 代表争取成功的相对稳定的倾向［这是用主题统觉测验（TAT）得到的］；成功的可能性（Ps）指的是认知目标的期望，或是主体理解到的成功的可能性；Is 为成功的诱因值，这一项被认为是与 Ps 有相反的关系，也就是 $Is = 1 - Ps$，即当 Ps 值减小时，成功的诱因值增加。

综上所述，成就需要动机的影响因素是复杂多样的，且其受所处情境的影响，每一特定情境都会受其周围事物的变化而产生一些特定的影响因素。

（三）成就需要动机的影响结果

很多学者研究成就需要动机的效应，研究较多的是经济发展、创新能力、现实行为、职业成熟度等。这些研究中大多以"成就需要理论"的提出者麦克利兰为中心展开。

麦克利兰基于成就动机对经济发展的作用提出了社会成就动机理论。他进行了大量的跨文化研究，发现儿童的成就动机与这些国家 20 年后的经济发展存在显著的正相关。1961～1964 年，他对欧洲各国等进行了比较研究，通过这些研究得出了如下结论："正在取得成就的社会，并不是以人口增长、政治制度、经济状况或自然资源为特别有利的条件，而是由于成就动机较高的执行者的存在和一种在儿童训练中强调成就的社会倾向。"

麦克利兰指出，在教育心理学领域最重要的动机之一就是成就动机。具有强烈成就需求的人渴望将事情做得更完美，提高工作效率，获得更大的成功，他们追求的是在争取成功的过程中克服困难、解决难题、努力奋斗的乐趣以及成功之后的个人成就感。麦克利兰还指出，高成就需求者喜欢设立具有适度挑战性的目标，不喜欢凭运气获得的成功，不喜欢接受那些在他们看来特别容易或特别困难的工作任务。有研究表明，在遭遇失败时，成就动机取向强的学生比成就动机较弱的学生坚持时间更长，并且将自己的失败归因于缺乏努力而不是外部因素。综合研究结果，杨颉和姜燕媛（2010）认为成就动机不仅可以通过对成功的渴望增强学生学习的兴趣、对学习和探究新知识产生持续的好奇心，同时也可以在遭受挫折时使学生不气馁，保持乐观向上的精神，确立较高的目标。

魏海勇和李祖超（2008）在研究基于成就需要理论的视角建立知识型人才激励模型与模型应用时也同样借鉴了麦克利兰的观点。麦克利兰认为，成就需要是后天获得的，可以通过外界刺激和训练而增强，并影响现实的行为。这为激发知识型人才的成就动机提供了理论上的借鉴意义。为此，可以依照以下具体步骤激发知识型人才的成就动机：首先，通过介绍高成就动机者的事迹来激发受训者的成就动机；其次，通过制定个人成就动机发展规划，使受训者把已激发出来的成就动机转化为实际行动；再次，通过与成就动机有关的学科知识的学习，提高受训者的基本理论水平和认识能力；最后，通过组织受训者交流成功与失败、希望与恐惧的经验体会，增强他们争取更高成就的信心。

韦耀阳等（2013）通过采用成就动机量表、择业效能感量表和职业成熟度量表对随机抽取的 336 名大学生进行了测查。结果显示：大学生成就动机和择业效能感对大学生的职业成熟度具有较好的预测作用。原因在于，职业成熟度很大程度上取决于一个人的职业动机和职业能力，这两个变量能够预测职业成熟度。成就动机通过择业效能感对职业成熟度起作用。原因在于成就动机是人格中非常稳定的特质，当它转变为能力或者行为等可视化事务的时候，才能对职业成熟起更大作用。

（四）成就需要动机的研究综述

对成就需要动机问题的研究具有深远的历史渊源。最早可追溯到默里于 1938 年提出的成就需要。默里将人类的基本需要分为 20 种，其中首要的就是成就需要。他把成就需要定义为"完成困难任务，掌握、操纵或组织物理对象、人类或思想。尽可能独立和迅速地从事这些任务，排除障碍并达到一个较高的标准：超越自我；与他人竞争且胜过他人；通过才能的成功提高自尊心"。之后，希尔斯（Sears）于 1943 年提出了"成就与失败的需要"，勒温（Lewin）于 1944 年对志向水平等问题展开了研究。勒温等的"期望 X 价值"理论成为后来有关研究的理论指导。"期望 X 价值"理论认为有机体、有方向的行为动机强度，是受对行为的一定成果或目标产生的期望（主观性概率）以及这个结果或目标对有机体的价值所决定的（肖志玲，2002）。

20 世纪中叶，成就需要动机研究进入黄金时期。美国哈佛大学教授麦克利兰从 20 世纪四五十年代开始对人的需要和动机进行研究，提出了著名的"三种需要理论"。麦克利兰认为，人除了生存需要之外，还有三种重要需要，即成就需要、社交需要和权力需要，他特别重视成就需要，因此他的理论也被称为成就动机理论（吴海燕，2012）。麦克利兰指出，成就需要的高低对一个人、一个企业和一个国家的发展和成长起着特别重要的作用。一个成就需要高的人往往朝气蓬勃、勤奋工作、成绩显著。一个企业中成就需要高的人越多，发展就越快，获利也越多。一个国家中成就需要高的人越多，就越兴旺发达。据麦克利兰的调查，英国在 1925 年拥有较多的成就需要高的人，在被调查的 25 个国家中名列第5 位，因此当时英国的经济情况很好。而在第二次世界大战以后，英国的成就需要高的人日趋减少，据 1950 年的调查，在被调查的 39 个国家中名列第 27 位，因此英国的经济情况也日益走下坡路（关力，1988）。阿特金森继承并发展了麦克利兰的成就动机理论，他认为个人的成就动机是激励个体乐于从事自己认为重要的或有价值的工作并力求取得成功的内在驱动力。在他看来，个体在追求成就动机时存在两种倾向：一种是力求成功的动机；另一种是避免失败的动机。根据这两类动机在个体动机系统中的强度，可以将个体分为力求成功者和避免失败者，前者的目的是获取成功，倾向于选择中等难度的任务，而后者倾向于选择非常容易或非常困难的任务（吴海燕，2012）。

九、工作投入

（一）工作投入的含义

近年来，随着积极心理学的发展，关于工作方面的研究已经从工作倦怠慢慢转移到对工作投入的研究上来，最开始工作投入是作为工作倦怠的对立面被提出来的，其测量是使用工作倦怠的反向计分方式。前人对工作投入做了很多研究，多角度分析了工作投入，基于不同的角度，学者对工作投入提出了不同的概念。Kahn（1990）将工作投入定义为员工通过自我的控制，以满足自身更加符合工作的角色。Kahn 认为，自我和工作角色的贴合是一个动态的过程，两者可以相互转化和促进，员工工作投入高，说明员工将大部分精力投入了工作角色之中，并在工作角色中充分展现。虽然 Kahn 给出了工作投入的明确定义，但是针对工作投入的研究还停留在理论层面，缺乏实证研究，因此，后来 Maslach 又进一步从理论和操作两个层面对工作投入进行了定义，工作倦怠使充满活力、挑战、有意义的工作变为了消极的、无意义、无成就感的工作，他把工作倦怠分为三个维度：衰竭、玩世不恭、降低的成就感，而工作投入的三个维度是精力、投入和绩效，从而指出工作投入与工作倦怠是完全负相关。通过进一步的推导和实地访谈，Schaufeli 将工作投入定义为兼具活力、奉献和专注特征的与工作相关的积极的情绪与认知状态。活力指员工愿意努力工作，在工作时精力充沛、坚韧不拔、不畏困难、不易疲倦的状态；奉献指员工热爱工作，对自己所做工作的意义充分认同，并以此感到自豪和鼓舞；专注指员工全部精力都集中到工作当中，并且享受全心全意工作的过程，感到非常愉快，时间过得也很快，自己不想从工作中脱离出来。目前 Schaufeli 团队对于工作投入的定义受到了主流研究人员的支持。

后来研究者们发现不工作倦怠的员工也并不都是工作投入的，工作投入和工作倦怠并不是完全的对立面。有关工作投入的概念研究者一般从两个视角阐述：

第一，采用个体内视角阐述状态性工作投入。Kahn（1990）提出了状态性工作投入的概念，工作投入是个人在工作中的生理、心理和情绪的自我呈现，在本质上是一种状态性的工作体验。

第二，采用个体间视角阐述特质性工作投入。Schaufeli 等（2002）强调工作投入是一种长期的、稳定的工作状态，而不是一种短暂的工作体验，工作投入的变异是同时存在于个体间和个体内部两个层次上的。Xanthopoulou 等（2009）的研究表明，状态性工作投入与特质性工作投入之间不是对立的，而是两者共同构成了工作投入的完整概念。但是在随后对状态性工作投入的研究中并没有采用 Kahn（1990）的概念，而是沿用了 Schaufeli 等（2002）的概念。已有研究表明，情绪、希望感（张淑华、王可心，2017）、变革型领导与状态性工作投入呈正相关关系。

本书采用的是 Schaufeli 等（2002）对工作投入的概念，认为工作投入是一种以活力、奉献和专注为特征的积极、完满的工作状态。

（二）工作投入的测度

本书所用量表是国内学者张轶文和甘怡群于 2005 年翻译的由 Schaufeli 等（2002）开发的简易版工作投入量表（UWES），一共包含九个条目，其单维性和信效度都比较高。原 UWES 量表的内部一致性信度为 0.9，分为专注、活力和奉献三个分量表。而本书的工作投入测量不进行维度的划分。随着对工作投入的研究深入，有关状态性工作投入的研究结果逐渐增多，但是由于之前的量表都是测量特质性工作投入的，为了适合经验取样法和日记法等动态取样，研究者们在前人量表的基础上，在时间参照、措辞和指导语上进行调整，用来测量状态性工作投入。本书使用的量表就是在中文版 UWES 的基础上，把时间参照修改为"每天"所形成的量表。

（三）工作投入的前因变量和结果变量

1. 工作投入的前因变量

工作投入的前因变量就是研究制约和影响工作投入的原因，目前针对工作投入影响因素的研究较为普遍，学者将影响个体工作投入的因素分为三大类：个人背景及社会性因素与工作特性，以及工作特性与个人因素的交互作用。

本书在对相关文献资料进行统计分析的基础上发现，工作投入的前因变量主要有个体特质、工作性质、精神衰竭、组织支持、工作-家庭冲突等，其中员工个人特质包括员工的性格、背景等。也就是说员工的个性特征都在不知不觉中影响工作投入，如员工性别、所在单位的性质、年龄、婚姻状况和学历等，这些特征都存在个体性、差异性，也在潜移默化地影响着工作投入。在研究中对于年龄与工作投入之间的关系研究主要有两大观点：一种是以 Mansield 和 Hall 为首的研究人员，认为工作投入与年龄呈正相关；另一种则认为工作投入与年龄之间影响比较小，没有明显关系。在性别方面，研究表明，男性和女性的工作投入程度会因为年龄的不同而有不同的表现形式，具体表现为男性的工作投入程度随着年龄的增长而下降，女性则相反；但是也有的人认为在工作投入方面没有显著的性别差。在家庭婚姻方面，其中研究家庭投入与工作投入之间相互影响的过程之后，指出和谐的家庭更有利于提高女性的工作投入程度，对男性的影响表现为在工作中的积极情绪会使其更加关注家庭，家庭给员工的消极影响会降低其工作专注度，家庭给员工的积极影响会明显提升其对工作专注度。而大部分的研究都指出，已婚员工工作投入状况明显低于未婚的工作投入程度，而有学者则不认同该观点，他们的研究指出，婚姻状况与工作投入程度正相关，主要原因在于员工的家庭责任感和工作的责任感是互通的，因此其家庭责任感高则工作投入程度也更高。Britt 等（2001）以士兵为样本的研究表明，工作投入高的个体在压力源（工作方面的压力和家庭方面的压力）较高的时候，比工作投入低的个体的紧张度更低，身体方面的症状也比较轻。但是，当员工所承受的压力过大，而在工作中又没能达到自己的期望值，这时会对员工的身心产生巨大的消极影响。工作特质主要是指制约和影响工作投入的相关因素，主要包括工作性质、组织支持和工作环境等。Maslach 和 Schaufeli 在研究中指出完善的公司制度、和谐的人际关系以及强大的组织支持能在一定程度上提高员工的工作投入水平。国内学者张轶文和甘怡群指出强大的组织支持和"对事不对人"的公司制度，也就是公平感与工作投入之间呈正相关关系。

2. 工作投入的结果变量

结果变量又被称为结局变量。通过文献分析我们把工作投入的结果变量主要分为两大类：个体变量和组织变量。从字面意思上来讲就是员工个人层面的和组织团体层面的绩效水平等。在工作投入与工作态度的关系研究方面，其中盖洛普公司的研究结果指出，员工的工作投入越高，其对工作的满意度也比较高；Demerouti 等（2001）经研究发现，和谐积极的工作情感与工作投入存在着明显的正向关系；而 Schaufeli 等（2002）的研究表明，工作投入与离职意愿呈负相关，而且工作投入对员工的离职意愿和工作之间起到显著的中介作用。工作投入的提出者 Kahn 的研究结果显示，员工的工作投入与工作绩效相关性比较强且属于正相关，在后来的研究中也指出，工作投入与个体的主观能动性的调动和绩效水平等存在显著的正相关关系。而有的实证研究结果却显示工作投入与员工绩效之间的关系并不明显，而是通过服务气氛这一中介变量来产生作用的。员工的工作投入程度比较高，则员工的工作态度和工作绩效都有明显的提高，随着工作投入程度的提高，员工的工作态度和个体绩效都有明显的提升，在其他条件不变的情况下，导致整个组织的效能的提升。Beck 和 Harter 等学者的实证研究结果显示员工工作投入和顾客满意度、生产效率、企业利润率以及公司整体绩效等相关变量均存在着显著的正相关，同时工作投入与企业中员工流失率以及事故发生率存在着显著的负相关。

（四）工作投入的国内外研究现状

国外对状态性工作投入的研究较早，而国内学者陆欣欣和涂乙冬（2015）论述了工作投入的短期波动，主要介绍了工作投入的概念、现状、测量工具、理论基础和数据收集方法等。这之后国内有关状态性工作投入的研究逐渐增多。在特质性工作投入中，工作要求会负向影响工作投入，但是在有关状态性工作投入的研究中，短期的工作要求会让员工处于生理、情绪唤醒状态，能够促进员工的工作投入。王海雯（2018）的实证研究表明，每日挑战性压力能够正向预测每日工作投入，心理弹性在两者之间具有调节作用，而每日阻碍性压力对每日工作投入的影响不显著。周海明等（2018）使用日记研究，证实了工作日内早晨的时间压力正向预测当天的工作专注。工作重要性和工作完整性均负向调节时间压力与工作专注之间的关系。

工作资源对状态性工作投入的影响。程延园和郭钟泽（2015）在工作要求-资源模型的基础上，证实了每天水平上工作自主性通过工作投入的中介作用对角色内和角色外绩效产生影响。郭钟泽等（2017）使用经验取样法研究了短期工作投入的影响因素，研究表明每日职业发展机会和每日乐观会正向影响当天的工作投入，乐观会部分中介发展机会和工作投入之间的正向关系。个体任务责任心正向调节每日乐观与当天工作投入之间的正向关系，并且还能调节每日乐观的中介效应。除了上述工作资源外，个人资源（生理、认知和情绪资源）也能够影响工作投入，已有研究表明，个体资源是工作投入重要的预测变量（Bakker & Demerouti，2008）。工作外的活动对状态性工作投入也会产生影响。Brummelhuis 和 Bakker（2012）的研究结果表明，通过参加各种社交活动和体育锻炼，员工能够放松身体和心情，这可以增加第二天工作的活力。情绪会对状态性工作投入产生影响。个人在工作日体验到的积极情绪与当天的工作投入正相关，而负面情绪则与当天的工作投入负相关。张淑华和王可心（2017）使用经验取样法证实了希望感能够正向预测工作投入，并且希望感在情绪和工作之间起中介作用。郭钟泽等（2017）还证实了前一天的积极情绪、乐观均对第二天的工作投入有显著正向的滞后影响，乐观在两者之间起部分中介作用。

（五）工作投入的研究总结

首先，鉴于中西方文化背景的不同，员工的工作投入的动机是不一样的，我们采用的量表以及工作投入的相关理论大都来自西方国家，而西方国家的研究成果对于我国企业的发展是否有利其有效性尚待检验。因此我们务必要立足我国国情，结合我国的社会实际，在本土化研究的基础上，结合和比较西方的研究成果，进行工作投入研究。

其次，现阶段研究人员对于工作投入的研究大都集中在工作绩效方面，而对工作投入对于情绪衰竭和工作-家庭冲突方面造成的负面影响研究较少，缺乏对工作投入的全面的前因变量和结果变量的交互研究，同时工作投入与工作绩效呈正相关。但是对于如何加强和提升员工的工作投入的水平进而提高工作绩效的研究则几乎为零，也就是说针对提升员工的工作投入的提升措施还需要进一步的理论支持和实证探究，开展这方面的研究能够有效提升企业的工作效率，同时能指导企业制定更加有效的激励措施，提升员工的成就感和企业归属感。

最后，现阶段有关工作投入的研究方法大都是采用问卷调查，也有少数人试图建立模型去研究工作投入，但是鉴于人的行为和心理都是很复杂的，因此简单的问卷调查有时候并不能真正地反映员工的工作投入水平，更有甚者会出现相反的结果，因此，如果能从心理学和组织行为学等多个方面入手，辅以访谈法等多种研究方法相结合，真正做到让研究方法更趋合理，这样才能得出更加准确的结论，也能为企事业单位的更进一步提升工作效率提供理论支持和实践支撑。

十、"工作狂"

（一）"工作狂"的概念

自 1971 年 Oates 将"工作狂"（Workaholic）这一日常概念作为一个学术研究的主题提出之后，很多学者对此进行了研究。关于"工作狂"的定义，可谓众说纷纭。概括起来，这些定义主要包括两个维度：积极/消极维度和态度/行为维度。在积极/消极维度，Oates（1997）认为"工作狂"指的是那些因工作需要过多而影响到个人的健康、幸福、人际关系和社会功能的个体。Robinson 等（2001）认为"工作狂"是个体的一种强迫冲动障碍，通过自我强迫的需求表现出来。他们不能控制自己的工作习惯，过度沉溺于工作而忽略了生活的其他方面。显然，这两位学者是从消极的角度来定义"工作狂"的。而 Harpaz 和 Snir（2003）对"工作狂"做了比较中性的定义，认为"工作狂"是指个体实际投入和惦记工作活动的时间非常多，且具有跨时间的稳定性，不受外界需要的影响。在态度/行为维度，Spence 和 Robbins（1992）认为"工作狂"就是那些在工作态度上具有高工作卷入、高工作驱力和低工作乐趣的个体。而 Oates（1997）等则把"工作狂"看作一种行为模式，它包含三个要素：个体把大量的自由支配的时间花在工作上；在工作时间之外思考关于工作的事情；所做工作超出了组织的要求和自身基本经济的需要。Douglas 和 Morris（2006）认为"工作狂"是个体建立在金钱-休闲权衡（Income-leisure Trade-off）基础上的一种行为倾向，倾向于投入更多资源到工作上以求效用的最大化。综观以上不尽统一的工作狂的概念，不管是从积极/消极维度还是从态度/行为维度考察，都可以发现，在内因上，"工作狂"具有强烈的内部驱动性；在外部表现上，"工作狂"高度稳定地投入了"过量的"时间与精力在工作上。而研究者的分歧主要在于，"工作狂"的工作驱力的不同缘由以及外部表现的不同影响。这些差异似乎根植于用于解释"工作狂"的不同理论上。

（二）"工作狂"的理论

"工作狂"的理论解释主要包括成瘾模型、强化理论、特质理论和家庭系统理论。

1. 成瘾模型

Oates 把"工作狂"类比于 Alcoholic，从而创造出了 Workaholic 这个词，其后缀"-holic"的意思就是"成瘾的"。而 Robinson 甚至设计出了"'工作狂'成瘾风险测验"来测定"工作狂"行为。由此可见，把"工作狂"看作一种成瘾行为源远流长。"工作狂"成瘾模型可分为医学成瘾和心理成瘾。医学成瘾模型的假设是：长时间的工作导致个体产生了过量的肾上腺素，过量的肾上腺素会导致个体形成对由此产生的愉快的躯体感觉的依赖，这种依赖又促使个体更长时间地工作以产生更多的肾上腺素及更多的愉悦的躯体感受，这样就形成了一个持久的成瘾循环。而心理成瘾模型认为，"工作狂"行为并不是由长时间的工作所产生的某种令人愉悦的物质所驱动的，而是来自行为所带来的确定的利益（如尊重、金钱等）。个体把自己的特定行为与由此带来的利益联系成一个整体，自己的工作行为似乎就是自己的资源与功能。不如此工作，就是自己的功能没有得到充分发挥，甚至还会出现恐慌等"戒断"反应。因此，"工作狂"就是个体对自己的工作行为的心理依赖或成瘾。

2. 强化理论

强化理论似乎可以更直接地解释"工作狂"行为。在心理成瘾模型里的所谓"直接利益"，就是操作性条件作用中的正强化物。个体做出的"疯狂"工作行为，受到同事的赞许等"直接利益"的强化，导致这种行为出现的频率增加，形成这种行为与其积极结果之间的联结。另外，个体的"疯狂"工作行为也可能受到诸如贫穷、家庭冲突等负强化物的强化，个体为了逃避这些负强化物而可能"疯狂"地工作。这就是强化理论对"工作狂"行为的解释。由此可以预测，"工作狂"容易发生在收入、地位高的职业（正强化）及冲突较多的家庭（负强化）。由此还可以预测，只要给予适合于个体的充分强化，人人都可以成为"工作狂"。

3. 特质理论

特质理论反对强化理论"人人都可以成为'工作狂'"的观点，它强调"工作狂"是个体的某些潜在人格特质在青春期后期被特定的环境刺激激发而形成的一种稳定行为。这种行为具有跨时间和工作情境的稳定性，并且一旦形成，很难改变。"工作狂"的特质理论可分为特定特质模型和一般人格模型。特定特质模型认为，被激活的潜在特质是特定的，是与"工作狂"行为相关的执着性、强迫性和活力性等人格特质，但这三种特质与"工作狂"只有中等程度的相关。而一般人格模型把"工作狂"看作某些个体具有的一种病态人格，如 Robinson 定义的强迫冲动障碍，Scott 等界定的三种类型的"工作狂"（强迫依赖型"工作狂"、完美主义"工作狂"和成就导向型"工作狂"）。对大五人格和强迫冲动人格的相关研究发现，"工作狂"确实与人格特质有关。

4. 家庭系统理论

家庭系统理论强调整个家庭对个体行为影响的重要性，因而认为在心理咨询中的咨询主体不是个人而是整个家庭。Robinson 将此理论用于解释"工作狂"行为，将"工作狂"研究从个体水平扩展到家庭水平，并开展了针对"工作狂"与其家庭的关系以及"工作狂"对家庭成员健康的影响的一系列研究。他认为，"工作狂"行为的产生不是个体的问题，而是整个家庭的问题，是家庭成员之间不良的互动造成的。例如，一个有着高度责任感的男人，可能认为他照顾和保护家庭成员的方式就是拼命工作，其配偶也会因丈夫的工作收益而支持其工作，隐瞒自己的孤独与压力，让孩子不打扰丈夫的工作，丈夫也因此更加努力地工作。但随着时间的推移，妻子的被忽略感、被抛弃感可能会越来越强烈，转而认为丈夫不顾家人地工作可能只是为了逃避责任，并非是为了保护家人。因而鼓动和联合孩子，采用言语攻击或情感疏远等方式来反对"工作狂"丈夫。而"工作狂"丈夫为了逃避这样的家庭纷争，会投入更多的时间与精力到工作上。

（三）"工作狂"的测量

近年来，陆续出现了三个具有一定信效度的测量"工作狂"的量表，分别为工作成瘾风险测验、"工作狂"问卷和"工作狂"行为量表。各个量表都得到了一些实证研究的验证，促进了该研究领域的发展。

1. 工作成瘾风险测验

工作成瘾风险测验（Work Addiction Risk Test，WART）是第一个正式的"工作狂"测量量表，是在"工作狂"的家庭系统理论和成瘾理论的基础上构建的，由 25 个项目组成，要求被试判断每个项目的陈述与其工作习惯符合的程度，如"我喜欢什么事都自己亲自做，不喜欢请求别人的帮助""我的同事停止工作后我还在工作"。该量表采用 4 点计分法，1 表示从不这样，2 表示有时这样，3 表示经常这样，4 表示总是这样。总分越高，工作狂倾向越强。WART 的信度较高，区分效度与构想效度越好，但由于研究总体的范围较窄，因而还需要进一步的效度证据的支持。

2. "工作狂"问卷

"工作狂"问卷（Workaholism Battery，WorkBAT）是目前应用得最多的一个"工作狂"测量工具，共 25 个项目，包括工作驱力、工作乐趣和工作卷入三个分量表。其中工作驱力分量表有 7 个项目，如"我感觉有一种内部力量驱使我去工作"；工作乐趣分量表有 10 个项目，如"有时我觉得我的工作很有趣，以至于没办法停下来"；工作卷入分量表有 8 个项目，如"在假期中，如果不做有意义的事情，我就会无聊得坐立不安"。WorkBAT 具有比较令人信服的内容效度、表面效度和会聚效度，但在内部因素结构上仍然存在争议，特别是工作卷入分量表在三个独立的因素分析中都未得到数据支持。因此，McMillan 等将 WorkBAT 修改为只包括工作驱力和工作乐趣两个分量表共 14 个项目的 WorkBAT-R 问卷，该问卷具有较好的信效度证据。Russo 等对 WorkBAT 和 WorkBAT-R 的比较研究也发现，工作卷入分量表似乎多余。

3. "工作狂"行为量表

不同于 WorkBAT 及 WorkBAT-R 测量的是"工作狂"的态度与情感，Mudrack 和 Nauthton 设计了一个测量"工作狂"外显行为的量表（Workholic Behavior Scale，WBS），包括非必需的工作（Non-requiredwork）与人际控制（Interpersonal Control）两个分量表，每个分量表各有四个项目。在非必需的工作分量表中，前三个项目要求被试回答他们在工作改进上所花费的时间和精力的多少，第四个项目涉及在开创新的计划或方案上所花费的时间和精力。在人际控制分量表中，前三个项目要求被试回答他们花费在他人工作上的时间和精力的多少，第四个项目涉及在危机处理中所花费的时间和精力。该量表具有较好的内部一致性、会聚效度和区分效度，但仍然需要进一步的验证。

（四）"工作狂"的前因变量

研究者采用以上三种"工作狂"测量量表进行了很多实证研究，通过对这些研究的分析，归纳出了三个"工作狂"的前因变量：人格变量、人口统计学变量和组织因素。

1. 人格变量

从特质理论可以预测，人格可能是"工作狂"行为的一个前因变量。Burke（2001）对大五人格与"工作狂"之间的关系的研究发现，大五人格与"工作狂"的三个成分之间存在相关，特别值得注意的是，外倾性与工作卷入、工作乐趣以及神经质与工作驱动都呈显著正相关。Mudrack（2004）研究表明，强迫-冲动型人格中的顽固、秩序、僵化和超我这四个子特质与工作卷入一起可以预测个体的工作狂倾向。

2. 人口统计学变量

Harpaz 和 Snir（2003）的研究表明，性别是"工作狂"的一个有效的预测变量，男性的"工作狂"倾向显著强于女性。另一项研究调查了日本、比利时、以色列、荷兰和美国的"工作狂"，结果发现，日本"工作狂"周平均工作时间最长，并且所调查国家的男性都比女性工作时间长，未婚女性比已婚女性工作时间长，已婚男性比未婚男性工作时间长。但也有研究发现，人口统计学变量并不能有效地预测"工作狂"倾向。

3. 组织因素

"工作狂"是产生于组织中的一种行为，其与组织的关系密不可分。人们通常认为那些投入工作时间多的个体是具有奉献精神的忠诚员工。再加上技术的进步，必要劳动时间的缩短，"工作狂"在组织中就有了更多的时间与机会表现出更多的"工作狂"行为，因此，"工作狂"个体经常受到组织的赞扬与奖励。有研究发现，"工作狂"与非"工作狂"的一个明显的差异就是，"工作狂"主观知觉到组织支持他们在工作与生活的关系上侧重工作，而非"工作狂"却知觉到组织鼓励他们保持工作与生活的平衡。另有一些研究发现，私营企业员工的工作时间长于国有企业员工，脑力劳动者的"工作狂"倾向明显高于体力劳动者，经济衰退、工作压力、组织文化、主管支持和工作时间的灵活性都是工作狂的前因变量。

（五）"工作狂"的结果变量

"工作狂"所导致的结果是"工作狂"研究的一个重要内容，也是"工作狂"研究的重要意义所在。然而，对于"工作狂"所导致的结果，各项研究却得出了不尽一致甚至彼此矛盾的结论。下面就从健康、人际关系和组织三个方面分别予以陈述。

1. 健康

从常识来看，由于"工作狂"的忘我工作，很容易忽视对自己身心问题的觉察，因而增加了健康危险的概率。有研究证实了这样的推断："工作狂"分数越高，压力水平越高，身心健康水平越低。然而，并非所有的研究都支持"工作狂"与健康之间的负相关关系，这可能是由于"工作狂"主观体验到的和强化所带来的利益与快乐，对身心健康也是一个有益的因素。因此，"工作狂"与健康的复杂关系还有待进一步的研究。"工作狂"行为除了会影响自己的健康外，还可能影响家庭成员的健康。例如，"工作狂"的配偶常常觉得自己是被忽略的、孤独的、受到约束的。"工作狂"的子女的抑郁和外控程度显著高于非"工作狂"的子女，父亲是"工作狂"的子女还具有较高的焦虑水平。但令人奇怪的是，母亲是"工作狂"的子女与母亲不是"工作狂"的子女在焦虑水平上却不存在显著差异。

2. 人际关系

大多数的研究发现，"工作狂"对人际关系，特别是对亲密关系的影响是负面的。例如，"工作狂"存在婚姻问题、难以维持亲密关系、被家庭和朋友孤立等问题。"工作狂"的工作-家庭冲突较高、家庭满意度较低、人际关系较差。"工作狂"得分高可以预测其婚姻凝聚力得分较低，"工作狂"的配偶也不满意其婚姻关系，认为存在诸多问题。但也有研究发现，"工作狂"和非"工作狂"对人际关系的满意度是相似的，并不存在显著差异。这可能是由于"工作狂"醉心于自己的工作，很少考虑人际关系，因而从自评的角度而言，"不满意"的可能性较小。另外，"工作狂"行为所带来的直接利益也可能是促进夫妻和谐的一个不可忽视的因素。

3. 组织

"工作狂"给组织带来的影响，一直是研究者争论的一个焦点。有研究认为，"工作狂"给组织带来了消极的影响。因为他们的工作总是超出组织工作的要求，事事都亲力亲为。他们过高的标准、对同伴的不信任和竞争，甚至会阻碍团队任务的完成。

研究发现，强迫依赖型"工作狂"难以与同事合作，缺乏创造性；完美主义型"工作狂"的工作绩效较低，离职倾向较高；而成就导向型"工作狂"的适应性、创造性、组织承诺和组织绩效都较高，离职倾向较低，对组织的影响是积极的。有研究还发现，"工作狂"与工作/职业满意度呈负相关，与离职意向呈正相关。还有人研究了"工作狂"与组织违规行为的关系，他们发现，高工作卷入者的破坏性违规行为最少，高工作驱力者会对同事做出破坏性违规行为，而高工作乐趣者会为了组织的利益而采用非常规方法，做出建设性的违规行为。因此，"工作狂"对组织的影响，不能简单地二分为积极或消极，而应该考虑"工作狂"的类型和成分与组织结果变量的交互作用。

（六）小结

我国关于"工作狂"的研究多从宏观角度论述，主观地认为"工作狂"与"过劳死"和其他疾病有关，但缺乏实证支持。而国外对"工作狂"的研究始于对咨询从业者的资料分析，实证研究也才刚刚起步。尽管"工作狂"的理论、前因变量和结果变量都得到了一些实证数据的支持，但还存在诸多问题需要进一步澄清。

首先，没有形成一个公认的"工作狂"概念和操作性定义。学者们往往根据不同的理论和各自不同的研究目的来定义"工作狂"，造成其结果之间难以进行比较分析。其次，各个理论相互交叉。如成瘾理论含有学习理论和特质理论的特征，而家庭系统理论似乎也含有特质理论和学习理论的成分。因此，应建立一个可以全面解释"工作狂"行为的"工作狂"理论。最后，缺乏一个比较完善的"工作狂"测量工具。尽管目前对 WorkBAT 问卷的使用较多，也得到了一定的信效度证据，但其工作卷入分量表的有效性问题仍然没有得到根本解决，即使 WorkBAT-R 问卷也有待改进。

在研究过程中，首先，样本存在取样偏差，使现有"工作狂"研究的结果难以推广。现有研究的样本主要集中于脑力劳动者，缺乏对体力劳动者群体的"工作狂"研究。其次，跨文化和跨行业的研究也很少，更缺少对夫妻双方都是"工作狂"这一独特群体的抽样研究。因为夫妻双方都是"工作狂"时，大家都忙于工作，可能不会对家庭关系造成严重的负面影响。最后，"工作狂"的前因变量、结果变量及调节变量还有待于进一步探索和明确，诸如组织和家庭关系等变量可能既是前因变量又是结果变量，但需要研究予以证实。

十一、情绪衰竭

情绪指的是个体过度消耗情绪等心理资源引起的疲惫状态，是因为工作方面的压力导致的各种反应，属于工作倦怠的一个维度，主要原因是过量的工作和人际关系不和谐等，是长时间作用的结果，是对工作产生倦怠的情绪。情绪衰竭是情感等资源消耗所剩不多的状态，是与情绪相关的各种资源被耗尽的感觉（Maslach et al.，2001）。情绪衰竭有很多负面影响，如使员工沮丧和脾气变差（陈瑞君、秦启文，2011），工作投入、工作绩效下降（韩孝盼，2016）。

（一）情绪衰竭的概念

情绪衰竭是工作倦怠的一个部分，最早出现在 Maslach 和 Jackson（1981）对工作倦怠的三维定义中，即工作倦怠是指个体所表现出来的一种情绪衰竭、去人性化以及低成就感的症状。其中，情绪衰竭指员工在情绪资源上的过分消耗，伴随着疲惫不堪、无精打采等症状。实证研究表明，情绪衰竭是工作倦怠的核心内容。Shirom（1989）也指出情绪衰竭是工作倦怠三个部分中最能代表工作倦怠的部分，并把情绪衰竭作为工作倦怠的一个基本压力分量，认为当一个人的应对精力无法满足工作需求时，情绪衰竭就会产生。很多关于工作倦怠的研究中，情绪衰竭被研究者作为工作倦怠的核心变量来考量，一直以来被当作工作倦怠最为核心的一个环节。

（二）情绪衰竭的影响因素

对于情绪衰竭影响因素的研究主要从工作因素、组织因素、个体因素三个方面展开。

从工作因素看，Moore（2000）研究指出角色模糊、角色冲突、工作负荷均显著正向影响情绪衰竭。Maslach 等（2001）经研究发现，不同的职业特征对工作倦怠的不同维度产生不同的影响：教育行业的工作者具有较高的情绪衰竭；医药行业的工作者具有较高的成就感；从事司法工作的人员具有较高的人格解体和低成就感。Kouvonen 等（2005）经研究发现较高的工作负荷与较高的情绪衰竭有关。Bhanugopan（2013）经研究指出三种工作特征（角色冲突、角色模糊、角色负荷）与工作倦怠三个维度（情感衰竭、人格解体和个人成就感）显著相关。

Hu 等（2015）探讨了工作特性对中国教养人员职业倦怠的影响，并指出强大的外在付出和回报是工作倦怠最强有力的预测因子，付出和回报的不平衡与情绪衰竭和玩世不恭显著相关，工作超负荷与情绪衰竭和职业效能显著相关，工作压力是导致中国教养人员工作倦怠水平较高的原因。

从组织因素看，王海光（2010）在对酒店服务人员的工作倦怠与薪酬制度关系的研究中发现，组织的绩效比重对情绪衰竭具有负向影响，缩短工作时间、薪酬及增长与玩世不恭负相关。Viotti 等（2012）在对健康工作者的研究中发现，决策权、自主权和上司的支持能够预测重点护理组的情绪衰竭，认知需求和同事支持能够预测非重点护理组的情绪衰竭。Haines 和 Saba（2012）研究发现，当雇主不为员工提供从事与他们专业角色相关的工作时，员工将经历更多的情绪衰竭。詹文慧（2013）对组织气氛与工作倦怠的相关关系进行研究，研究结果指出，员工的组织氛围显著影响情绪衰竭和去人格化。Wang 等（2016）研究发现抑制负性情绪规则和表面劳动可以积极预测情绪衰竭。

从个体因素看，蒋奖等（2004）对医护人员的工作倦怠进行研究，指出 A 型人格的员工与其他类型相比具有更高的情绪衰竭。李晓艳和周二华（2013）探讨了心理资本对工作倦怠的直接效应，研究表明，心理资本负向影响情绪衰竭。Goerdeler 等（2014）对老年护士的研究表明，情绪自我效能感和工作自主性与情绪衰竭正相关（陈妮，2017）。

（三）情绪衰竭的研究综述

对于情绪衰竭的研究，研究者主要从情绪衰竭与工作劳动的关系、情绪衰竭与工作倦怠、情绪衰竭的测量等视角展开。

1. 情绪衰竭与工作劳动的关系

从资源保存理论角度，深层扮演着重要求员工调整内心体验，内在感受和外在表情更加一致，表层扮演的情绪表达存在伪装和虚假成分，自我真实感较低，外在情绪表现并不是内心的真实感受，两者有很多不一致，会消耗个体较多的资源。但行动理论研究者 Zapf（2002）认为，和表层扮演相比，深层扮演在行为模式上是一种智力活动，会有较多的意识活动，可能需要耗费较多的心理资源。

在其研究中还讨论了表层扮演和深层扮演两者谁更加有益的问题，研究结论和 Zapf 的行动理论的研究预测不太相同。行动理论认为相比于深层扮演，表层扮演相对意识参与不多，容易完成，消耗的心理资源相对少，对之后的工作相对影响更小。但结果发现，表层扮演并不比深层扮演容易操作，操作难度和深层扮演一样，不过深层扮演精力更加集中（韩孝盼，2016）。

2. 基于工作倦怠的情绪衰竭

在对工作倦怠研究的过程中，Maslach 和 Jackson（1981）发现，可以用情绪衰竭、去人格化和个人成就感降低三个维度来描述提供服务的助人行业的工作倦怠。Shirom（1989）对上述三个维度提出了质疑，认为耗竭能很好地代表工作倦怠的水平，进而缺乏人情味和低成就感是多余的，将工作倦怠的维度又划分为生理疲劳、情绪衰竭和认知厌倦。随着研究的发展，对工作倦怠的关注不仅限于与他人打交道的行业，还把目光转向更为普遍的行业中。于是，Maslach 和 Leiter（1997）对理论模型做了一定的修正，其中的三个维度变成了情绪衰竭、犬儒作风和低职业效能感。后来又将工作倦怠分为衰竭和疏离工作两个维度（孟莹，2016）。

3. 情绪衰竭的测量

大部分研究中，情绪衰竭的测量工具是从已开发的工作倦怠量表中选取情绪衰竭分量表。国外已有不少学者开发了测量工作倦怠的工具，其中最具代表性的是 Maslach 与 Jackson（1981）编制的工作倦怠问卷（MBI）和 Pines 与 Aronson（1988）编制的倦怠测量量表。MBI 是工作倦怠量表中应用最为广泛的量表，总共有 22 个项目，包含三个分量表：情绪衰竭（9 个项目）、去人格化（5 个项目）和个人成就感（8 个项目）。BM 是第二常用的工作倦怠量表，总共有 21 个项目，包含身体衰竭、情绪衰竭和心理衰竭三个维度，每个维度包含七个项目。

国内学者对工作倦怠量表的编制主要包括对国外已有量表进行修订和自行开发两种方式。李超平和时勘（2003）对工作倦怠量表 MBI-GS 进行修订，编制了适用于中国文化背景的工作倦怠量表，该量表总共包含 15 个项目，包含情绪衰竭（5 个项目）、玩世不恭（4 个项目）和成就感低落（6 个项目）三个维度。李永鑫和吴明证（2005）在参考 MBI-GS 和 BM 的基础上编制适用于中国文化背景的工作倦怠问卷，该量表包含 15 个题项共三个维度：情绪衰竭、人格解体和低成就感，每个维度包含 5 个项目。

十二、工作倦怠

工作倦怠（Job Burnout）简称"倦怠"（Burnout），也有心理学家将其称作职业倦怠（Occupational Burn out），指的是一种心理压力，是指个体不能有效应对工作上延续不断的各种压力而产生的一种长期性反应。早年，美国作家格林先生有一篇名为 A Burn Out Case 的小说中，描绘了一位因理想幻灭，精神世界萎靡，最终不得不归隐山林的建筑师的形象。此时，"倦怠"一词才逐渐进入大众的视野。"工作拖延"这一概念是由 Freudenberger 于 1974 年做的一项关于对"毒成瘾"人群的实验观察研究提出的，在这篇为 Staff Burn Out 的文章中，首次使用了"Job Burnout"一词来形容服务业人群在工作情境中产生的情绪和身体双重耗竭的现象。

在当下众多理论与实践研究中，最常用到的是 Maslach 提出的模型。组织情境下的倦怠常常被定义为一种缺乏热情和动力的衰竭状态，产生工作倦怠感的人群常常会有一种沮丧的情绪和无能感，从而影响工作效率（Maslach & Leiter，1997）。工作倦怠的人们在扮演员工角色时与工作脱节并失去工作动力。Maslach 和他的同事认为，工作倦怠与工作投入是完全相反的两种状态，工作投入意味着深层次的卷入，此类人群往往工作更有效率。而工作倦怠的人群则往往表现出一种玩世不恭的态度，办事效率低下，工作卷入度低（沈晟，2017）。

（一）工作倦怠的概念

从 20 世纪 80 年代开始，"职业倦怠"成为一个专业名词流行起来，研究者不断寻求这一概念的准确定立和科学研究方法。

"职业倦怠"是个体职业态度和行为以负向方式发生变化的过程，是工作疲劳的一种反应，是对长期工作相关压力的反应。在其倦怠发展模式中，倦怠是一个失败应对过程的最后阶段。

Pines 等（1981）将倦怠作为对压力（疲劳、低成就感、陷阱）的反应。

Maslach 和 Jackson（1981）则将职业倦怠界定为服务领域中伴随个体情感耗竭、人格解体和个人成就感降低三个维度的综合症状。

Freudenberger 和 North（1985）认为倦怠是精力的磨损和消耗。这是一个因自我或外部强加的过度需求而引起的枯竭，它耗尽你的能量、应对机制以及内部资源。它是一种伴随着超负荷压力的感觉状态，并最终影响一个人的动机、态度和行为。

Pines 和 Aronson（1988）将倦怠解释为由于长期沉溺于要求情感付出的情境而导致的一种身心以及情感耗竭的症状与状态。

Leiter（1991）认为倦怠来自为实现职业角色的个人期望与现有组织结构间的差距，它是一种"情感疲惫的生理综合征、人格解体以及减少的个人成就"。

Maslach 和 Leiter（1997）认为倦怠是一个真实自我与他们对工作期望的系统性脱节，反对他们实际发现自己经历的现实。倦怠是人们是什么和要做什么两者间错位的指标，它反映了价值观、尊严、精神的侵蚀，并将侵蚀人类的灵魂。

Maslach 和 Goldberg（1998）认为"倦怠的主要特点是压倒性的枯竭：感觉沮丧、愤怒和犬儒主义以及无效和失败"。

Moore（2000）则从工作倦怠的结果归因视角解释了倦怠（工作倦怠产生的前因变量主要是情境因素而不是个体差异）。

Maslaeh 等（2001）提出了"工作投入"（Job Engagement）理论以及工作投入构造是倦怠的对立面。当与倦怠的三个主要维度（情感耗竭、人格解体以及低的个人成就）比较时，工作投入被定义为是一个积极的实体，而不是一个消极的方面。投入包含"高的精神状态（而不是耗竭）、强大的参与（而不是冷嘲热讽）和一种功效（而不是减少成就感）"。认为倦怠是一个耗尽个人，造成精神疲劳和能量损失的过程（刘春华，2014）。

（二）工作倦怠的影响因素

国内已经有较多的针对工作倦怠的影响因素的研究，包括个体、工作和组织三个层面。

具体来讲，个体层面包括性别、年龄、学历、婚姻状态和人格特质等。以大五人格为着手点，提出个体神经质对工作倦怠的三个维度都存在显著性影响，其中，宜人性、外向性及责任心与情感衰竭负相关，宜人性与去个性化负相关。李永鑫（2003）提出，年龄、学历、婚姻状态等多种个体特性都会对员工工作倦怠产生影响，具体来说：学历越高，员工的工作倦怠感越强烈；年龄越大，工作倦怠感越低；未婚员工比已婚员工更容易感受到工作倦怠。员工人格特性是影响工作倦怠的主要前因变量，外控型、神经质和低自尊的员工更容易产生工作倦怠问题。

工作层面是指工作特征会对员工工作倦怠产生影响，工作量大、工作内容复杂、情绪转变多等因素，都会增加员工工作倦怠。

组织层面是指员工工作自主性和组织支持度都会对工作倦怠产生影响。众多学者研究表明，员工的工作自主性越高，情绪衰竭感越低，而发现工作中得到领导和同事肯定的员工会表现出较低的工作倦怠感，但是有些支持也可能带来反效果（张鹤馨，2017）。

（三）工作倦怠的影响结果

工作倦怠不仅影响个体的身心健康，它还可能造成个体在组织中异常的行为和工作表现，这一问题日益引起学者们的关注。

工作倦怠对于个体身心健康的影响是确定的。个体出现疲惫后，会出现生理能量耗竭的状态，如长期感冒、失眠、肠胃失调、体重突增突减、肌肉疼痛等。随着倦怠程度加深，心理失调的状态越来越严重，焦虑和抑郁程度会更高，导致情绪疏离、无助、无望、恐惧、易怒等，还可能导致个体酒精和药物滥用率的提高，从而引发新的问题。

工作倦怠会极大地影响员工的工作绩效。Cherniss（1980）发现，工作倦怠导致教师教学质量的下降。Leiter 等（1991）针对医护人员的研究也同样验证了这一观点，也就是情绪衰竭程度高的医护人员在工作时满意度极低，导致工作绩效下降。

工作倦怠的消极结果中，离职倾向位列其中。Moore（2000）针对 IT 从业人员的研究也同样证实了这一观点，即工作倦怠与离职倾向密切相关，而且工作倦怠还能在一些工作因素与离职倾向中起中介作用，如工作负荷、角色冲突、分配公平等。工作倦怠还能直接导致离职，导致教师过早地退出教育领域。针对社会工作者的研究结果表明，情感耗竭对于个体退出该职业有直接影响。

工作满意度下降也是工作倦怠的负面结果，众多的研究已经证明了这一点，然而工作倦怠不仅影响了工作的满意度，由其引发的负面情绪还会被个体带到家庭中和朋友圈中，从而影响其他方面的满意度，如婚姻满意度、生活满意度等。

在组织生活中，个体因工作倦怠导致的恶性结果，如异常组织行为、低绩效、迟到早退、缺勤，或者由于倦怠引发工伤和医疗保健，都会给组织带来极大影响，甚至会产生昂贵的管理费用（刘诗阳子，2017）。

（四）工作倦怠的研究综述

美国学者 Freudenberger 在 20 世纪 70 年代将"工作倦怠"这一概念运用到临床上来描述医学工作者所体验到的一系列症状，以此来反映这些医护人员在工作中长期感受到的情感和人与人关系的压力，以及他们处于压力时的情感反应和心理认知。在这一阶段，工作倦怠的研究者主要是临床和社会心理学家，主要采用的方法有实际观察、面谈和个案研究。80 年代初，以 Maslach 为代表的学者开始对工作倦怠进行系统研究，并进入实证阶段。这期间学者们对于工作倦怠给出了较为明确的定义，并开发出标准化量表，对被试采用问卷等手段进行调查和测量。在组织行为研究方面，工作倦怠这一变量开始跟其他的变量进行关联性研究，如对工作满意度、组织承诺、职业承诺、离职倾向等的关系研究。MBI 工作倦怠量表也在此期间应运而生，并得到广泛的认同和关注。从此，工作倦怠的研究进入了系统研究阶段。20 世纪 90 年代以后，工作倦怠的研究继续深化，并分成三个方向：概念应用的扩大化，使用更为成熟和先进的研究方法和统计工具，出现纵向研究。以下为不同研究角度的工作倦怠定义（刘诗阳子，2017）。

相比国外学者对工作倦怠的不同研究，国内学者对其涉足相对较晚，主要是对理论成果做出归纳阐述，实证研究较少。张晓春（1983）定义工作倦怠为工作初衷的变化、工作强度的加大以及对工作产生厌倦的征兆。员工追求了不符合实际情况的工作目标，增加了自身的工作压力，导致个体身心疲惫衰竭，从而排斥工作或不能正常进行工作的状态。詹承烈（1993）提出，个体从事超负荷的工作任务、人际关系紧张使得个体生理、心理出现疲惫感是工作倦怠产生的原因。陆昌勒和赵晓琳（2004）认为工作倦怠是由于员工在长期工作压力下，出现精力减退、身心过度耗损等不适状态。对于工作倦怠理论，我国学者的主要研究对象主要为教师、公安干警和医护工作者，在企业领域，除李超平、时勘等以外，研究较为鲜见（孙欣，2017）。

十三、家庭支持型主管行为

随着经济的发展，双职工家庭的数目不断增多。为了防止职业人士工作与家庭不同角色之间出现矛盾，组织就开始寻求合适的政策制度为职工解决工作与家庭平衡的问题提供援手。而主管向上需要承载着传达企业文化的责任，向下要负责向员工灌输思想和指导他们行为的重担。因此，员工主管作为家庭友好政策的执行者，很早就受到了研究者们的广泛关注。早期的研究者就发现，主管的支持可以减轻员工来自工作和家庭的压力，因此这是影响员工工作和家庭领域的重要因素之一。领导的支持最初被定义为情感上的支持。

之后研究者提出了"家庭支持型主管行为"的概念，意指主管为员工提供在家庭和个人生活方面的支持行为，同时还能帮助处理员工的工作和家庭角色等问题。它被认为是组织中的一种重要的工作-家庭资源。有别于一般的主管支持行为，除了针对员工家庭生活的关系，家庭支持型主管行为还涉及了主管自身的工作与生活方面（舒聘，2016）。

（一）家庭支持型主管行为的概念

Thomas 和 Ganster（1995）在有关组织家庭支持的文章中提出了"家庭支持型主管"（Family-supportive Supervisors），将其定义为"能够理解并支持员工实现工作-家庭责任平衡的主管"。随后举例说明这些支持可能包括为员工安排灵活的工作计划，能够容忍员工在工作时间接听较短的私人电话，允许员工在下雪天带孩子上班，甚至在保姆辞职的时候安慰员工。从定义来看，Thomas 和 Ganster 主要关注主管对员工履行工作和家庭责任的情感性支持和支持的态度。从内涵的阐述来看，包括主管发起的个人角色层面和管理角色层面对员工工作-家庭事务的支持，但是对于支持的具体表现并没有进行系统的归纳总结。Clark（2001）认为家庭支持型主管是支持下属履行家庭责任的主管。这与员工面临着越来越多的家庭责任这一社会现实相契合，但是该界定仅包含主管对员工的情感性支持。情感性支持不足以反映家庭支持型主管的全貌，有必要梳理家庭支持型主管的具体行为表现，以帮助主管更有效地提供家庭支持，帮助组织更加客观地评估主管对员工家庭支持的程度，并进行有针对性的培训来提高主管家庭支持水平。据此发展出了家庭支持型主管行为（Family Supportive Supervisor Behaviors，FSSB）这一新概念，将其定义为"主管所展现出的支持员工履行家庭职责的行为"（邱慕梦，2016）。

（二）家庭支持型主管行为的影响因素

相对于家庭支持型主管行为作用效果研究，目前有关家庭支持型主管行为影响因素的实证研究还比较少。

已有的国外研究主要探讨了主管和员工人口统计学变量间的异同是否会影响家庭支持型主管行为，包括主管和员工的性别、种族和育儿状况异同，但研究结论并不一致。同时，探究主管与员工的性别和育儿状况异同的研究发现，当主管和员工性别相同时，主管与员工承担育儿责任的差异并不会影响主管向员工提供家庭支持的水平；而当性别不同时，尤其是当主管是男性而员工是女性时，如果主管比员工有更多的育儿责任，主管就可能为员工提供更多的家庭支持。

除了主管和员工个人层面的因素外，支持的组织环境也是重要的影响因素。

研究发现，主管所知觉到的家庭友好型组织文化会促使其表现出更多的家庭支持型主管行为。而且组织对主管进行家庭支持型主管行为干预培训可以显著提高家庭支持型主管行为的数量和质量。家庭支持型主管行为在组织中存在涓滴效应，主管的上司向主管提供的家庭支持行为越多，主管越会学习、模仿这种行为，为其下属提供家庭支持行为，尤其当主管很认同其上司时，这种效应更强（马红宇等，2016）。

（三）家庭支持型主管行为的影响结果

近年来，有关家庭支持型主管行为的研究主要聚焦于其对员工家庭和工作层面的影响及内在机制的探讨，并且验证了它的积极作用。相关研究主要围绕资源保存理论（Conservation of Resources Theory，CRT）和社会交换理论（Social Exchange Theory，SET）两大视角展开。

基于资源保存理论，FSSB 是一种重要的工作场所的社会支持资源，它有助于缓解工作需求带来的压力，并且通过提供工作-家庭平衡需求的支持资源帮助保存两个领域的资源，提升员工对工作-家庭需求的控制感，并促使员工感知到更多的资源去管理工作-家庭冲突（马红宇等，2016；邱慕梦，2016）。这一视角的研究主要体现在两个方面，其一是 FSSB 对员工工作-家庭关系的改善作用。过往研究发现，FSSB 能有效减少员工的工作-家庭冲突，并且，FSSB 能通过减弱工作干扰家庭和家庭干扰工作来增加员工的工作-家庭平衡。

另外，有学者指出，FSSB 作为组织中的工作-家庭支持资源，会通过影响员工的工作-家庭关系进而影响员工的工作态度和绩效。研究发现，FSSB 可以通过促进员工的工作-家庭增益和家庭-工作增益来提升员工的工作满意度、组织承诺、任务绩效、组织支持绩效、尽责绩效，并且降低员工的离职意愿。此外，FSSB 会通过增加员工对工作时间的控制感进而提升员工的关系绩效，降低员工的退缩行为。

国内学者马红宇等（2015）利用 358 名中国员工为被试的研究发现，FSSB 会通过影响员工的工作-家庭增益进而对工作满意度有显著正向影响，并且，FSSB 对离职意愿有显著负向影响，然而，工作-家庭增益在 FSSB 与离职意愿之间的中介作用并不显著，这可能是因为 FSSB 并不会通过提高工作-家庭增益来对离职意愿产生影响。

基于社会交换理论的研究主要用于探讨 FSSB 对员工工作态度和工作绩效等

工作领域的影响。组织及其管理者关注的核心问题就是如何提升员工的工作绩效和工作态度，研究指出，证实 FSSB 对员工工作领域的积极作用并厘清其发挥作用的内部机制，有利于推进 FSSB 在组织中的实践使用（马红宇等，2016；邱慕梦，2016）。根据社会交换理论，当交换的一方为另一方提供了有价值和有利的资源，另一方就会产生回报这一有利资源的义务感。FSSB 对员工而言具有非常重要的价值，因为它是帮助员工实现工作-家庭平衡、减少冲突的关键资源。主管对员工展现 FSSB，可以促进交换关系的持续改进并提升主管和员工之间的信任和承诺，进而促成高质量交换关系的形成，来提升员工的工作满意感并降低离职意愿。

研究发现，FSSB 的情感性支持会通过影响领导-成员交换关系进而提升员工的工作满意度、任务绩效、对主管有益的角色外行为，并降低离职意愿。研究提出，当主管展现 FSSB 这一有利资源时，会让员工产生努力工作、增加投入来回报主管的义务感，其研究发现，FSSB 会通过提升员工的工作投入进而增加员工的工作绩效。

邱慕梦（2016）提出，主管是组织的代理人，主管 FSSB 的提供在帮助员工实现工作-家庭平衡的同时，会促使员工感受到组织对他们的关心和对他们所做贡献的肯定，进而引发员工对工作更加满意。进一步而言，对工作满意的员工会觉得通过提升工作绩效来回报组织。苏菲（2017）的研究结果证实了这一论述并发现 FSSB 通过提升员工的工作满意感来增加员工的工作绩效。

（四）家庭支持型主管行为的研究综述

国内外对于家庭支持型主管研究主要从维度、测量方式对组织氛围、工作绩效的影响等方面展开。

有研究者发展了家庭支持型主管行为（FSSB）这一新概念，将其定义为"主管所展现出的支持员工履行家庭职责的行为"，并基于文献回顾和访谈，提炼出其四个维度，即情感性支持、角色榜样行为、工具性支持和创新式工作-家庭管理。情感性支持（Emotional Support）指主管关心员工，考虑他们的感受，当员工需要主管支持时，主管能以一种让他们感到舒适的方式与他们交流。主管的情感支持包括：与员工交流以了解他们在家庭和个人生活中的义务，表达对员工的工作是否影响到家庭的关心，对员工履行家庭责任表现出尊重、理解、同情和更加敏感。角色榜样行为（Role Modeling Behaviors）指主管在怎样平衡工作和家庭上为员工做出榜样的行为。员工相信主管所展现出的这些行为和策略会导致令人满意的工作生活产出。如对一名员工分享自己的工作和家庭优先次序，以及自己如何应对和处理这种优先排序带来的困难。工具性支持（Instrumental Support）指主管在日常管理事务中给某个员工提供资源和服务来帮助员工成功的履行好工作和家庭职责。这包括：对员工要求调整工作时间的应对、对组织中的政策进行解释说明、管理日常工作进程以确保员工按时完成工作任务。这种支持通常表现在处理员工行程安排的冲突中。创新性的工作-家庭管理（Creative Work-family Management）是主管为了促使员工更有效地处理工作和生活，主动发起的对工作进行重组的行为。它更强调战略性，更注重创新。这些行为包括：工作时间、工作地点、工作方式的一些变革，以同时平衡员工对于履行工作-家庭责任的需求和公司、客户以及同事的需求。例如，在工作组内实行交叉培训，使更多的员工能够灵活安排时间，从而满足他们工作内外的需求（张宏哲，2015）。

早期的研究者就已经开始关注主管对员工家庭生活的支持，大部分的研究者关注于测量家庭支持型主管的情感性支持，并编制了相应的单维度量表。另一些研究者在关注情感性支持的同时还测量了主管给予员工的工具性支持。也有研究者认为，家庭支持型主管行为并不仅局限于"情感性社会支持"和"工具性社会支持"这两个维度（舒聘，2016）。

付煜（2017）选取教育行业两家企业作为调查和访谈样本，研究了家庭支持型主管行为对组织氛围的影响机制及其动态变化关系，提出家庭支持型主管行为会影响到员工的主管支持感，而由于员工将主管视为组织的代理人，这种主观家庭支持行为也会影响到员工的组织支持感和组织家庭支持感，而员工对组织实践的感知会通过社会交互和涌现放大至整个组织层面，会对组织氛围的不同维度产生影响。而主管在发现提供的家庭支持型行为对组织氛围的积极效果后，这种行为会得到强化，会继续提供其家庭支持型行为，两者之间形成了动态的作用关系。

邱慕梦（2016）分别使用 FSSB 的简版测量量表和包含 14 个条目的测量量表，在两个不同的研究样本中均发现包含四个维度的 FSSB 对于员工的工作绩效具有显著的积极预测作用。这说明 FSSB 与中国文化是相容的，FSSB 确实能提升员工的工作绩效。这为组织管理者改善员工的工作绩效提供了一条切实可行的新途径，并帮助管理者认识到除了对员工的工作领域进行支持，帮助员工同时履行好工作和家庭责任不仅是一种简单的"表现出友好",它也会产生很好的收益,促进员工为企业做出贡献,实现员工与企业的"双赢"。为雇主和管理者尝试着通过提供 FSSB 增加员工的工作绩效提供了实证支持。

十四、情商

情绪商数(Emotional Quotient)简称情商(EQ),是巴昂为了与智商(Intelligent Quotient)的概念相对立在其博士论文中首先提出的,用以衡量情绪智力水平的高低(陈功建,2012)。

1990 年美国心理学家 Salovey 和 Mayer 在《想象、认知与人格》杂志上发表了《情绪智力》一文,首次对情绪智力(Emotional Intelligence)这一概念进行正式研究并提出相关理论框架。将"情绪智力"这一术语用来描述诸如对自己、对他人情绪的评价、表达和控制的能力,并明确地把情绪、情感能力纳入智力的范畴,提到智力的高度,开创了情绪智力研究的新局面。随后,1997 年在题为《什么是情绪智力》的论文中,对情绪智力的概念因素进行了重新界定,描述为"精确的知觉评估和表达情绪的能力、接近或产生促进思维的情感能力、理解情绪和情绪知识的能力以及调节情绪促进情绪和智力发展的能力"(吴晓亮,2014)。由此,对于情绪智力的研究逐渐展开。

(一)情商的概念

自从 Thorndike 在 1920 年首次提出了"Social Intelligence"之后,情绪智力的概念开始进入了大众的视野,即一种能够有效地理解和处理人际关系的社会智力。随后学者们开始了对情绪智力理论的不断探索和丰富,从定义上来说,根据不同学者在界定情绪智力时视角的不同,主要有以下三个方面的定义:

1. 认知视角的定义

代表性学者为 Salovey 和 Mayer。最初,Salovey 和 Mayer(1990)根据他们的研究结果提出,准确表达和评估情绪、情绪调控和对感受到的情绪信息转换利用的能力三个因素组成了情绪智力。后来随着研究的深入,他们进一步丰富和拓宽了对情绪智力的定义,认为其是一种包括及时准确地觉察并表述情绪、通过情感来引导思考、正确地解读情绪以及通过控制情绪来引导行为和智力提高的综合能力。

2. 综合视角的定义

这一定义的代表性学者主要以 Bar-On 为主。最初，Bar-On 认为个体的情绪智力在一定程度上决定了个体在工作中是否能够取得成功并保持身心健康，并将其定义为一种由个体独特性格特征和保持人际关系平衡的总和，这种总和直接影响了个体如何应对环境需要和压力。后来，他在此基础上进一步提出了"情绪-社会智力"概念，即相互交织和相关的情绪、能力与方法等社会胜任力，并直接影响和决定了个体在日常生活中如何理解和表达自己的情绪、理解并与他人和谐相处。

3. 胜任力视角的定义

这一定义的代表性学者主要以 Coleman 与 Boyatzis 为主。最初他们给出的定义为：社会中的个体理解自我和他人情绪、督促和鞭策自己、自我情绪控制和平衡人际交往的综合能力。后来，Coleman 对之前关于情绪智力的定义做了进一步延伸和扩展，提出了情绪智力-胜任力，即一种依靠个体自身良好的情绪智力去取得出色工作表现的实际能力。Boyatzis 又进一步丰富了它的定义，提出了情绪-社会智力胜任力这一概念，并将其表述为一种通过了解、认知和运用自我以及他人的情绪信息来引导个体产生更多有效高质量的工作绩效的能力。

此外，我国国内学术界也对情绪智力概念研究的不断成熟发展做出了贡献。卢家媚（2005）指出情绪智力是一种社会中的个体在顺利如愿完成所需情感活动时所产生的独特的心理特征。唐春勇和潘妍（2010）将组织中领导者的情绪智力界定为领导者在进行管理人员和人际关系处理等工作中传达出来的认知、控制自我情绪、评价并调控下属情绪等一系列与情绪相关的心理和行为的能力。刘咏梅等（2011）在整理国内外学者的研究成果基础上，提出从三个不同的对象范围定义情绪智力，包括领导的情绪智力水平（GLEI）、员工的整体平均水平（GAB）以及群体的情绪智力水平，从而更加全面完整地验证情绪智力对各自的对象在决策和其他行为上的影响。张辉华和黄婷婷（2015）通过对现有的情绪智力内涵、维度等相关理论进行整理，认为管理者的情绪智力是一种体现（张晨晨，2017）。

（二）情商的影响因素

情绪智力的影响因素整体上可分为人口学变量与个体心理特征两类。

关于人口学变量，以往的研究主要考察了性别、职业、年龄以及受教育水平对情绪智力的影响。

第一，性别因素。很多研究表明，性别可以显著地影响情绪智力。例如，研究发现，情绪智力存在性别差异，女性情绪智力水平显著高于男性。在德国以高中生和已参加工作的员工为研究样本均发现了女性的情绪智力得分显著高于男性。第二，职业类型因素。除性别因素外，职业类型也会影响情绪智力。以公务员、教师、医生、护士、企业管理者为研究对象，结果发现职业类型会影响情绪智力。具体而言，公务员和企业管理者情绪智力水平最高，教师情绪智力水平最低，其差异达到显著性水平。研究显示，德国警察与卫生服务人员的情绪智力存在显著差异，警察总体的情绪智力水平显著高于卫生服务人员。第三，年龄因素。多项研究表明，个体的年龄对情绪智力有正向的影响，Mayer 和 Salovey（2006）认为，情绪智力同传统智力一样，会随着年龄的增长而提高。他们以503 名成年人（平均年龄 23 岁）和 229 名青少年（平均年龄 13.4 岁）为研究对象，研究结果发现，成年人的情绪智力水平显著高于青少年。研究发现，情绪智力与年龄呈显著正相关，被试的年龄越大，情绪智力水平越高。第四，受教育水平因素。受教育水平也会影响被试的情绪智力，被试的学历越高，其情绪智力水平也越高。也发现被试的教育水平与情绪智力呈显著相关关系。

在个体心理特征方面，主要阐述心理健康因素、认知能力因素和人格因素三方面对情绪智力的影响。

第一，心理健康因素。心理能力模型与混合模型一致认为，个体的心理健康水平是发展情绪智力的基础。心理健康也离不开情绪感知、情绪调节与控制、乐观性等情绪智力因素。有多项研究证明了心理健康对情绪智力有显著影响。通过对 7898 名被试的研究显示，心理健康与情绪智力呈显著正相关，通过实证研究发现，被试的心理健康水平是影响情绪智力的重要因素。被试的抑郁和焦虑水平与情绪智力水平呈显著负相关，这项研究从侧面说明了心理健康在一定程度上会影响情绪智力。第二，认知能力因素。心理能力模型的代表人物 Mayer 和 Salovey 认为，情绪智力包含认知能力成分（如情绪促进思维能力），因此，一般认知能力会影响情绪智力，混合模型也持同样的观点。多项实证研究也证实，情绪智力与认知能力存在相关性。以 102 名大学生为研究对象，结果发现认知能力对情绪智力有显著影响，它可以解释 20.6% 的情绪智力水平，研究也显示，认知能力中抽象推理因素与情绪智力存在显著正相关（R = 0.36，P < 0.05）。第三，人格因素。Goleman 和 Bar-On 所提出的混合模型中包含了人格的因素，因此混合模型

的支持者认为人格因素是影响情绪智力的重要变量。还有研究选取了114名澳大利亚的大学生为研究对象，探讨了人格因素对情绪智力的影响，结果发现移情、外倾性、自尊心、开放性等人格因素与情绪智力呈显著相关。此外，陈京水（2013）的研究均发现，大五人格中的五种人格类型对情绪智力有显著的影响。

（三）情商的影响结果

情绪智力的直接作用路径和间接作用路径共同组成了情绪智力的作用机制。直接作用路径是个体通过感知，评估自己的情绪，调节情绪，获得良好的情绪状态，进而改善个人态度，最终通过个人的积极行为促使良好结果的发生；间接作用路径是个体通过准确地评估、理解他人的情绪，有意识地调节他人的情绪，可以实现帮助他人、操纵他人的目的和改善人际关系，最终通过他人的积极态度与行为促使良好结果的发生（李一茗等，2016）。

在心理学、社会学和教育学领域中，有关情绪智力的影响效果的研究比较多。这些研究主要包括三个方面：一是情绪智力对个人社会生活的影响，如生活满意度、人际关系；二是情绪智力对青少年身心健康的影响；三是情绪智力对学业成绩的影响（杨晓萍，2008；杨维维，2008；李一茗等，2016）。组织行为学领域对于情绪智力的影响效果研究可以从情绪智力对员工态度的影响和对员工行为的影响两个方面进行归纳。

第一，情绪智力影响员工的态度。研究表明，情绪智力通过影响员工或同事的心理状态来影响个体对生活和工作的评价。高情绪智力的员工能合理地感知、评估自己和他人的情绪及周边的环境，有良好的情绪体验，进而调节自身的情感，促进人际交往与心理健康（黄敏儿、戴健林，1997），缓解工作压力（龚素芳，2014；谢秀芳，2015），提高工作满意度（刘帮成、杨文圣，2010）、生活满意度（狄瑶，2014）和工作幸福感（孙丹，2019）。有研究表明，员工的情绪智力负向影响工作倦怠。吴维库等（2008）发现，员工和领导的情绪智力越高，员工工作倦怠的可能性越小。彭娇子、张士斌（2015）认为员工情绪智力水平越高越能控制好角色冲突与工作-家庭冲突，感受的角色压力越小，从而工作倦怠越小。总之，情绪智力对员工的工作满意度有正向预测作用，并且这种作用在中国文化背景下也存在；大部分研究者没有考察情绪智力与工作满意度间的中介变量；有研究发现，情绪智力仅有情绪调节和利用情绪促进思维两个维度与工作满意度呈显著正相关。

此外，情绪智力水平可以影响员工对组织的心理选择。有研究发现，情绪智力可以直接影响员工的组织承诺（刘丽，2016），也可以增强员工自己工作所抱有的积极情感，进而提高员工对组织的承诺，降低个人的离职倾向（刘丽、张珊珊，2011）。吕勤等（2016）通过对饭店员工的调查发现，情绪智力与离职倾向显著负相关，情绪智力越高的员工，离职倾向越低。曹济川（2016）通过对电子商务企业客服人员的调查也得到了相同的结论。

第二，情绪智力影响员工的行为。研究者认为，情绪智力会影响员工的深层行为，如工作绩效、组织公民行为。王仙雅等（2013）运用结构方程模型分析数据后发现，情绪智力对工作绩效的正向影响显著。研究发现，员工的情绪智力不仅会对员工的任务绩效产生积极影响，而且会对员工的关系绩效产生积极影响（朱仁崎等，2013；严标宾等，2013；张辉华和黄婷婷，2015）。情绪智力的各维度对员工工作绩效的影响不同，情绪理解相较于其他维度（如情绪识别）对工作绩效的影响较大（童佳瑾等，2008）。钟建安等（2009）认为，高情绪智力的员工在与领导的交互方面影响越大，越有可能建立较高水平的LMX，进而提高员工的情感承诺、促进组织公民行为及提高工作绩效。李敬和朱嘉玲（2010）研究发现，员工情绪智力对组织公民行为及其各层次、各维度均有显著的积极影响作用。

此外，有研究者认为，员工的情绪智力水平越高，越能准确地识别自己和他人情绪，越能积极地调整自身和改变他人的情绪状态，从而为创造力的发挥创造越多的有利条件。研究证明，情绪智力水平越高，员工表现的创新行为越多（段锦云等，2013），但情绪智力的各维度对员工的创新行为影响不同。丁越兰和王莉（2012）发现，员工的情绪控制能力和情绪利用能力越高，越容易产生创新行为（肖玉垚，2017）。

（四）情商的研究综述

情绪智力目前仍然处于初步发展阶段，在情绪智力基础理论研究方面，很多学者从不同的研究目的出发，提出了不同的情绪智力概念模型。当前主要有两种经典的关于情绪智力的理论概念模型：一种是以 Mayer 和 Salovey 等为代表的狭义的能力模型，他们认为情绪智力是个人情绪、情感相关的能力，主要包括情绪认知，利用情绪促进思考、情绪理解和情绪管理的能力，并且情绪认知是最基本的过程，而情绪管理是最复杂的过程，因此，这四种能力是一个从低到高的递进发展过程（Mayer & Salovey，2006）。另一种是以 Bar-On 和 Coleman 等为代表的广义混合模型。Bar-On（1997）把情绪智力分为个人技巧、人际技巧、适应性、压力管理和一般心境五个方面，认为情绪智力在很大程度上能影响我们如何有效地理解和表达自己，并与他人处理好关系的情绪和技能等。Coleman（2002）认为情绪智力是个体识别并理解自己及他人的情绪，运用情绪信息处理人际关系等问题的能力，并且认为个体能够取得成功，80%的部分和情绪智力有关，只有剩下的20%依靠个体的智商。Coleman 提出了情绪智力的五因素结构模型，认为情绪智力包括自我认识、自我调节、自我激励、移情和人际关系处理五个方面，进一步扩大了情绪智力的内涵。广义的混合模型把情绪智力的内容扩展到与情绪、情感相关联领域的方面，如情绪感染力、自我激励和压力管理等（葛曼曼，2017）。

在国内，对情绪智力的研究也有很多。徐小燕和张进辅（2002）的研究提出情绪智力是一种区别于认知的能力，这种非认知性的能力能够深刻地影响到个体在学习、生活和工作中能否取得成功，具体包括情绪觉知能力、情绪评价能力、情绪适应能力、情绪调控能力和情绪表现能力。许远理（2004）认为，情绪智力是指当个体出现情绪时，能够自主地对它进行加工，运用方法快速处理情绪信息的能力。卢家楣（2005）认为情绪智力是指个体成功完成情感活动所需要的个性心理特征。

十五、自我效能感

自我效能感，另译为自我效能（Self-efficacy），即个人对于是否能够达成赋予的特定任务的能力的信念。这一概念由美国著名心理学家班杜拉（Alberrt Bandura）在 1977 年首次提出。作为 Bandura 社会学习理论（Social Learning Theory）的核心概念，自我效能包含了源自认知、社会及行为所衍生出的能力，具有左右个体行为、达成目的之作用。这一概念首先被心理学界广泛接受，引发了大量的基础和实证研究，成为心理学取向的重要心理变量；之后，自我效能感理论日益向组织行为学渗透，逐步成为众多管理学者研究的重要课题之一；与此同时，自我效能感理论也广泛运用于实践领域中，效果也得到了充分的证实。国内外研究证明，自我效能感对于改善工作态度、提高工作绩效有着很重要的意义（梁涛，2012）。

（一）自我效能感的概念

20 世纪 80 年代前，Bandura 将自我效能感看作一种相当具体的能力预期，认为它能影响个体对目标的选择和努力程度，是人们为了完成某个目标或结果所需行为的能力信念（吴晓亮，2014）。

在不同时期，自我效能感也被赋予不同的含义，国外大多数学者根据 Bandura 来定义自我效能感。Kanfer 认为特定任务的自我效能感是个人意念运用心理或身体的努力，来达绩效的目标水准。斯塔科维奇和鲁森斯认为自我效能是指个体对自己能力的一种确切的信念或自信，这种能力使自己在某个背景下为了成功地完成某项特定任务，能够调动起必需的动机资源与一系列行动。Trentham 等认为"自我效能感是个体对自身努力所获得有价值结果的一种期待"。Schunk 更进一步指出自我效能感是个人的一种信念，是个人自信能够做到期望之表现水准的一种看法，亦即对自己的执行能力能够有效达到预期目标的信念。

国内研究者对自我效能感的研究起步比较晚，大多都依据 Bandura 进行定义。依据 Bandura 对自我效能感的定义，认为自我效能的含义包括：特殊情境的概念、对自身能力的信念，以及个人行为动力的来源。整体而言，研究者认为自我效能是个体对自己能否胜任的判断，它可以反映个体的认知状态与行为能力，并进一步预测个体在类似情境下的行为、想法与情绪。有研究者提出，自我效能感是指个人对自己在特定情景中是否有能力完成某种任务的愿望，换言之，自我效能感是由情景决定的能力知觉，是人们对自己在组织和进行活动时可达到某种预定表现的能力的判断。

（二）自我效能感的影响因素

对于自我效能感影响因素的研究，主要从班杜拉自我效能感来源的四个方面进行探讨。

（1）以往的成败经验。以往获得成功或失败的经历都会对个体自我效能感产生一定的影响，这些经验将为个体判断自我效能感水平提供参照依据。研究表明，当个体能够成功地完成组织赋予的挑战性任务时，其对个体自我效能感的形成产生巨大影响。当个体经过持续不断的努力实现逐个艰难的任务目标时，此时就会产生正向积极的自我效能感，这样的效能感能够确保员工相信自己有能力去完成挑战性的任务；即使个体未完成目标，也仍然会保持积极的心态。然而当个体不需要通过多大的努力轻而易举获得成功时，这会造成个体在今后的工作中急于求成，一旦遇到挫折和失败便会气馁。

（2）模仿或替代学习。在人们的日常工作和学习生活中，大部分人自信都来源于和自己相类似的群体的对比，而不依靠个人的亲身经历而获得；当个体发现与自己相似的群体通过坚持不懈地努力而获取成功时，他们就会相信自己也拥有取得成功的能力。相反，如果观察到与自己相近的人失败时，特别是付出巨大努力仍未取得成功时，此时他们就会对自己完成类似活动的能力产生怀疑，认为自己获取成功的概率也很小。因此，如果个体对自己在某些领域内的能力缺乏判断，榜样学习就显得尤为重要。

（3）言语或社会劝说。言语或社会劝说在一定程度上也能增强个体的自我效能感水平，但它并不能从本质上提高人们的智商或技能水平。例如，当个体被告知自己拥有能力去完成某项工作或任务时，他们更有可能表现为付出更多的努力和精力，坚持不懈地去完成自己的目标。当个体在完成某项工作的初期就感到举步维艰难以坚持下去的时候，上述的社会劝说就会产生明显的作用。同时，Bandura 认为当言语或社会劝说缺乏直接或间接经验基础时，其对自我效能感判断的形成效果甚微。而对那些通过直接或间接经验相信自己有能力完成相关任务的个体而言，以上的言语或社会劝说效果和影响都很显著。

（4）生理与情绪的状态。Bandura 认为个体易将紧张情景中的生理唤起当作机能紊乱的不良信息去解读，高度的生理唤起有损于行为操作，相关研究证明，过度紧张或焦虑的人容易低估自己的能力；同时，长时间的疲劳或心理上的烦躁会令人感觉难以胜任相关工作，成功时获得的积极情绪和失败时产生的负面情绪都会影响个体自我效能感的判断。

我国学者陆昌勤等（2001）在对管理者的自我效能感的研究分析中指出，Bandura 对自我效能感的影响因素概括有些笼统，他们进一步总结在实际工作中会影响自我效能感的一些具体因素，主要包括：情绪特征、文化因素、组织异质性、知觉到的可控制性、反馈方式、目标设置水平、能力观或目标趋势等（吕晓，2014）。

（三）自我效能感的影响结果

研究发现，自我效能感影响个体生活的诸多方面，比如工作表现、学业成就、减肥、浪漫关系以及与健康有关的行为。自我效能感在个体处理不同的心理问题时都起到重要作用，包括儿童抑郁、恐惧症、创伤后精神压力障碍、考试焦虑等。

Bandura 关注效能信念产生影响的过程，认为效能信念通过四种主要过程调节人类活动，即认知、动机、情感和选择过程。

（1）认知过程。大多行为过程最初形成于思维。思维的一个主要功能是使人们能够预测不同行为过程的可能结果，并采取相应手段对其中影响自己生活的那些因素施予控制。许多有目的的人类行为，受到包含预设目标在内的事先计划的调节。目标设定通过将未来的行为结果反映在当下的认知结构中，从而对行为产生动机作用（高申春，1998）。个体设定什么样的目标，受自我效能感的影响。自我效能感越强的人，为自己设定的目标越高，越具有挑战性，承担责任越坚定。目标的挑战性程度构成个体动力心理过程的一个因素，它激发个体的动机水平，也决定了个体对活动的投入程度，从而决定其活动的实际水平。此外，个体会在想象中对活动进行心象表征与实现（Imaginal Realization），即对即将执行的活动场面或动作流程形成鲜明、生动的心象表征。运动心理学的相关研究已经证实了这种心象表征对活动实际执行情况的影响。大量研究表明，通过认知模拟让个体想象自己熟练地完成活动，可以改进后继行为。想象成功行为提高行为成绩，想象错误行为损害成绩。人们对自己效能的信念，影响他们对当前情境的解释，以及对未来的想象和预期。自我效能感高的人将当前情境解读为一种迎接挑战、实现潜能、赢得肯定的机会，他们对未来有积极的期待，坚信自己能够完成活动、应对困难，他们想象着成功的情境，体验着想象中的成功带来的美好感受，这一切给实际活动提供积极的指导，让个体意气风发地执行实际活动，从而带来好的结果。那些自我效能感低的人，则将不确定的情景解释为冒险，倾向于设想失败的场景。他们专注于个人缺陷，细细琢磨事情的某个环节可能出现的错误，体验着想象中的失误带来的打击，思维中灰暗的幻象足以让他们逃避现实，拒绝行动。不去行动就谈不上成功与失败，他们没有勇气接受失败，也没有机会去拥抱成功。

（2）动机过程。人们通过预想在事前就激励自己，指导自己的行为。他们形成自己能做什么的信念，预测不同追求之可能的积极和消极后果，并为自己设定目标，计划行为过程，以实现有价值的未来而避免不利。效能信念在动机的认知调节中起着核心作用。一定程度上，个体根据其自我效能信念选择将要担负的挑战、所要投入的努力，以及在面对困难时能坚持多久。面对阻碍和失败，不相信自己能力的人过早地减少努力或放弃尝试，而那些对自身能力有强烈信念的人，则在未达目的时会激励自己，加大努力，坚持不懈直至成功。

（3）情感过程。自我效能机制在对情感状态的自我调节中也发挥着关键作用。Bandura 认为，由效能信念调节的情感状态，并不只是作为介入行为的影响因素，就其本身来说就很有意义。Bandura 指出，效能信念影响情绪体验性质和强度的三种基本方式是通过对思维、行动和感情实施个人控制。思维定向的模式以两种方式调节情感状态：其一，效能信念导致注意偏向，并影响人们对生活事件的解释、认知表征以及回忆的方式。其二，影响方式集中在，当遭遇令人烦扰的一连串思维侵袭时，个体所觉知到的对其施以控制的认知能力如何。效能信念影响人们对潜在威胁的警惕性和对它们的知觉及认知加工。相信自己可以控制威胁的人不会动不动就想到灾难来吓唬自己。但那些认为潜在威胁不可控制的人，则认为周围环境充满危险。他们高估情境的危险性，显得忧心忡忡、杞人忧天。这样一系列的无效能想法，使他们感到痛苦，并限制和削弱自己的活动水平。在行动定向的影响模式中，效能信念通过支持有效的行动过程，以改变其情绪可能性的方式改变环境，从而调节情绪状态。效能信念通过影响应对行为来调整压力和焦虑。在某些行为控制研究中，威胁事件的发生依然存在，但当个体能控制其发生时，在主观上就会觉得威胁事件并非那么可怕。婴儿害怕那些自己控制不了的会动的发声玩具，但如果自己能够发动和控制的话就会觉得喜欢。

（4）选择过程。人生就是选择。日常生活中，人们会不断面临必须从各种可能的活动中进行选择的情景：选择在广阔世界中拼搏还是在机关做公务员？选择爱你的人还是你爱的人？选择你喜欢的专业还是有"钱"途的专业？一个人的选择不同，便有了不同的人生。选择受个人能力信念的影响。当个体面临不同的环境条件时，他选择什么环境，一定程度上取决于个体的自我效能感。一般而言，个体选择自以为能加以有效应对的环境，而回避自感无法控制的环境。十月怀胎的准妈妈，选择顺产还是剖腹产，虽然影响因素有很多，但孕妇对自己顺利生下孩子的能力觉知无疑起着关键作用（田学英，2012）。

（四）自我效能感的研究综述

梳理前期研究发现，关于自我效能感的研究主要集中在内容、分类与绩效关系等多个方面。

有研究在总结前人研究的基础上，提出自我效能感包含三方面内容：第一，自我效能感是对特定工作任务的认知能力的判断或总结。在组织方面，从个人、工作任务以及工作环境中得到的信息都有助于对认知能力的综合评估。第二，自我效能感是一个动态的构念。会随着新的信息、资源的获得以及新的经验的积累，使个人在组织中的感受不同，从而对认知能力信念的判断产生不同的影响。第三，自我效能感包含动机成分（Mobilization Component）。自我效能感反映了"一个更加复杂和生成的过程，在这个过程中，对自我适应性能进行建构，以适应不断变化的情况"。

对自我效能感的研究文献进行梳理可以发现，对自我效能感的研究无外乎三类：一般自我效能感（General Self-efficacy）、特定任务自我效能感（Task-specific Efficacy）和特定领域的自我效能感（Domain-specific Self-efficacy）。一般自我效能感指的是个体对自己具有处理所有事务的总体上能力的自信。特定任务自我效能感是个人对自身完成某一特定任务能力的自信程度，是目前最为广泛研究的一种自我效能类型。而特定领域的自我效能感指的是个人对自身具有完成特定情境下职能能力的自信程度（耿昕，2011）。

十六、过度劳动

"过度劳动"起源于日本，始于20世纪60年代，盛行于80年代，当时日本沉浸在"经济繁荣"的虚像下，股市、房价飙高将日本推入"经济高速增长期"的幻境之中，接踵而至的是企业加班加点文化的蔓延。日本总务省提供数据显示，1988年日本各企业中高达777万名员工平均工作时间超过60小时/周。在此背景下，"过劳死"现象逐步呈现出社会化与常态化的特征，为应对"过劳死"这一突出问题，日本不同机构、学者研究提出了诸多方案，如自1998年6月18日起，日本一些医生、律师自发联合起来建立"过劳死"热线电话，该热线最初在日本东京、神户、大阪、京都、仙台、福冈、札幌七个城市建立，随后逐步扩大到日本其他地方，高峰时期曾一天发现309例"过劳死"案例。这些都体现出日本在应对"过度劳动"问题时所面临的严峻挑战。

随着经济全球化格局的形成与深入发展，"过度劳动"问题已跨越国界，在全世界范围内蔓延开来。向来坚持工作与生活的绝对分开、崇尚自由的一些欧美国家迫于现实压力，也逐步加入到"过度劳动"的队伍中来。

而现今中国正在"复制"20世纪80年代日本的社会现象，甚至有愈演愈烈的趋势，由"过度劳动"导致"过劳死"的典型案例也频频被新闻媒体公开报道。"过劳死"不仅对一般的装配线工人造成一定的威胁，更是呈现出向计算机网络、新闻媒体、演艺、公安、科教、公务员等"高精尖"领域延伸的趋势，这些"高精尖"领域也逐步演变成"过劳死"的高发区，并呈现年轻化态势。上海社会科学院亚健康研究中心曾对这些领域92个个案进行分析显示，在这些行业中，由"过度劳动"导致死亡的群体的平均年龄不到44岁。这些现状违背了科学发展观的主要内涵，同时也违背了知识经济时代下所倡导的"人文关怀"的要求，亟待引起全社会的关注和重视（王玉洁，2015）。

（一）过度劳动的概念

早在19世纪70年代，精神病学家就把"过劳"用来描述那些躯体、情绪、精神、人际关系和行为严重耗竭的患者。随着时间的推移，如今"过劳"一词的含义已经不能用最初的解释来描述了，"过劳"的概念发生了巨大的改变。在收集和整理相关文献后，发现目前"过劳"的定义较多样，对其界定也较杂乱，本书将国内外学者对过度劳动的定义进行整理，以三种视角解析"过劳"的概念。

（1）内在体验说。持此观点的学者从劳动者的身体视角，研究过度劳动对人们身体的伤害。他们认为劳动者由于从事过于繁重的工作而引起心脑血管疾病或者其他器官急性功能衰竭，严重的将导致死亡，即产生了"过劳死"。"过劳死"一词最早起源于20世纪70年代的日本，日本学者认为"过劳死"属于社会医学的范畴，它是指由于患者的工作负担过重，使得高血压等基础疾病进一步恶化，从而引起急性循环器官功能障碍（如心脑血管疾病等），最终导致患者死亡的一种现象。

从法律角度研究"过劳死"，虽然很难准确地衡量劳动强度，但劳动时间的长短是衡量劳动强度最重要的指标。劳动者的劳动时间超过法律规定的标准工时的限制，就可以被认定为"过度劳动"，若过度劳动导致劳动者最终死亡，则被认定为"过劳死"。但这种评定过度劳动的方法比较适合体力劳动者，而不适合脑力劳动者。

在20世纪70年代的美国，"Burnout"一词被用来描述人与工作之间的关系以及其带来的一系列问题。通常，"Burnout"和"Job Burnout"分别被翻译为

"耗竭"和"职业倦怠"。美国心理学家 Freudenberger 在 1974 年首次采用"职业倦怠"一词来描述个体在工作环境中表现出的负面情绪症状；若工作者所从事的工作过度地消耗了其时间、精力、能力以及资源，从而导致工作者感受到身体疲倦并且情感耗竭，则会产生工作倦怠的现象。

李永鑫（2003）认为工作倦怠具有以下五个方面的共同特征：第一，都具有情感耗竭、身体疲劳和心情抑郁等疲劳症状；第二，都有发生其他身体症状的可能性；第三，都是由于工作原因而产生了倦怠的症状；第四，都是在没有精神病理学病因的"正常人"身上出现此类症状；第五，都因其负面的行为和工作态度使得个体工作效率降低。

刘明理等（2006）认为"职业过劳"是一种对工作感到疲惫、困乏的状态，职业过劳包含三个主要部分：第一，情感耗竭，指个体丧失工作热情，并感到极度的疲惫不堪；第二，非人性化，指个体对待服务对象的消极，或漠不关心的态度；第三，低个人成就感，指个体的工作成就感和胜任感下降。

职业倦怠与过度劳动两者虽有联系，但区别很大。李乃文和张蕾（2007）通过比较职业倦怠和过度劳动两者的多发群体、产生原因以及造成负面影响的侧重点这三个方面的不同，得出以下结论：首先，工作倦怠多发生于从事服务性行业的劳动者群体，而过度劳动则多发生于脑力劳动者群体；其次，工作倦怠多由于对职业缺乏成就感而产生，但过度劳动则多由于竞争压力大或个人成就感过高而产生；最后，工作倦怠主要对个体的情感态度产生负面影响，而过度劳动则主要对个体的身体造成不良影响。

（2）外在表现说。持此观点的学者以衡量过度劳动的标准为依据，阐明劳动者在过度劳动的情况下的外在表现。对"过度劳动"定义是：用人单位长期过度地使用人力资源，即劳动者的劳动长期超出社会平均劳动时间和工作强度。狭义的过度劳动指劳动者的劳动时间长期超出社会平均劳动时间，广义的过度劳动指劳动者不仅劳动时间长期超出社会平均劳动时间，而且工作强度也长期超出该行业的社会平均工作强度。

将"过度劳动"定义为：劳动者长期处于超出合理的劳动时间或劳动强度的一种工作状态，"合理的劳动时间或劳动强度"应该是一种被社会公认的并且不对劳动者的身体健康造成不良影响的工作标准。但"合理的劳动时间或劳动强度"不是一个固定的范围，它会发生变化、波动，不同的个体因其自身的身体状况、劳动能力存在差异，其能够承受过度劳动的范围也存在差异。但这个不固定的范围一定是被社会普遍认可的一个常量。"过度劳动"用来描述劳动者由于各种原因不得不超时、超强度的工作，长期感到身体或精神处于疲劳的状态，并且这种长期的疲劳感已经严重影响到劳动者的身体健康或工作生活质量。

（3）行为后果说。持此观点的学者强调劳动者由于过度劳动的状况而导致身体亚健康、慢性疲劳综合征等后果。杨菊贤和卓杨（2006）提出，反复发作的慢性疲劳将引发慢性疲劳综合征，而慢性疲劳综合征将促发"过劳死"。"过劳死"的发生与工作性质、工作环境以及长期超时工作有着密不可分的联系。

祝刚和彭娜（2007）认为亚健康状态中最常见的症状是疲劳，疲劳因长时间过度消耗体力和脑力而产生。疲劳不仅危害个体的健康，导致各种疾病的发生，而且能使机体早衰，缩短人的正常寿命，即发生"过劳死"的严重后果。

薄萌（2008）提出，过度劳动是指劳动者由于长期超时工作、劳动强度过重并且心理压力过大，进而导致其筋疲力尽的一种亚健康状态。严重的情况下，将引发体内潜在疾病的急速恶化，若救治不及时将导致"过劳死"。亚健康状态是一种介于健康与疾病之间的身体状态，其主要表现为记忆力减退、食欲不振、腰酸背痛、头晕头痛等一些医院难以检查的症状。此观点认为长期超时工作、劳动强度过重、心理压力过大这些特定的原因产生过劳状态继而导致亚健康状态不太准确，缩小了过度劳动的外延（邵晴芳，2012）。

（二）过度劳动的影响因素

"过劳"现象在生理、心理、经济、社会、管理和文化等诸多学科方面都被提及，同时也是不同学科交叉研究的问题。对于我国劳动者的过度劳动问题，学者们从个人、企业及社会三个方面分别论述了过度劳动的成因。

1. 雇员的自我选择导致过劳

一些学者认为雇员个人的过度劳动是由其意愿决定的，雇员由于个人压力大，为了追求更高的目标及个人收入、个人素质较低等因素不得不延长个人工作时间，这种"被加班"现象在发展较快的城市中更为显著。

（1）雇员压力过大导致过劳。从雇员个人因素出发，深刻剖析了雇员在职业压力、生活压力、职场人际关系与高额生活成本、低效生活效率等方面，说明由于物价上涨过快，雇员在住房、生活开销、子女教育、赡养老人以及高额医疗费等生活成本问题上所存在的压力。这些压力使雇员不得不超时、超强度工作，通过这些方法来获取高消费下的经济基础。

（2）雇员追求较高导致过劳。有研究认为，追求成功、个人目标压力及严格的自我要求是雇员过度劳动的心理因素，即雇员为了实现自我价值，自愿进行加班、加强度的工作，此时的工作目的是晋升、发展，劳动者自身有极强的上进心，想要通过出色的工作来证明自己的价值，因此而产生过度劳动，此时雇员过度劳动是自愿的。

（3）雇员个人素质差导致过劳。杨菊贤和卓杨（2006）认为过度劳动与部分雇员身体素质差、工作效率低、工作易倦怠等因素相关。部分雇员不重视个人身体健康、工作时间自由散漫、工作效率低，在正常工作时间内无法完成既定工作量而导致加班，此时雇员的过度劳动是由于个人素质低导致的，这部分雇员的过度劳动也不在少数。

2. 企业管理及背景文化导致过劳

（1）企业管理不善、追求利润导致过劳。这种观点认为过度劳动是由于企业管理不善造成员工加班工作而导致的过劳，将劳动者过度劳动归根于经济发展的需要，并用经济学方法解释了"过劳"。随着我国经济高速发展，企业竞争加剧，用人单位为了追求利润最大化往往会选择增加员工的劳动时长而不再去雇用员工，这种为缩减人力资源成本而增加已有员工工作长度的行为，可以使用人单位减少雇用新员工所需支付的基本保险金，仅对加班工作的员工进行基本的劳动时长支付即可，之间的差价使得用人单位更加偏好于增强已有员工的工作时间，导致了雇员的过度劳动。

（2）企业文化激进导致过劳。这种观点认为过度劳动是由企业文化、领导者行为共同作用的管理理念导致的。不同企业有其一定的企业文化，有些人力资源管理部门将员工加班作为提职升薪的必备条件，认为加班是员工忠于企业、给企业做贡献的表现。部分领导者在下班后选择加班，使得雇员不好意思到点下班，而不得不加班，或者领导对于加班加强度工作的雇员进行表扬，使其他员工以此为榜样，员工为了得到表扬或者维持在领导心目中积极进取的形象选择加班，这也是企业文化对雇员过度劳动的影响。

3. 社会环境导致过劳

（1）对高生产力的追求导致过劳。张春雨等（2010）将"过劳"的原因归于工作要求、环境问题、突发事件等方面。我国正处在跨越式发展时期，地方政府及很多部门仅以 GDP 的增长率作为我国经济发展的标准，使得企业盲目追求企业利润的提高而忽视了雇员的身体健康。这种一味追求赶超式的发展使全社会陷入超时、超强度工作的氛围中难以自拔。我国经济的转型要求脑力劳动者要付出更多的辛苦，雇员为了企业利益、社会发展不得不过度劳动。

（2）社会文化背景导致过劳。我国是有 5000 多年悠久历史的文化古国，与西方国家不同，勤奋敬业、无私奉献的精神在我国成为了社会宣传学习的榜样。所以大部分劳动者都会在我国传统文化的影响下进行超时、超强度的过度劳动，并认为这是为集体利益奉献的精神；与此相反，一定的劳逸结合、适度劳动则会被认为是懒惰自私、贪图享受的表现。因此，劳动者从小确立的勤劳观念及无私奉献的社会背景使雇员在过度劳动时"深受其害"。

（3）保障制度不完善导致过劳。由于我国社会各项制度还不够完善，相关劳动标准也有所缺失，许多雇员不能享有健全甚至最基础的社会保障。我国的法律法规未提及"过劳"及"过劳死"等的法律概念，也缺少由"过劳死"导致疾病后相应的赔偿细则及法律处理规则。政府、企业、个人三方面在社会保障的认识方面也存在着一定的差距，从而使得劳动者缺乏社会保障，并由此引发了我国劳动者过度劳动甚至"过劳死"（卫端，2015）。

（三）过度劳动的影响结果

对于过度劳动影响结果的研究，本书将从个人、企业、社会三个角度进行探讨。

1. 对个人的影响

过度劳动会降低劳动者的福利。现代福利经济学认为，个人福利是指一个人获得的满足，这种满足既包括个人物质生活需要的满足，也包括个人精神生活需要的满足。适度的劳动可以为劳动者提供生存必需的物质基础，获得物质生活的满足，但是过度的劳动则剥夺了劳动者与家人团聚、休闲娱乐等精神层面的需要，降低了劳动者的个人福利。尤其是长期的过度劳累会使劳动者身心得不到休息，产生巨大的压力，容易诱发各种疾病，极端的如"过劳死"。

2. 对企业的影响

过度劳动不利于企业的长远发展。现代企业理论认为，企业作为社会公民，应承担其相应的社会责任。劳动者作为企业为重要的利益相关者之一，过度劳动是对他们作为企业人力资源的掠夺性使用，不但不利于人力资源的开发，也不利于企业素质提升和后续发展。

3. 对社会的影响

过度劳动容易对就业和消费产生挤出效应。王艾青在《过度劳动及其就业挤出效应分析》一文中分析指出，过度劳动的存在造成对行业其他就业岗位的挤压，从而使该行业的实际就业人数大大低于应该就业的人数。由于过度劳动的存在，使得某些行业和领域失去了不同程度（取决于 B 的大小）的吸纳就业的机会。过度劳动不仅对就业产生了挤出效应，也对消费产生挤出效应。过度劳动对消费的挤出主要表现在工作时间对消费时间的挤占。人们所拥有的时间是一定的，花在工作的时间越多，闲暇时间就越少，可用于购物、休闲、娱乐等消费性活动的时间也就越少（翟昶明、王利利，2010）。

（四）过度劳动的研究综述

对于过度劳动的研究，本书从国外和国内两个方面进行探讨。

1. 国外研究综述

（1）日本研究综述。日本过度劳动研究起始于对生产过程中的疲劳研究。日本劳动科学研究所曾把穿孔计算统计作业、各种零部件流水线组装作业、控制室的仪表监测作业列为单调作业。这些单调作业内容明显简单、重复，但又在生产流程中处于重要地位，一旦疏忽就会造成重大事故。为此，1967 年劳动省成立单调劳动专家会议，专门研究单调作业。日本对疲劳测定的研究也一直发展较快：在 1925 年只有 11 个测定项目，过了 22 年上升到 24 项，到了 1962 年已经达到 135 项。著名疲劳研究专家大岛正光在《疲劳学研究》一书中将日本疲劳研究历史划分为六个阶段：非科学对象时期、暗中摸索时期、疲劳现象分析盛行时期、标准化时期、研究疲劳机制时期、疲劳测定广泛应用时期。

减量经营也一直都是日本众多学者认为造成过度劳动的主要原因，当时，企业一方面精减人员，另一方面又要完成大量任务，这就导致了劳动者不得不加班加点工作。日本学者川人博于 2006 年就曾指出日本遭遇了第一次石油冲击后，不景气的经济造成大量失业。于是，就业者无奈接受过于苛刻的工作要求。就业者为了防止再次失业，更是集中延长工作时间，努力帮助企业提高产出。

日本第一个提出"过劳死"概念的是上灿铁之压，他将其定义为："从事了繁重的活动，产生病变，导致脑部和内脏出血，引发心血管病和器官功能衰竭，失去生命特征的状态。"之后，齐藤良夫又指出过劳是指疲劳不会被睡眠等简单休息而消除的状态。

日本学者不仅较早界定了过度劳动相关概念，而且也在第一时间开发了过度劳动测评量表。比较有影响力的测评量表有：《2002自觉症状调查量表》《蓄积疲劳症指数量表》《疲劳蓄积度诊断量表》。

面对日益严重的过劳现象，日本社会各界也相继采取对应措施。首先形成的是过劳死咨询机构，它们聘请具有资质的医师，免费为拨打者提供咨询服务，并且对咨询者的个人信息进行保密。厚生劳动省发布了防止过度劳动的相关法规，明确限定了法定劳动时间和之外的加班劳动时间的员工健康管理问题，主要包含带薪休假、定期健康检查、最大加班劳动时间限制。对违反《劳动卫生安全法》和《综合对策》，损害劳动者健康的用人单位实施严厉处罚。研究学者们也纷纷提出应对措施，如集团水平与个人水平两方面的疲劳对策。集团水平就是从企业层面改善工作环境、生产流程、控制劳动时间，并且要求车间等生产一线部门的劳动者和管理者进行作业环境评价。个人水平的对策就是建议劳动者养成良好的生活习惯，注意劳动和休息时间。

（2）西方国家研究综述。与日本不同的是，现代西方国家对过度劳动的研究都是在企业管理的微观层面进行的。在搜索文献中，很少看到"overwork"和"karoshi"（过劳死）的研究（日本研究常用词），"burnout"和"stress"的相关研究非常丰富。"Burnout"一词是耗尽、熄火的意思，字面上更像是强调结果或者状态。西方学者研究高负荷、高压力以及长时间工作，会经常谈到"burnout"。他们对这个词的概念也有争论，有人认为"burnout"是一种过程，长时间工作会降低个体的积极性（emotional resources），陷入感情枯竭状态（emotional exhaustion），继而降低活动参与度并和他人保持距离。随着个体发现当前糟糕的工作状况和组织乐观的绩效预期有很大差距时，他们会彻底认为对工作已经力不从心或者无能为力了；也有人把"burnout"看成长期在充满压力的环境下工作的反映（Shirom，1989）。总结众多学者的研究，"burnout"包含三个方面：首先是情绪枯竭（emotional exhaustion），它的特点是人会感觉精力用尽，表现得无精打采。其次是去人格化，表现为对待他人冷漠。最后是低个人成就感，消极评价自我，对工作缺乏胜任力和成就感。可以用Maslach Burnout Inventory - General Survey（MBI-GS）来检测总体程度（Maslach & Jackson，1981）。情感耗尽（emotional exhaustion）和去人格化（depersonalization）得分越高或者个人成就感（individual accomplishment）得分越低，则表明"burnout"现象越严重。国内有学者把"burnout"翻译成"职业倦怠"，职业倦怠强调劳动者对某一职业的态度，比如劳动者出现会计职业的倦怠，那么他可能就不再从事这一职业，而事实上换个合适的企业从事同样的职业仍然可以提升满意度，再结合"burnout"的三个维度：没有力量、状态低迷和绩效不达标，笔者认为翻译成"工作疲劳"更合适。

引起工作疲劳的原因有很多，Maslach和Jackson（1981）指出角色负担过重是主要原因之一。员工会先比较自己的能力和岗位的要求，当感觉缺乏必要的知识和才能时，就会感到角色的性质上负担过重。在有限的时间内，完成不了工作，就会认为角色的数量上负担过重。美国有学者提出劳动者主观愿望和客观工作环境不匹配或者匹配度低时，就会产生工作压力，并导致工作疲劳（Cooper & Marshall，1978）。也有学者认为工作疲劳是因为过高的工作要求超出了员工所能利用的工作资源，并指出不同程度的工作控制和工作要求组合，可以产生不同的工作压力和疲劳结果（Karasek，1979）。繁重的任务和过高的要求容易让人产生精神紧张，员工会觉得超出自己的能力范围，即便能力达到了，没有赋予相应的职权和资源，同样会觉得工作力不从心。最后，为了达到绩效考核标准或者领导要求，就很容易引发过度劳动。当然，诸如年龄、工作经验、婚姻、性别等个人特征也会不同程度地影响工作疲劳。研究通信行业管理和非管理岗位的性别因素对工作疲劳的影响，发现女士非管理者容易产生情绪枯竭和去人格化现象，而男士管理者则倾向于表现出上述现象。年轻员工容易产生工作疲劳，但是工作经验丰富的员工不易产生情绪枯竭和去人格化。已婚人士不易产生工作疲劳，并且有了孩子的员工更不易产生工作疲劳（Maslach & Jackson，1981）。劳动者对岗位、组织以及工作结果和职业发展的预期也能很大程度上影响工作疲劳（Cherniss，1980）。

工作疲劳产生机制的研究在西方也很丰富。情绪枯竭是工作疲劳症状的第一阶段，主要是对高强度工作、角色冲突、人际关系以及个体和组织高预期的反映结果。低成就感主要是因为去人格化以及其他暗示了劳动者缺乏胜任力、低效率等因素导致的，如高工作负荷、职责模糊、缺少回报、没有达到预期目标。有研究调查了1363名医院护士，发现医院减量经营和扩大服务后，护士们不得不在人手和资源有限的情况下，在最短的时间内干最多的活。最后，过高的工作负荷直接导致情绪枯竭，而情绪枯竭又会给护士带来身体疲劳和对工作的厌烦以及抵触，并进一步影响工作绩效。过高的工作负荷能够很好地预见到护士将会产生不良的心理状态、低工作满意度以及工作疲劳。

工作疲劳有害于职员的健康，也不利于企业的成长。员工在心理上会感到自卑、沮丧、易怒、无助或者焦虑等心理问题，生理上会出现头疼、疲劳、失眠和肠胃不舒服。此外，受害者对顾客、同事、组织或者其他人都会产生消极态度。在一项调查中研究了护士离职、缺勤与工作疲劳的关系，发现离职主要和去人格化有直接关系，与感情耗尽和低成就感没有太多联系。总之，很多研究证实了工作疲劳会危害到劳动者的身体、情感、人际关系、认知和活动，同时，劳动者的组织、家庭和朋友也都会受到不利影响。

2. 国内研究综述

中国对劳动生产过程中的疲劳研究，从 20 世纪 80 年代就开始了。有研究就曾指出过劳的生理表现和特点，继而阐述了流水线作业的疲劳、高压操作的视觉疲劳、高压操作的精神疲劳、运输业疲劳的特点和危害，并且简单介绍了六种疲劳测量技术。在研究中所提到的过劳应当是指过度疲劳，并且特指因劳动生产作业而引发的疲劳，不包括一般性的运动疲劳。紧接着，整个 80 年代都是围绕"工业疲劳"这一话题展开研究。到了 90 年代，"过劳死"一词第一次被《日本的"过劳死"症》所提到，但是作者钟爱国在文中对日本出现"过劳死"现象颇为蔑视，没有仔细研究当时整个日本社会经济发展的大背景以及员工工作的时间和强度，就草率得出国内工作时间比日本多的结论，甚至提出日本应该向中国学习超长时间工作却依然健康的方法。从学术科研角度来讲，钟爱国的这篇文章缺乏严谨性，但确实是国内期刊第一次提到了"过劳死"。随后，国内对日本过劳死的报道和介绍也越来越多。真正对过度劳动进行全面研究的博士论文应当是首都经济贸易大学博士王丹的《我国知识工作者过度劳动的理论与实证研究》（2010）。文中详细介绍了过度劳动的定义、研究状况、评定体系、形成原因和作用机制，并做了实证调查研究。可见，国内相关研究正朝着越来越深入、越来越专业的方向发展（戴晓辉，2014）。

第二节　理论基础

一、资源保持理论

资源保持理论和人力资本理论是研究工作家庭冲突的两大基石。资源保持理论与压力理论是同一个模型的不同维度，人力资本理论则认为人的因素是所有经济要素中最重要的一个。运用这两个理论来研究工作家庭问题，很多棘手的问题可以得到较好的解释。角色领域内或领域间过多的要求、资源的缺失可能会导致消极的情感和行为结果。Becker 认为员工的人力资源是有限的，即他所能使用的技能、时间和精力资源是有限的。如果员工把所有的人力资源全部投入工作中，那么他们必将没有足够的人力资源照顾家庭，反之亦然。正常情况下，员工会根据轻重缓急把家庭活动、工作活动、社交活动和休闲活动安排先后顺序，以便达到个人资源使用的平衡。资源保持理论模型研究发现，失去资源的个体在很多时候会变得非常危险，尤其当一个领域的资源完全依赖于另一个领域供给的时候，工作家庭冲突常常因此而起。这一结论与压力理论可谓是殊途同归，可以用来解释因为受到资源的威胁或损失，或担心失去有望得到的资源从而导致压力的产生。

角色冲突论、压力理论以及资源保持理论都可以对工作-家庭冲突作出相应的解释，但它们的缺陷也是明显的。例如，在工作-家庭冲突研究中直接运用角色冲突论会有局限性，不能进行全面分析。这有两方面的原因：一是角色冲突论没有直接缓解工作家庭压力源；二是角色冲突论主要分析了工作角色，但忽略了另一个重要角色——家庭角色，因此其结论具有片面性。压力理论主要讨论了不同角色领域对个体造成的负向体验，但没有探讨其积极的正向体验，因此有待更进一步深入研究。资源保持理论仅仅从资源的威胁和损失的角度来分析工作-家庭冲突，虽然它可以很好地解释工作家庭冲突的成因，但是对于工作和家庭之间存在的相互助益只字不提，因此也存在不足。虽然这些理论存在各自的缺陷，但可以从它们的发展过程中总结出有关工作-生活平衡关系的内容。工作-家庭冲突是工作与生活关系中的一部分，而角色冲突只是其中一个很少的部分。在角色冲突过程中，由于时间和精力有限，资源的威胁和损失会导致工作-家庭冲突。基于这样的逻辑关系，可以从平衡角色关系的角度出发，在有限的时间和精力范围内，灵活调整资源的分配，形成一种工作-生活平衡关系。

二、角色理论

1963 年，一种新的角色冲突理论出现了，Kahn 等认为这个理论可用来阐释关于工作-生活冲突的问题。个体在一个特定的研究结构体系中并不只局限于一种角色，而是可扮演多种不同类型的角色。由于个体对时间和精力的分配受到其本身资源有限性的影响，扮演一种角色的同时会影响到另一种甚至多种角色。对特定个体来讲，多种不同的角色的存在是一种竞争与时间等资源的关系。而多种不同的角色可通过灵活性和渗透性来量化，灵活性是指个体在不同的时间和空间从一种角色转换到另一种角色的速度，渗透性则指的是当个体扮演一种角色的时候同时兼顾另一种角色的程度。当个体的不同角色之间的灵活性和可渗透性比较高时，说明这些角色之间是整合兼容的。扮演不同角色的对应面是实现个体既定目标，个体可能会有很多目标，这些目标之间的冲突则可能导致个体在不同目标之间的倾斜，对某个目标的过度追求导致对其他目标的忽视，最终导致其他目标无法实现。工作及个体生活同样遵循以上的分析，例如，个体拥有的工作目标是实现个人职业发展的成功，其拥有的生活目标是和伴侣融洽的关系或者与朋友之间的密切关系，当然工作目标和生活目标很有可能是相互冲突的，它们可能存在着此消彼长的关系，甚至妨碍和干涉（汤佳，2015）。

角色身份是一种角色认同，也称角色认知。角色认同包含两个方面，第一个是由个体所处的外部环境赋予的，个体承担一定角色在一定的社会结构中；第二个是指个体对外部赋予角色所包含的意义及期望加工之后形成的认知。个体在社会中或组织中拥有不同的位置，扮演不同的角色，相应就有很多不同的自我、不同的部分自我（角色身份）组合在一起，形成总的自我，而这些角色身份与社会结构是对应的、紧密相连的。作为"母亲"或者"环保志愿者"的自我是不一样的角色身份，作为"下属"的自我是另一种角色身份，个体在扮演不同角色时，呈现出的是不同的自我。个体纳入某一身份，形成自我概念的显著性是衡量角色认知的标准。而身份的显著性来源于他人对个体的支持程度。支持程度越高，个体就越能保证或者承诺这一身份化个体从这一身份中获取内在或外在的奖赏的可能性也越高。个体的这一角色越是被认可，个体越是倾向于在相应的情境中扮演该角色。随着环境的变化，角色身份的显著性等级会具有变动性和可塑性。个体对某一身份有越多的投入，越会增强这一身份的显著性等级，如果这一身份得到越来越多人的认可，并在更宽泛的价值体系中得到积极的评价，那么身份显著性等级也会提升。当身份显著性增强到一定程度时，人们在这些身份的情境下就会倾向于把握这一机遇，即合理扮演次要角色，凸显这一身份，并且个体还会积极地搜寻有利条件便于自己扮演。显著性较高的身份和情境预期之间的调适和一致性就会增加。根据 Callero 对献血者角色身份及 Farmer 和 Tiemey 对创新者角色身份的定义，教师角色身份是个体将教师职业纳入自我概念的程度，教师角色身份较强，显著性较高，个体会越倾向于将教师角色视为自己的一部分，同时会收集、思考相关信息积极扮演教师角色，而教师身份较弱的人则对这一角色兴趣不大，不会花费太多的时间精力。

角色期望是指个体在扮演角色的时候，其表现出的行为是否符合组织和团体他人的期待。在现实生活中，有些个体角色扮演得很成功，而总有些人扮演得很失败，其中与角色期望的清晰程度有关。清晰明确的角色期望会使个体表现出与期望一致的行为。角色期望由角色占有人的角色定向（role set）决定，角色定向指的是重要社会人（social others），如个体的领导、同事等。Fondas 和 Stewart 还指出角色发送人（role senders）是个很重要的概念，角色发送人通过向个体传达对适当行为的期望，对个体产生的行为有奖励或惩罚的举动。这样一个交互的过程，在社会系统中的人际交互中，起到了促成期望的作用，个体在交往中的感知和行为也随即被影响。例如，在学校环境中，学生和领导等的期望通过学生和领导的态度和行为表现出来，教师在人际交互中会被学生和学校领导的期望影响。角色概念的形成包含以下两个条件：一是角色发送人向角色扮演者沟通自己对其的角色期望，二是角色扮演者是怎样理解加工角色期望的。大量实证角色研究主要集中于角色期望与行为之间的关系，对测量期望的技术手段的研究成果颇为丰富等。很多认知角色理论者也探寻了个体感知他人的期望的方式，以及这些感知最终如何影响行为（汤佳，2015）。

（1）分割理论。在工业文明之前，工作与家庭生活是紧密结合在一起的。随着市场经济和工业化的发展，家庭作坊逐渐被独立于家庭的工场（工厂）所取代，工作和家庭关系出现了分割的趋势。在 20 世纪 70 年代之前，传统的性别角色意识形态主宰着工作与家庭之间关系。男性与女性的分工是清晰的：男主外，负责挣钱、供养家庭；女主内，主持家务、相夫教子。对于每个社会人来说，工作和家庭是两个独立的维度，它们可以清楚地将工作的感情、态度、意志和行为与家庭的心理过程分割开来。工作和家庭不但没有发生冲突，甚至连相互的影响作用都没有。

（2）溢出理论。20 世纪 70 年代，学者们开始使用开放系统的方法研究工作家庭关系。"溢出理论"（Spillover Theory）认为，尽管工作环境和家庭生活环境之间是独立的，具有明显的界线，但身体会把一个领域的生理及心理活动带到另一个领域，我们可以称之为"溢出"。工作是生活的有机构成部分，个人对工作的态度及感觉会影响到对整个个人生活的感觉，工作或家庭中产生的情感、态度、技能以及行为最终会被分别带入家庭或工作。我们可以把"溢出"分为积极和消极两种，消极的溢出是一个领域的挫折或失败感扩展到另一领域，影响到个人的时间和精力不仅使人不能全身心投入工作，还有可能诱发家庭冲突；积极的溢出是工作中的成就和满意感鼓舞个体全身心投入工作和家庭之中，在两个领域都取得很好的绩效。

（3）补偿理论。补偿理论是对溢出理论的补充。补偿理论认为员工的时间、精力等个人资源的总量是有限的，如果在某一领域占用了较多的个人资源，那么在其他领域可以投入的资源肯定会减少，尤其在时间方面。此外，Lambert 通过研究发现，员工如果在工作上不能获得足够的成功，就会追求工作之外的其他活动的成就。美国学者克拉克颠覆了以往的工作-家庭关系理论，于 2000 年创造性地提出了工作-家庭边界理论。工作-家庭边界理论认为，决定工作与家庭系统之间的主要联系不是情感，而是人本身。每一天个体都在工作和家庭两个领域内转换角色，同时每一天个体都在工作和家庭的边界中徘徊。人们在塑造环境的同时，自身也被环境塑造。人们塑造两个领域和他们之间的边界，并且身为边界跨越者影响这两个领域及其成员之间的关系。边界跨越者创造并管理边界，对领域展开分解和继承，影响工作-家庭边界跨越者和其他人之间的关系。工作-家庭边界理论提出了崭新的边界跨越者的概念并试图揭示他们在工作与家庭生活之间所产生的复杂作用，给出保持平衡结构的策略，以对出现冲突的原因进行解释。

综上所述我们可以发现，溢出和补偿理论存在着明显的不足之处，个体被看作反应性的，而不是能动的、可以塑造环境的，把个体在工作与家庭之间的联系仅仅理解为情感上的联系（如挫折、满意），没有给出家庭与工作之间社会性、空间性、暂时性和行为上的联系。相比之下，工作-家庭边界理论的创新探索为我们研究工作-生活平衡提供了理论支撑，打开了研究思路。工作与生活的关系不仅是心理上的感受，它是一种非常复杂的关系，包含了社会性的、空间性的和行为学方面的联系，是一种深层次、多维度的逻辑结构。因此在本书中应该扩大研究工作与家庭的关系理论，多角度研究工作与生活关系理论。

三、工作-家庭丰富理论

通过对文献资料的分析可以发现，"工作-家庭冲突"的观点与视角在相当长的时期内占据着工作-家庭关系研究的主流地位。很多学者的研究建立在最初的"有限"的假设之上，即认为个人的时间和精力是固定的。认同工作-家庭冲突观点的学者认为同时具备多重角色（主要是家庭和工作两大类角色）的个体将难以避免经历冲突和压力，因而他们的生活质量会受到极大的影响。但对冲突理论提出质疑的学者也大有人在，Sieber 在 20 世纪 70 年代就曾提出一个可发展的观点：多角色带来的正面效应要大于其负面效应，这一假设正好是跟冲突理论完全对立的。一些学者在认识到冲突和压力的缺陷之后，积极探索采用新的平衡思路来研究家庭角色和工作角色相互影响的正相关关系，同时开始关注家庭与工作生活的相互融合的现象。有研究指出，目前个人、家庭及组织之间面临的最严峻挑战是所谓的工作需求和非工作需求的整合。采用新的思维和新的视角重新考虑工作-家庭之间的积极关系，具有里程碑式的重要意义。不仅分析了工作与家庭之间的矛盾和冲突，而且从丰富的观点出发，来验证一个角色的强化或提升是如何对另一个角色起积极作用的，其中既有家庭对工作的助益，也有工作对家庭的助益，被称为家庭对工作丰富或工作对家庭丰富。

1974 年，"积极的溢出"这一概念被 Sieber 提出，所谓积极的溢出，是指在多角色关系中，个体在某一个角色上的正向绩效，会对其所扮演的其他角色产生积极的影响。这种积极的溢出对于多重角色的参与者来说，可能有多种方式的积极效果。Grzywacz 和 Marks（2000）对个体角色体验对其他角色体验或产出结果进行了评价，发现其中有正面的影响，取得了与工作家庭丰富相类似的结论。有研究发现，工作与家庭相互之间的积极影响（溢出）可以归纳为六个类别，即领导能力及风格、个人性格爱好及文化背景、对于多个任务的处理、坚毅及情绪支持、心理受益、人际能力。Greenhaus 和 Beutell（1985）提出一个工作-家庭丰富机制的理论模型，该模型以多角色参与、资源共享与转移为研究主线，对五种可以促进工作-家庭丰富的资源进行了归纳和区分，并提出了促进工作-家庭丰富的途径及其缓冲变量，这些缓冲变量是能够决定某一角色的资源最可能丰富其他角色的生活质量的条件。

四、组织支持理论

1986 年，Eisenberger 提出了"组织支持感"的概念和组织支持理论。组织支持理论是在社会交换理论的基础上，主张互利互惠，即组织对员工的想法和需求给予高水平的支持和满足，从而使员工对组织付出更多努力的过程。在此过程中，员工能实现自我价值，组织能实现自身战略目标。组织支持理论自提出后，便受到专家学者的关注。它强调组织对员工的关心、对其行为的支持和肯定能增加员工的组织承诺，从而努力完成职责内工作，并会产生角色外行为积极为组织解决问题。因此，组织支持理论强调了组织环境对员工组织承诺的作用，即以人为本的组织政策制度、文化环境、领导信任和支持等会让员工对组织产生情感上的依赖，而自愿留在组织继续努力工作；同时组织支持理论也说明了组织环境对员工个体角色外行为的影响，当员工感知到组织各方面环境肯定自己的能力、想法和行为并重视自己的贡献，在产生强烈组织情感承诺的同时，更会增强自己的自信，在此轻松环境下会更容易产生创新想法和行为。组织支持理论为人力资源管理带来了许多启示，也为研究组织环境、组织承诺与员工个体创新行为提供了理论基础（周莎，2016）。

五、社会认知理论

该理论主要研究组织环境、个体自我效能感与个体行为之间相互关系，这与 Bandura 提出的社会认知理论所阐述的观点一致。在 Bandura 的社会认知理论中，他强调个体认知因素对其行为的制约和影响，认为个体、环境和行为是相互影响和依赖的。这三者不断进行的相互作用影响被称为"相互决定论"。其中，社会认知理论的个体因素主要强调的是自我效能感的认知，而自我效能感是个体对自身完成任务能力的一种判断与自信程度，它是环境、个体能力和经验等交互作用产生的结果。周莎（2016）研究员工典型性个体行为的个体创新行为，用社会认知理论来作为理论基础探讨组织环境、个体因素与个体行为三者之间的关系是非常可行的，也是非常有用的。

六、自我决定理论

Deci 和 Ryan 于 1985 年提出自我决定理论（Self - Determination Theory，SDT）。该理论指出人类是积极活跃的、不断成长的生物，倾向从事有趣和令人愉快的活动，充分发挥自身潜能，寻求与他人的连接点，并以相对统一的方式（包括个体自我的内部整合和与他人协同整合两种方式）整合自我意识。社会环境因素支持或阻碍整合过程，进而影响个体发展。因此，个体和所处环境之间的相互作用是预测个体动机、行为和发展程度的基础。根据自我决定理论，调控行为的动机分为内在动机和外在动机两种。当个体受内在动机驱动进行活动时，会感觉活动是有趣、愉快而令人满意的，此时行动完全由个体意志或自我决定。因此，内在动机驱动的行为是自主或自我决定的。反之，当个体受外在动机驱动大多是出于工具性利益时，活动结果的重要性远大于活动本身。事实上，大部分工作行为都受部分外部动机影响，因为工作不可能是完全有趣、令人愉快和满意的。大多数人靠工作谋生，因此必须接受工作不完全有趣这一事实。

自我决定理论指出，外在动机的变化与行为的自我决定程度有关。首先，控制性外在动机分为两种类型：外部调节和内摄调节。外部调节受外部权变因素驱动影响，包括惩罚、物质或社会奖励等。例如，一个工作行为受外部调节驱动的员工可能是为了避免受到主管批评或想获得加薪而进行工作。这类行为是控制性的，受社会环境因素调节，而非自我决定。内摄调节是个体严格采用自我价值及社会认同（个体未完全认同）的外部标准内化的产物。满足内摄标准会让工作者感受到自我价值感和自尊感，而无法满足这些标准将导致自我批评和负面情绪的出现。因此，内摄调节代表了对条件性自尊的调控。例如，一个受内摄调节驱动的员工是为了获得积极情感（如骄傲）或避免消极情感（如毫无价值感）而工作。内摄调节虽然发生在个体内部，但是具有相对控制性，因为个体不得不遵守与自身偏好相冲突的外部标准并将其内化。其次，自主性外在动机分为两种类型：认同调节和整合调节。自主性外在动机不仅是个人接纳外部标准的内化过程的产物，也是个人将这些标准转化为自我标准的整合过程的产物。认同调节指个体接受并认同行为的潜在价值。由于个体更多地体验到自己是行为的主人，这种行为相对自主。整合调节指某一特定行为的潜在价值与个体的核心价值观相一致，并构成自我的一部分。这种类型的行为完全出于自身意志，具有真正自主性。个体具有三种先天的心理需求——归属需求、能力需求和自主需求。其中，归属需求是指个体与他人发生积极关系，感受到相互尊重、关心和依赖的需求；能力需求是指个体成功完成挑战性任务并获得理想结果的需求；自主需求是指个体自主选择行为的需求。外在的社会环境（包括工作环境）因素将通过支持或阻碍这三种心理需求，来促进或破坏内化与整合过程、内在动机和个体成长。三种心理需要的满足程度、自主性动机，以及满足个体先天成长趋势的可能性，都与个体的最佳功能状态和幸福感有关。同时 Van Beek 和 Ilona 等于 2012 年的研究表明，相比于工作环境，自主性动机的满足程度与积极结果（如任务坚持性、高绩效、工作积极性、工作满意度、组织承诺和心理幸福感等）呈正相关。反之，控制性动机将降低工作绩效和幸福感（陈乃溦，2013）。

第三章 研究模型及研究方法

第一节 理论假设及模型

本书以探析高校青年教师过度劳动的影响因素为主线，探析成就需要动机、情商、自我效能感、焦虑、情绪衰竭、情绪劳动等个体层面；工作-生活平衡等家庭层面；家庭支持性主管行为、工作压力、组织氛围、工作紧张、工作倦怠等组织层面这三个层面的影响因素，最终发现高校青年教师过度劳动的形成路径机理，研究模型如图3-1至图3-6所示。

一、科研绩效压力、职业紧张、焦虑与过度劳动的关系

（一）理论假设

1. 科研绩效压力与职业紧张、焦虑的关系

科研绩效压力是个体对外界情景的认知评价，科研绩效压力主要来自组织中相关的科研绩效考核制度和标准。当前中国高校大都实施科研绩效考核制度，要获得职称的晋升就必须达到相应的科研指标，由于科研竞争日趋激烈，每一个高校青年教师都面临着科研绩效压力。这种科研绩效压力容易产生不确定和无法控制感，而这种不确定感可能会给教师带来职业紧张和焦虑。

职业紧张又称职业应激，是指在职业条件下环境和机体之间的相互作用，当劳动者不能协调好和环境要求时导致的生理、心理及行为表现。王力娟等

（2008）把教师状态焦虑定义为由教师工作有关的具体情境引发、持续时间较短、强度变化较快的焦虑情绪，是在教师角色、职业自我等方面存在冲突感而引发的心理上的恐慌、紧张、忧虑，生理上的系列不适反应以及行为上的反应。

在科研绩效考核压力与职业紧张、焦虑之间的关系研究方面，没有检索到关于三者之间关系的相关文献，所以借助于与科研绩效压力相近的工作压力来分析其与职业紧张、焦虑的关系。李涛（2007）在大学教师职业紧张因素的调查中发现，工作压力是导致大学教师职业紧张的主要因素。金一波和陈光旭（2014）以浙江省高校青年教师为研究对象，实证发现工作压力与焦虑存在显著的正相关，工作压力越大，高校青年教师的焦虑水平也就越高。王仙雅等（2013）通过对北京、天津地区20多所高校青年教师实证发现，挑战性阻力源和阻碍性科研压力均对科研焦虑产生显著的正向影响，科研压力越大，教师的焦虑情绪就会越高。基于以上研究，提出以下研究假设：

假设1：科研绩效压力与职业紧张、焦虑有着显著的相关性。

假设1-1：科研绩效压力与职业紧张有着显著的正相关。

假设1-2：科研绩效压力与焦虑有着显著的正相关。

2. 科研绩效压力与过度劳动的关系

随着经济的发展和社会竞争的加剧，人们的生活和工作节奏越来越快，工作压力、过劳死、幸福感低等成了现代社会的热词，过度劳动问题也受到学者们越来越多的重视。卿涛和纪义予（2015）总结了国内学者对过劳成因的分析，主要包括以下三个层次：①个体差异，包括：年龄、性别等基本信息，个人身体健康状况以及成就动机大小等；②工作特性，包括：工作时间、强度、工作负荷、压力等；③社会环境，包括：相关法制建设、社会经济、政府宏观政策、科技发展程度等。

在科研绩效压力和过度劳动关系研究领域，也借助于与两者相近的研究为基础来探讨两者之间的理论框架。梁志静等（2011）的研究表明，高校青年教师血压会随着工作压力的增加而增高，工作压力是导致血压增高的主要原因。孟续铎和杨河清（2012）指出竞争压力和激励机制导致部分劳动者延长工作时间以致过度劳动现象发生。张光辉等（2016）在对某医学院教师的研究中发现，职业紧张对睡眠质量有着显著的负向影响，睡眠质量随着职业紧张程度的增加而逐渐降低。基于以上研究，提出以下研究假设：

假设2：科研绩效压力与过度劳动有着显著的正相关。

3. 科研绩效压力、职业紧张及焦虑与过度劳动的关系

科研绩效压力、职业紧张及焦虑与过度劳动之间是否存在内在逻辑关系，通过文献还难以发现有相关的直接研究，可以借助于相近领域研究，来探讨它们之间的理论假设。①杨新伟等（2004）研究发现，过度紧张会导致焦虑、抑郁、疲乏等，甚至引发精疲力竭等疾病。通过以上文献可知，科研绩效压力会诱发高校青年教师职业紧张和焦虑，而职业紧张和焦虑又会对员工的身心健康带来严重影响，身体健康程度正是衡量过度劳动重要的一个维度。②孙金艳和张瑞成（2005）的调查显示：职业紧张对人体神经系统造成一定的损害并对免疫系统有显著影响，可抑制机体的免疫功能，是诱发高血压、冠心病的一项重要危险因素。③梁志静等（2011）认为职业紧张是工作紧张因素导致的生理和心理受到伤害的疾病。④张光辉等（2016）经研究发现高校青年教师人群面临着科研工作的多重任务，尤其是职称晋升和业务提升的竞争，造成了工作中的紧张和焦虑状态，久而久之，就可能诱发血压持续上升和不同程度的波动，血压的上升和波动可能会导致和诱发身体健康出现问题。因此根据以上内容，提出以下研究假设：

假设3：科研绩效压力通过职业紧张、焦虑来影响过度劳动，即职业紧张和焦虑在科研绩效压力与过度劳动之间起中介作用。

假设3-1：科研绩效压力通过职业紧张来影响过度劳动。

假设3-2：科研绩效压力通过焦虑来影响过度劳动。

（二）研究模型

本书研究模型1如图3-1所示。

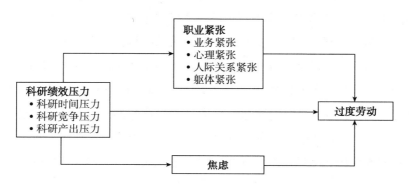

图3-1 本书研究模型1

二、情绪劳动、职业紧张、组织支持感与过度劳动的关系

（一）理论假设

1. 情绪劳动与职业紧张的关系

关于情绪劳动与职业紧张的关系，由认知失调理论可知，在一般情况下，人们的态度与行为是一致的，但有时候态度与行为也会出现不一致，所谓的认知失调是指由于做了一项与态度不一致的行为而引发的不舒服的感觉，正是由于这种态度与行为产生不一致时，常常会引起个体的心理紧张。教师行业特殊的职业性质必将要求他们按照社会文化传统中教师的标准去做，这是一种显性的规则，如教师职业道德规范，或者是隐性的规则，如社会文化舆论等。这决定了其不论在课堂教学中，还是在师生的日常交往中，情绪劳动都将始终贯穿其中，以积极乐观的情绪状态面对学生，这势必造成高校青年教师在主观上努力调整自己的角色，按照理想中的教师角色模型来要求自己的言行，难免会出现其观念与角色不符合的情况，这就会导致产生认知失调等体验，往往会引起职业紧张。Liu 等（2004）的研究也发现情绪劳动的确会引发工作紧张感。因此，提出以下研究理论假设：

假设 4：高校青年教师的情绪劳动对职业紧张有着显著的正向影响。

假设 4-1：高校青年教师的深层扮演对心理紧张有着显著的正向影响。

假设 4-2：高校青年教师的表层扮演对心理紧张有着显著的正向影响。

假设 4-3：高校青年教师的深层扮演对躯体紧张有着显著的正向影响。

假设 4-4：高校青年教师的表层扮演对躯体紧张有着显著的正向影响。

2. 情绪劳动与过度劳动的关系

根据资源守恒理论，在情绪劳动中，情绪劳动者运用表面扮演和深层扮演时需要消耗资源，会导致资源损失，如果损失的资源得不到弥补，此时会出现资源的失衡，员工可能产生情绪疲劳和压力，毫无疑问，如果长期处于资源失衡状态，则会使疲劳得不到消除，人的机体便容易过度疲劳（黄河，2010）。情绪劳动概念的提出者 Hochschild 认为，情绪劳动对个体的影响主要是消极影响，包括压力、工作倦怠等，因而常常感到精疲力竭，主要表现为疲劳、烦躁、易怒和紧张等。杨满云（2008）探讨了教师情绪劳动对心理健康的影响，结果表明教师情绪劳动与心理症状呈显著正相关，教师情绪劳动负荷越高，心理症状指数及各因

子指数越高。可见，如果情绪劳动长期得不到恢复，会对员工身心健康带来负面影响，造成过度劳动的发生。因此提出以下研究假设：

假设5：高校青年教师的情绪劳动对过度劳动有着显著的正向影响。

假设5-1：高校青年教师的深层扮演对过度劳动有着显著的正向影响。

假设5-2：高校青年教师的表层扮演对过度劳动有着显著的正向影响。

3. 情绪劳动、职业紧张与过度劳动的关系

结合上文可知，教师的情绪劳动可能会诱发职业紧张，造成工作中的紧张状态，过度的职业紧张将导致劳动者工作能力下降、缺勤率升高以及职业性伤害发生率升高，并且会损害劳动者的身心健康、降低工作效率，给社会带来一定的经济损失。而这种紧张状态久而久之就可能诱发血压持续上升和不同程度的波动，从而导致过度劳动现象的发生，甚至是过劳死的现象。孙金艳和张瑞成（2005）的调查显示职业紧张对人体神经系统造成一定的损害并对免疫系统有显著影响，可抑制机体的免疫功能，是诱发高血压、冠心病的一项重要危险因素。杨新伟等（2004）研究发现，过度紧张会导致焦虑、抑郁、疲乏等，甚至引发精疲力竭等疾病。在工作中适当的紧张可以激活劳动者的工作积极性，但是如果长期处于较高程度的紧张状态下，就会出现损害劳动者生理及心理的各个方面的后果。如早期会出现亚健康、工作能力下降（工作疲惫感）等症状，继而可能导致出现抑郁、心血管和内分泌系统疾病等（周旭、肖元梅，2013）。

由此可见，高校青年教师的情绪劳动可能会诱发职业紧张，而这种职业紧张久而久之可能又会对身心健康带来负面影响，甚至是过劳死的发生，因此，提出以下理论假设：

假设6：职业紧张在情绪劳动与过度劳动之间起中介作用。

假设6-1：心理紧张在深层扮演与过度劳动之间起中介作用。

假设6-2：心理紧张在表层扮演与过度劳动之间起中介作用。

假设6-3：躯体紧张在深层扮演与过度劳动之间起中介作用。

假设6-4：躯体紧张在表层扮演与过度劳动之间起中介作用。

4. 情绪劳动、组织支持感与过度劳动的关系

根据资源保存理论，当高校青年教师面临工作压力，耗费大量资源的时候，如果能从外部补充相关资源，可能会弥补这种资源的流失。而组织支持，就是这种资源补充的重要渠道，即使个人长期进行情绪劳动，耗费大量资源，可能会导

致过度劳动的发生，但一旦得到不同的组织支持，可能会降低这种过度劳动。骆娜（2013）的研究发现，组织是否提供支持，也会对员工的心理和身体健康带来不同程度的影响，当员工感知到组织中的同事、上级和企业方面的支持时，会帮助员工调节工作情绪、释放工作压力、减少身体疲惫，生理健康水平较高。

假设 7：组织支持感在情绪劳动与过度劳动之间起负向调节作用。

假设 7-1：组织支持感在深层扮演与过度劳动之间起负向调节作用。

假设 7-2：组织支持感在表层扮演与过度劳动之间起负向调节作用。

（二）研究模型

本书研究模型 2 如图 3-2 所示。

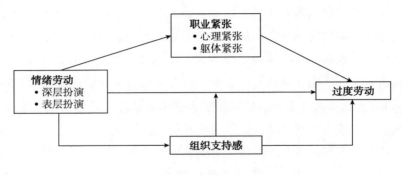

图 3-2　本书研究模型 2

三、工作-生活平衡、组织支持感与过度劳动的关系

（一）理论假设

1. 工作生活-平衡与过度劳动的关系

本部分主要通过理论基础和文献研究成果，验证工作-生活平衡对过度劳动的直接影响路径，提出研究假设。

知识型员工往往具有较高的成就欲望，更追求自我实现和个人成长，极易造成工作与生活两个领域角色的冲突，加之极少的娱乐休闲活动，在造成身体承受极限的同时，精神生活也严重匮乏，从而导致过度劳动的产生。相关研究表明，工作-生活之间的冲突，会对员工的心理和身体带来严重影响。处于工作-生活冲突的员工有更高的压力、工作倦怠感和较低的生活满意度，使员工失去工作动力、工作乐趣和降低社交生活质量，导致身心疾病的产生（尚莉等，2009），并进一步结合角色理论和资源守恒理论，提出以下研究假设：

假设 8：员工工作-生活平衡对过度劳动有着显著的负向影响，即员工工作-生活平衡程度越高，过度劳动水平就越低。

2. 工作-生活平衡与过度劳动之间的调节变量研究

本部分主要从组织层面探讨组织支持和劳动关系氛围在工作-生活平衡与过度劳动之间的跨层调节作用。

一方面，组织是否提供支持对员工的心理和身体健康也会带来不同程度的影响。另一方面，过度劳动的强弱与员工所处组织的文化、劳动氛围密切相关，是社会、文化、管理等诸多因素相互影响、共同作用的结果，职场关系、工作氛围、劳资关系的状况都会对过度劳动带来影响（孙婷，2008；黄河，2010；孟续铎、杨河清，2012）。

基于以上研究和资源守恒理论可知，组织层面的劳动关系氛围和组织支持感等因素是员工过度劳动程度强弱的主要影响因素，因此提出以下研究假设：

假设 9：组织支持调节工作-生活平衡对过度劳动的影响，当组织支持较高时，会降低工作-生活平衡对过度劳动的影响。

（二）研究模型

本书研究模型 3 如图 3-3 所示。

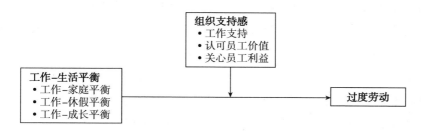

图 3-3　本书研究模型 3

四、工作压力、情绪衰竭、工作倦怠与过度劳动的关系

（一）理论假设

1. 工作压力与情绪衰竭、工作倦怠的关系

在工作压力与情绪衰竭、工作倦怠的关系研究领域，郑雪娇（2013）证实了工作压力对工作倦怠有显著正向影响。工作压力各个维度对工作倦怠的各个维度

的预测能力都较好，这说明如果女性员工长期处在工作压力下并得不到缓解，那么就会产生工作倦怠。

蒋奖等（2004）通过研究指出，不同压力源对于工作倦怠不同维度预测作用是有差异的。曾垂凯和时勘（2008）以企业员工作为研究对象，研究发现工作需求对情绪衰竭产生正向影响，对健康情况起到负向作用；工作控制对情绪衰竭产生负向影响，对健康状况产生负向作用。白玉苓（2010）将服装业职员作为样本来分析，结果显示，工作倦怠各个维度均受到工作压力的正向影响，且不同的工作压力维度对工作倦怠的影响程度存在差异。与外国学者的研究结论相似，我国学者也同样得出了工作倦怠与工作压力之间存在显著关系，只不过在两者各维度之间相互关系及影响效果的研究上可能存在差异（郑雪娇，2013）。

白玉苓（2010）对我国知识型员工工作压力和工作倦怠状况的关系进行了研究。结果显示，知识型员工的工作压力程度处于中等偏上的水平，工作倦怠总体状况不太严重。通过对比工作压力和工作倦怠的关系，发现工作压力对工作倦怠的不同维度都有正向的预测作用，进一步研究发现，不同工作压力维度对工作倦怠影响程度不同。

情绪衰竭带来的不良影响不仅会危害个体的身心健康，而且也让组织的绩效和家庭的氛围受到牵连。因此探索情绪衰竭的重要影响因素，可以为缓解情绪衰竭做出一定的贡献。工作压力是情绪衰竭的主要影响因素，已有研究表明，工作压力对情绪衰竭具有显著的预测作用，工作压力越大，越容易产生情绪衰竭（徐晓宁等，2005；顾远东，2010；李宗波、彭翠，2014）。本部分将从工作压力角度出发阐述其对情绪衰竭的影响。

通过上述研究回顾，可以确切地说，工作倦怠与工作压力之间存在显著关系，为本部分的研究提供了文献及理论支持，使本书研究具有可行性。因此，提出以下理论假设：

假设10：高校青年教师的工作压力对情绪衰竭、工作倦怠有着显著的正向影响。

假设10-1：高校青年教师的工作压力对情绪衰竭有着显著的正向影响。

假设10-2：高校青年教师的工作压力对工作倦怠有着显著的正向影响。

2. 工作压力与过度劳动的关系

如前文所述，梁志静等（2011）的研究表明，高校青年教师血压会随着工作压力的增加而升高，工作压力是导致血压升高的主要原因。张光辉等（2016）在对某医学院教师的研究中发现，职业紧张对睡眠质量有着显著的负向影响，睡眠质量随着职业紧张程度的增加而逐渐降低。基于以上研究，提出以下研究假设：

假设 11：高校青年教师的工作压力对过度劳动有着显著的正向影响。

3. 工作压力、情绪衰竭、工作倦怠与过度劳动的关系

刘晓明和王文增（2004）以 528 名中小学教师为被试进行调查，探讨中小学教师的职业倦怠与心理健康的关系。结果显示：①中小学教师的职业倦怠与心理健康呈显著正相关，情绪衰竭维度与心理健康的躯体化、强迫、人际关系、抑郁、焦虑、敌对、偏执等因子的相关最高。②职业倦怠的三个维度都进入了心理健康的多元逐步回归方程，三者都对心理健康具有预测作用，情绪衰竭维度解释率最高。由此得出以下结论：中小学教师的职业倦怠与心理健康存在显著的相关关系，不同的职业倦怠维度对心理健康具有不同的预测作用。

王文增和郭黎岩（2007）通过对 564 名中小学教师抽样调查，实证分析了职业压力、职业倦怠与心理健康的状况并探讨其相互关系。研究结果发现，职业压力的人际关系因子和职业倦怠总分及各维度与心理健康总分及各因子存在显著正相关。路径分析显示，职业压力和职业倦怠与心理健康间分别存在间接和直接的因果关系。教师职业压力越大、职业倦怠越严重。因此，提出以下理论假设：

假设 12：情绪衰竭、工作倦怠在工作压力与过度劳动之间起中介作用。

假设 12-1：情绪衰竭在工作压力与过度劳动之间起中介作用。

假设 12-2：工作倦怠在工作压力与过度劳动之间起中介作用。

（二）研究模型

本书研究模型 4 如图 3-4 所示。

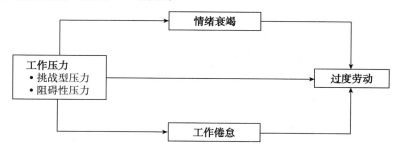

图 3-4 本书研究模型 4

五、成就需要动机、工作投入、"工作狂"与过度劳动的关系

（一）理论假设

1. 成就需要动机与工作投入、"工作狂"的关系

Dweck 构建了成就目标理论，具有学习目标导向的个体持能力增长观，认为只要努力就能够提高能力，个体往往不在乎他人对自己的看法，而是把自己的精力都投放到掌握任务和发展能力上，喜欢富有挑战性的工作并将其看作学习的机会，通过对比自己以往的成绩和能力来证明自己的进步；具有成绩目标导向的个体持能力固定观，认为能力无法改变，非常在乎他人对自己的看法，个性好强却害怕失败，通过与他人进行比较来证明自己的能力。Ames（1988）将成就目标导向划分为掌握目标导向和成绩目标导向，虽然研究者们对成就目标导向两个维度的命名不一样，但内容是相似的。

王梦珈和廖江群（2015）选择了 300 位企事业单位员工作为研究对象，采用结构方程模型对研究假设进行验证。结果发现，"工作狂"员工体验到的压力为挑战性压力。他们日复一日的努力工作更多地来自外在物质的激励，因此表现出了更高的外源性动机。本书对有着积极行为表现和消极影响的"工作狂"员工进行分析，有助于企业更清晰地了解员工自身的需求和动机，为员工提供更好的和多元化的激励机制。因此，提出以下理论假设：

假设 13：高校青年教师的成就需要动机对工作投入、"工作狂"有着显著的正向影响。

假设 13-1：高校青年教师的成就需要动机对工作投入有着显著的正向影响。

假设 13-2：高校青年教师的成就需要动机对"工作狂"有着显著的正向影响。

2. 成就需要动机与过度劳动的关系

王蕾（2007）经实验发现，成就动机与心理健康的关系非常密切，但并非成就动机强的教师心理健康水平就一定高，反之亦然。这与有关结论是一致的。实验结果表明，避免失败动机与恐怖因子无相关（$r=0.03$，$P>0.05$），追求成功动机与恐怖、偏执因子无相关（$r=0.03\sim0.05$，$P>0.05$），除此之外两者与症状自评量表各因子间均存在显著或非常显著的相关性。也就是说，过度追求成功可能导致压力太大，对心理健康、工作绩效的发挥是不利的；而过度避免失败，对工

作缺乏热情或安于现状、知足常乐，甚至逃避、退缩，缺乏主动进取的精神，对心理健康、工作绩效的发挥肯定也是不利的。无论是过度追求成功还是过度避免失败的情况，都会使教师的身心长期处于应激状态中，从而对教师的心理健康造成不利的影响。

董巍（2005）通过研究得出如下结论：无论是高度追求成功倾向还是高度回避失败倾向，对教师心理健康水平均存在不同程度的负面影响。中等强度的成就动机的教师具有更好的健康状况，而高、低成就动机水平则不利于健康，高成就动机水平教师有着更明显的人际问题与抑郁程度。总体而言，高成就动机不一定能够带来高心理健康水平，而低成就动机也不一定对心理健康造成负面影响。这与以前研究的结论不尽一致，也证明了研究假设没能正确地描述教师成就动机与心理健康之间的关系。似乎教师成就动机以某种更为复杂或者更为间接的方式影响着教师的心理健康，并且受到众多中介变量或者其他变量的影响。也可能是对于教师这一群体的特殊性导致了成就动机与心理健康之间的这种关系。这些问题均有待进一步研究证实。因此，提出以下理论假设：

假设14：高校青年教师的成就需要动机对过度劳动有着显著的正向影响。

3. 成就需要动机、工作投入、"工作狂"与过度劳动的关系

"工作狂"在工作中会体验到更多的人际冲突，工作满意度低，工作-家庭冲突更多，工作之外的社会关系较差，生活满意度较低，存在高水平工作压力和健康问题。从以上负面后果来看，"工作狂"是努力工作的一种糟糕形式。

从常识来看，由于"工作狂"的忘我工作，他们很容易忽视对自己的身心问题的觉察，因而增加了健康危险的概率。有研究证实了这样的推断，"工作狂"分数越高，压力水平越高，身心健康水平越低。然而，并非所有的研究都支持"工作狂"与健康之间的负相关关系，这可能是由于"工作狂"主观体验到的和强化所带来的利益与快乐，对身心健康也是一个有益的因素。因此，"工作狂"与健康的复杂关系还有待进一步的研究。"工作狂"行为除了会影响自己的健康外，还可能影响家庭成员的健康。例如，"工作狂"的配偶常常觉得自己是被忽略的、孤独的、受到约束的。"工作狂"的子女的抑郁和外控程度显著高于非"工作狂"的子女，父亲是"工作狂"的子女还具有较高的焦虑水平。但令人奇怪的是，母亲是"工作狂"的子女与母亲不是"工作狂"的子女在焦虑水平上却不存在显著差异（刘杰、石伟，2008）。

国外学者发现"工作狂"会对员工个人、同事、家庭和公司都产生诸多消极结果，并产生更大的工作压力、更多身体健康方面的怨言（Burke，2000）、痛苦（Schaufeli et al.，2008）、认知和情感上的衰竭（Taris et al.，2005）、睡眠问题（Kubota et al.，2010）乃至家人的健康问题（Robinson & Kelley，2007）。因此，提出以下理论假设：

假设15：工作投入、"工作狂"在成就需要动机与过度劳动之间起中介作用。

假设15-1：工作投入在成就需要动机与过度劳动之间起中介作用。

假设15-2："工作狂"在成就需要动机与过度劳动之间起中介作用。

（二）研究模型

本书研究模型5如图3-5所示。

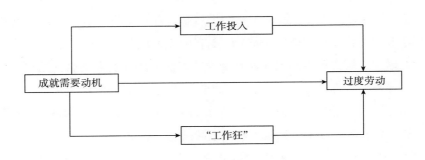

图3-5　本书研究模型5

六、情商、自我效能感与过度劳动的关系

（一）理论假设

1. 情商与自我效能感的关系

苏曼（2008）在对员工情绪智力与绩效进行实证研究时也证实了情绪智力对自我效能感的预测作用非常显著。近年来学术界提出了一个新概念，叫作情绪调节自我效能感，意大利心理学家Caprara从1999年开始进行研究，他认为个体在管理日常生活的情绪体验方面有较大差异，其原因不仅在于个体的管理技巧，还因为不同个体调节自身情绪的效能感存在很大差异。Bandura认为情绪调节自我

效能感是指个体对能否有效调节自身情绪状态的一种自信程度。文书锋等（2009）对情绪调节自我效能感量表在我国适用的情况进行了调查，发现具有较高的信度和效度，适合进行研究。以上研究都说明了情绪智力和自我效能感之间存在着密切的相互联系。因此，提出以下理论假设：

假设 16：高校青年教师的情商对自我效能感有着显著的正向影响。

2. 情商与过度劳动的关系

以农民工为例，新生代农民工的情绪智力总分及四个维度与 SCL-90 总分及九个维度之间显著性负相关，即情绪智力高的心理健康水平就高；反之亦然。所以，情绪智力的培养与提升对心理健康的提高具有重要的意义。多元线性回归显示情绪调控和运用情绪两个因子进入新生代农民工总体心理健康及九个因子的预测中，且情绪调控的力度比较大，从而说明自我情绪的调节极为重要。这表明情绪智力对新生代农民工心理健康的预测中，情绪调控及运用情绪发挥着主效应作用，情绪失调会导致一系列精神障碍和人格障碍，即一旦情绪调节出现问题，个体的心理健康就要受到威胁（曾先锋、宋婷，2015）。因此，尝试提出以下理论假设：

假设 17：高校青年教师的情商对过度劳动有着显著的负向影响。

3. 情商、自我效能感与过度劳动的关系

高校青年教师在日常的教学工作中，个体面临社会、学校和班级等方面的影响，如果不能协调好各方面的复杂关系，极易形成心理冲突、矛盾和压力，产生心理焦虑的情况，危及个体的身心健康。Bandura 指出，自我效能水平提高了，焦虑将有效地减少，反之亦然。高校青年教师职业效能感水平越高，个体敢于面对并积极解决各方面的困难和压力，教学行为也会更加自信和主动。较高的职业自我效能能够缓解个体的职业倦怠程度，积极地进行自我调适，当发现自己有职业倦怠的征兆时，能够勇于面对现实，反思自己的压力来源，主动寻求帮助，设法加以化解（王来宾，2019）。因此，提出以下理论假设：

假设 18：自我效能感在情商与过度劳动之间起中介作用。

（二）研究模型

本书研究模型 6 如图 3-5 所示。

图 3-6　本书研究模型 6

第二节　测量量表构成

测量量表构成内容如下：

1. 科研绩效压力

本书借鉴徐成东（2010）开发的量表来衡量科研绩效压力，该量表使用三个维度来描述科研绩效压力：科研时间压力、科研竞争压力、科研产出压力，每个维度分别有 5 个项目内容。采用 Likert 的 5 点量表，具体问题的答案分别为：完全不符合、不太符合、说不清、比较符合、完全符合五个等级，1 表示完全不符合，5 表示完全符合。

2. 职业紧张

本书采用李健和王治明修订的职业紧张量表（OSI-R），该量表中文版的翻译和校订主要以教师为样本，已被国内学者多次使用，证实适合中国情境。本书主要使用量表中的个体紧张反应分量表中的心理紧张和躯体紧张两个维度，每个维度十个项目内容，采用 Likert 的 5 点量表计分。

3. 焦虑

本书采用 SCL-90 量表中的焦虑量表，共 10 个项目；亦采用 Likert 的 5 点量表，具体问题的答案分别为：完全不符合、不太符合、说不清、比较符合、完全符合五个等级，1 表示完全不符合，5 表示完全符合。

4. 情绪劳动

情绪劳动量表采用中国台湾学者邬佩君对 Grand 在 Brotheridge 等基础上修订的量表。该量表包含共 11 个项目，分为两个维度，即表层扮演（5 个项目）和深层扮演（6 个项目），采用 Likert 的 5 点量表。

5. 组织氛围

针对组织氛围的测量研究，较具有代表性并得到广泛使用的是 Zarrage 等的量表及 Bock 等的量表。Zarrage 等的量表包括三个维度，即积极互动和宽容评价，勇气，相互信任和主动帮助。积极互动和宽容评价是指尊重和理解他人的需要、真诚地表达对同事工作的看法等内容；勇气是指尝试新的工作方法、无障碍表达观点等内容；相互信任和主动帮助指的是员工愿意相互分享知识和经验等内容。该量表各维度的信度系数均在 0.75 左右，说明该量表的信度较好。但是，考虑到上文对组织氛围维度划分的分析中，采用 Bock 等对组织氛围维度的划分标准，因此，为了避免组织氛围维度划分与测量不一致的情况，在变量测量中继续采用 Bock 等开发出的问卷量表，该量表来源于 *MIS Quarterly*，包括友好关系氛围四个题项、创新氛围三个题项和公平氛围三个题项，其中友好关系氛围是员工所感受到的同事之间互相帮助和彼此信任；创新氛围是员工对组织环境具有创新特性的主观知觉与描述；公平氛围是员工对自己在组织中受到公平对待的一种认知。

6. 工作-生活平衡

工作-生活平衡量表采用金正云和朴正烈开发的问卷，此问卷被韩国学者多次使用，信度和效度都得到支持。此问卷共 25 个问项，共分为工作-生活、工作-休假与工作-成长的平衡三个因素。采用 Likert 5 点量表，具体问题的答案分别为：非常不同意、不太同意、既不同意也不反对、比较同意和非常同意五个等级，1 表示非常不同意，5 表示非常同意。

7. 组织支持感

组织支持感采用国内学者凌文辁等（2006）基于中国情境背景下开发的量表，此问卷共 24 个题项，由工作支持、认同价值、关心利益这三个因子构成。该量表内部一致性系数较高，稳定性较好，现已被广泛应用于对我国本土情境下组织支持感及相关研究中，结合本书研究，主要采用其中的工作支持这一维度，采用 Likert 5 点计分。

8. 成就需要动机

该量表采用周小兰和张体勤（2015）、周小兰等（2018）在根据 Vande Walle Elliot 的三维结构量表基础上，改变的本土化成就目标导向（AGO）三维结构量表，该量表仍然是三个维度：1~4 题测掌握目标导向，如"我喜欢执行挑战性任务，因为它可以让我学习未接触过的新东西"；5~8 题测成绩趋近目标导向，如"我比较关心是否在工作上表现得比他人更好"；9~11 题测成绩回避目标导向，如"我会尽量避开可能显示我能力不如他人的工作任务"。

9. 工作投入

本书研究所用量表是国内学者于 2005 年翻译的 Schaufeli 等（2002）开发的简易版工作投入量表（UWES），一共包含 9 个题目，分别用三个题目测量专注、活力和奉献三个维度，使用从 1（非常不同意）到 5（非常同意）的 Likert 5 点计分方式，其单维性和信效度都比较高。测量专注的题目如"今天，我在工作时达到忘我的境界"；测量活力的题目如"今天工作时，我感到自己精力充沛"；测量奉献的题目如"今天，我为自己所从事的工作感到自豪"，本书研究工作投入不进行维度的划分。

10. 工作狂

"工作狂"的测量采用郑芳芳等（2010）编制的"工作狂"问卷，共 28 道题目，如"我很享受工作时的感觉""工作是我全部的寄托""工作时我力求完美""我常感到内心某部分驱使我工作"等。问卷采用 Likert 5 点计分。

11. 工作压力

本次调查的问卷部分是参考山东师范大学李逢超的《高校教师工作压力源量表的编制》及清华大学教育研究所李虹的《大学教师工作压力量表的编制及其信效度指标》的成熟量表，依据马斯洛需求层次理论，将高校青年教师按照需求层次进行分类分析，通过调查和预测试调整，自主修订设计成最终的调查量表。调查问卷的主体部分包括两部分内容，该量表是由若干题目组成，分为若干项目，每个项目采取点计分法，把"很大压力""较大压力""一般压力""较少压力""没有压力"分成五个等级，该量表根据因子分析，把高校青年教师压力分为六个因子："职业发展压力""人际关系及自我身心压力""领导与组织结构压力""职称评聘压力""工作负荷压力""家庭生活因素"。

12. 情绪衰竭

本书研究采用李超平和时勘（2003）修订的职业倦怠量表（Maslach Burnout Inventory-General Survey，MBI-GS）中的情绪衰竭分量表（Emotional Exhaustion），该量表包括五道题目。量表采用 Likert 7 点评分制度，得分从 0 分到 6 分，其中 0 分代表从来没有题项中所述的情况，而 6 分则代表被试每天都会有题项中所述的情况，所以，被试的得分越高，说明其情绪衰竭程度也越高。

13. 工作倦怠

高校青年教师职业倦怠量表采用的是 Maslach 编制的教师职业倦怠量表。中国台湾学者根据我国的实际情况进行了一定的修改，中国大陆很多学者均采用此问卷，具有良好的效度和信度。该问卷共包含 8 个题项，问卷采取五级评分方法。

14. 情商

情绪智力量表：采用 Chi-Suln Wong 和 Keuneths Law 编制的中文版情绪智力量表（WLEIS）。该量表共 16 个题项，包括四个维度：自我情绪评估、他人情绪评估、情绪利用、情绪调节，均为正向计分，采用 Likert 5 点计分法，1~5 分别表示完全不同意、比较不同意、不确定、比较同意和完全同意。

15. 自我效能感

德国心理学家 Ralf Schwarzer 和其同事于 1981 年开始编制一般自我效能感量表。刚开始共有 20 个项目，后来改进为 10 个项目，用以测量个体应付各种不同环境挑战或面对新事物时的一种总体性的自信心。目前已被翻译成至少 25 种语言，在国际上被广泛使用。国内学者王才康等（2001）对中文版的信度和效度进行了研究，发现中文版和其他文字版本一样具有较高的信度和很好的预测效度，并证实了其单维度性。在本书研究中拟采用由王才康翻译为中文的量表进行测量。

16. 过度劳动

本书研究采用贺琼（2007）修订后的日本《劳动者的疲劳蓄积度自我诊断调查表》，根据中国的国情和调研对象的特征编制的《高校青年教师过劳现状问卷》，原问卷分为两个部分：第一部分调查被测者对疲劳的主观感受，第二部分调查被测者的工作压力。本书研究主要采用第一部分，共 13 个项目内容，采用 Likert 5 点计分法。

第三节 分析方法

本书对抽样样本利用统计软件 SPSS 21.0 来进行统计分析。具体来看，为了了解样本的人口统计学特征，使用频度分析（Frequency Analysis），为了检验样本的信效度，使用因子分析（Factor Analysis）和可靠性分析（Reliability Analysis），在此基础上，为了检验各变量的相关系，使用相关关系分析（Correlation Analysis），为了验证变量之间的因果关系，使用回归分析（Regression Analysis）（见表 3-1）。

表 3-1　本书的分析方法

内容	分析方法	统计软件
样本的描述性统计	频度分析	SPSS 21.0
量表的可靠性分析	信度分析	SPSS 21.0
量表的准确性分析	效度分析	SPSS 21.0
变量的相关关系	相关关系分析	SPSS 21.0
变量的因果关系	回归分析	SPSS 21.0

第四章 实证分析与假设验证

第一节 样本抽样及描述性统计

本书共分六次进行了样本统计，第一次调研为了探究科研绩效压力、职业紧张与焦虑以及过度劳动之间的内在关系。2016 年 8~9 月，以山东省济南市七所大学的教师为调查对象，采取完全匿名的形式，共发放问卷 600 份，回收 536 份，问卷回收率为 89.3%。所有问卷回收之后，进行了废卷处理工作，获取有效问卷 487 份，问卷有效率为 90.9%。在性别方面，被试者男性共 339 名，占 69.6%；女性共 148 名，占 30.4%。在年龄方面，25 岁以下为 23 名，占 4.7%；25~28 岁为 100 名；占 20.5%，29~32 岁为 162 名，占 33.3%；33~35 岁为 202 名，占 41.5%。在婚否方面，未婚员工 140 名，占 28.7%；已婚员工 347 名，占 71.3%。在学历方面，硕士以下为 31 名，占 6.4%；硕士为 166 名，占 34.1%；博士为 290 名，占 59.5%。

第二次调研为了探究情绪劳动、职业紧张、组织支持感以及过度劳动之间的内在关系。2017 年 8~9 月，以山东省济南市三家本科院校的高校青年教师为调查对象，采取完全匿名的形式，共发放问卷 500 份，回收 467 份，问卷回收率为 93.4%。所有问卷回收之后，进行了废卷处理工作，获取有效问卷 418 份，问卷有效率为 89.5%。在性别方面，被试者男性共 184 名，占 44%；女性共 234 名，占 56%。在年龄方面，27 岁以下为 9 名，占 2.2%；28~30 岁为 49 名，占

11.7%；29~32 岁为 183 名，占 43.8%；33~35 岁为 177 名，占 42.3%。在婚否方面，未婚员工 106 名，占 25.4%；已婚员工 312 名，占 74.6%。在学历方面，硕士以下为 27 名，占 6.5%；硕士为 218 名，占 52.2%；博士为 173 名，占 41.4%。

第三次调研为了探究工作－生活平衡与过度劳动之间的关系。本书采用统计调查的方法探寻工作－生活平衡、组织支持感以及过度劳动之间的内在关系。2018 年 3~5 月，以山东省济南市、青岛市及烟台市的 500 名高校青年教师员工为调查对象，采取完全匿名的形式，共发放问卷 500 份，回收 486 份，问卷回收率为 97.2%。所有问卷回收之后，进行了废卷处理工作，获取有效问卷 428 份，问卷有效率为 88%。在性别方面，被试者男性共 240 名，占 56.1%；女性共 188 名，占 43.9%。在年龄方面，30 岁以下为 16 名，占 3.7%；31~35 岁为 187 名，占 43.7%；36~40 岁为 215 名，占 50.2%。在婚否方面，已婚员工 320 名，占 74.8%；未婚员工 108 名，占 25.2%。在学历方面，本科及以下为 30 名，占 7%；硕士为 149 名，占 34.8%；博士为 249 名，占 58.2%。

第四次调研为了探究成就需要动机、工作投入与"工作狂"以及过度劳动之间的内在关系。2019 年 1~3 月，以山东省青岛市三所大学的教师为调查对象，采取完全匿名的形式，共发放问卷 500 份，回收 467 份，问卷回收率为 93.4%。所有问卷回收之后，进行了废卷处理工作，获取有效问卷 424 份，问卷有效率为 90.8%。在性别方面，被试者男性共 192 名，占 45.3%；女性共 232 名，占 54.7%；在年龄方面，30 岁以下为 23 名，占 5.4%；30~35 岁为 179 名，占 42.2%；36~40 岁为 199 名，占 46.9%；40~45 岁为 30 名，占 7.1%；在婚否方面，未婚员工为 99 名，占 23.3%；已婚员工 325 名，占 76.7%；在学历方面，硕士以下为 28 名，占 6.6%；硕士为 270 名，占 63.7%；博士为 126 名，占 29.7%。

第五次调研为了探究工作压力、情绪衰竭与工作倦怠以及过度劳动之间的内在关系。2019 年 5~7 月，以山东省菏泽市、临沂市、烟台市、威海市五所大学的教师为调研对象，采取完全匿名的形式，共发放问卷 400 份，回收 371 份，问卷回收率为 92.75%。所有问卷回收之后，进行了废卷处理工作，获取有效问卷 312 份，问卷有效率为 84.1%。在性别方面，被试者男性共 143 名，占 45.8%；女性共 169 名，占 54.2%。在年龄方面，30 岁以下的 11 名，占 3.5%；30~35

岁为 137 名，占 43.9%；36~40 岁为 145 名，占 46.5%；40~45 岁为 19 名，占 6.1%。在学历方面，硕士以下为 15 名，占 4.8%；硕士为 235 名，占 75.3%；博士为 62 名，占 19.9%。

第六次调研为了探究情商、自我效能感与过度劳动之间的内在关系。2019 年 6~7 月，以山东省德州市、枣庄市、菏泽市三所大学的教师为调查对象，采取完全匿名的形式，共发放问卷 450 份，回收 424 份，问卷回收率为 94.2%。所有问卷回收之后，进行了废卷处理工作，获取有效问卷 384 份，问卷有效率为 90.6%。在性别方面，被试者男性共 115 名，占 29.9%；女性共 269 名，占 70.1%。在年龄方面，30 岁以下为 23 名，占 6.0%；30~35 岁为 73 名，占 19%；36~40 岁为 128 名，占 33.3%；40~45 岁为 160 名，占 41.7%。在婚否方面，未婚员工 115 名，占 29.6%；已婚员工 269 名，占 70.1%。在学历方面，硕士以下为 19 名，占 4.9%；硕士为 133 名，占 34.6%；博士为 232 名，占 60.4%。

第二节　变量的信度和效度检验

变量的信度和效度检验如下文所示。

1. 科研绩效压力量表的信效度

为了确认科研绩效压力测量项目是否适合做因素分析，首先对量表进行了 KMO 和 Bartlett 检验，高校科研绩效压力的 KMO 值为 0.906，Bartlett 检验的显著性系数为 0.000，说明数据框关矩阵不是单位矩阵，数据也适合做因素分析。在此基础上，对科研绩效压力做了因素分析，结果发现共有三个特征根大于 1 的公共因子，共可以解释总方差的 72.966%，因素负荷在 0.639~0.830。按照文献回顾和项目题义，分别将这三个因素命名为科研时间压力、科研竞争压力、科研产出压力。三个因素的 α 系数在 0.829~0.918，说明量表信度良好。

2. 职业紧张量表的信效度

职业紧张的 KMO 值为 0.862，Bartlett 检验的显著性系数为 0.000，说明数据相关矩阵不是单位矩阵，数据也适合做因素分析。在此基础上，对职业紧张做了因素分析，结果发现共有四个特征根大于 1 的公共因子，共可以解释总方差的

63.296%，因素负荷在 0.505~0.865。按照文献回顾和项目题义，分别将这四个因素命名为业务紧张、心理紧张、人际关系紧张和躯体紧张。四个因素的 α 系数在 0.878~0.928，说明量表信度良好。

3. 焦虑量表的信效度

焦虑的 KMO 值为 0.939，Bartlett 检验的显著性系数为 0.000，说明数据相关矩阵不是单位矩阵，数据也适合做因素分析。在此基础上，对焦虑做了因素分析，结果发现共有 1 个特征根大于 1 的公共因子，共可以解释总方差的67.156%，因素负荷在 0.505~0.865。按照文献回顾和项目题义，将这个因素命名为焦虑。因素的 α 系数是 0.944，说明量表信度良好。

4. 过度劳动量表的信效度

过度劳动的 KMO 值为 0.822，Bartlett 检验的显著性系数为 0.000，说明数据相关矩阵不是单位矩阵，数据也适合做因素分析。在此基础上，对过度劳动做了因素分析，结果发现共有 1 个特征根大于 1 的公共因子，共可以解释总方差的57.904%，因素负荷在 0.640~0.844。按照文献回顾和项目题义，将这个因素命名为过度劳动。因素的 α 系数是 0.931，说明量表信度良好。

5. 情绪劳动量表的信效度

为了确认情绪劳动测量项目是否适合做因素分析，首先对量表进行了 KMO 和 Bartlett 检验，高校科研绩效压力的 KMO 值为 0.906，Bartlett 检验的显著性系数为 0.000，说明数据相关矩阵不是单位矩阵，数据也适合做因素分析。在此基础上，对情绪劳动做了因素分析，结果发现共有两个特征根大于 1 的公共因子，共可以解释总方差的 64.735%，因素负荷在 0.589~0.833。按照文献回顾和项目题义，分别将这两个因素命名为深层扮演和表层扮演。两个因素的 α 系数在0.849~0.869，说明量表信度良好。

6. 职业紧张量表的信效度

职业紧张的 KMO 值为 0.922，Bartlett 检验的显著性系数为 0.000，说明数据相关矩阵不是单位矩阵，数据也适合做因素分析。在此基础上，对职业紧张做了因素分析，结果发现共有两个特征根大于 1 的公共因子，共可以解释总方差的63.296%，因素负荷在 0.505~0.865。按照文献回顾和项目题义，将这两个因素命名为心理紧张和躯体紧张。两个因素的 α 系数在 0.919~0.928，说明量表效度良好。

7. 组织支持感的信效度

组织支持感的 KMO 值为 0.865，Bartlett 检验的显著性系数为 0.000，说明数据相关矩阵不是单位矩阵，数据也适合做因素分析。在此基础上，对组织支持感做了因素分析，结果发现共有 1 个特征根大于 1 的公共因子，共可以解释总方差的 58.798%，因素负荷在 0.608～0.865。按照文献回顾和项目题义，将这个因素命名为组织支持感。组织支持感的 α 系数是 0.858，说明量表信度良好。

8. 工作-生活平衡量表的信效度

为了确认工作-生活平衡测量项目是否适合做因素分析，首先对量表进行了 KMO 和 Bartlett 检验，工作-生活平衡的 KMO 值为 0.933，Bartlett 检验的显著性系数为 0.000，说明数据相关矩阵不是单位矩阵，数据也适合做因素分析。在此基础上，对工作-生活平衡做了因素分析，结果发现共有三个特征根大于 1 的公共因子，共可以解释总方差的 70.690%，因素负荷在 0.587～0.790。按照文献回顾和项目题义，分别将这三个因素命名为工作-家庭平衡、工作-休假平衡、工作-成长平衡。三个因素的 α 系数在 0.797～0.985，说明量表信度良好。

9. 成就需要动机的信效度

成就需要动机的 KMO 值为 0.902，Bartlett 检验的显著性系数为 0.000，说明数据相关矩阵不是单位矩阵，数据也适合做因素分析。在此基础上，对成就需要动机做了因素分析，结果发现共有 1 个特征根大于 1 的公共因子，共可以解释总方差的 67.564%，因素负荷在 0.690～0.873。按照文献回顾和项目题义，将这个因素命名为成就需要动机。成就需要动机的 α 系数是 0.917，说明量表信度良好。

10. 工作投入的信效度

工作投入的 KMO 值为 0.722，Bartlett 检验的显著性系数为 0.000，说明数据相关矩阵不是单位矩阵，数据也适合做因素分析。在此基础上，对工作投入做了因素分析，结果发现共有 1 个特征根大于 1 的公共因子，共可以解释总方差的 52%，因素负荷在 0.680～0.781。按照文献回顾和项目题义，将这个因素命名为工作投入。工作投入的 α 系数是 0.815，说明量表信度良好。

11. "工作狂"的信效度

"工作狂"的 KMO 值为 0.870，Bartlett 检验的显著性系数为 0.000，说明数据相关矩阵不是单位矩阵，数据也适合做因素分析。在此基础上，对"工作狂"

做了因素分析，结果发现共有 1 个特征根大于 1 的公共因子，共可以解释总方差的 60.362%，因素负荷在 0.650~0.882。按照文献回顾和项目题义，将这个因素命名为工作狂。工作狂的 α 系数是 0.867，说明量表信度良好。

12. 工作压力的信效度

工作压力的 KMO 值为 0.908，Bartlett 检验的显著性系数为 0.000，说明数据相关矩阵不是单位矩阵，数据也适合做因素分析。在此基础上，对工作压力做了因素分析，结果发现共有 2 个特征根大于 1 的公共因子，共可以解释总方差的 70.959%，因素负荷在 0.680~0.781。按照文献回顾和项目题义，将这两个因素分别命名为挑战性压力和阻碍性压力。挑战性压力和阻碍性压力的 α 系数分别是 0.926、0.904，说明量表信度良好。

13. 情绪衰竭的信效度

情绪衰竭的 KMO 值为 0.881，Bartlett 检验的显著性系数为 0.000，说明数据相关矩阵不是单位矩阵，数据也适合做因素分析。在此基础上，对情绪衰竭做了因素分析，结果发现共有 1 个特征根大于 1 的公共因子，共可以解释总方差的 73.245%，因素负荷在 0.827~0.877。按照文献回顾和项目题义，将这个因素命名为情绪衰竭。工作投入的 α 系数是 0.926，说明量表信度良好。

14. 工作倦怠的信效度

工作倦怠的 KMO 值为 0.798，Bartlett 检验的显著性系数为 0.000，说明数据相关矩阵不是单位矩阵，数据也适合做因素分析。在此基础上，对工作倦怠做了因素分析，结果发现共有 1 个特征根大于 1 的公共因子，共可以解释总方差的 59.319%，因素负荷在 0.695~0.828。按照文献回顾和项目题义，将这个因素命名为工作倦怠。工作倦怠的 α 系数是 0.826，说明量表信度良好。

15. 情商的信效度

情商的 KMO 值为 0.866，Bartlett 检验的显著性系数为 0.000，说明数据相关矩阵不是单位矩阵，数据也适合做因素分析。在此基础上，对情商做了因素分析，结果发现共有 1 个特征根大于 4 的公共因子，共可以解释总方差的 64.61%，因素负荷在 0.521~0.853。按照文献回顾和项目题义，将这四个因素分别命名为自我情绪评估、他人情绪评估、情绪利用和情绪调节。四个因素的 α 系数分别是 0.920、0.924、0.934、0.897，说明量表信度良好。

16. 自我效能感的信效度

自我效能感的 KMO 值为 0.766，Bartlett 检验的显著性系数为 0.000，说明数据相关矩阵不是单位矩阵，数据也适合做因素分析。在此基础上，对自我效能感做了因素分析，结果发现共有 1 个特征根大于 1 的公共因子，共可以解释总方差的 67.018%，因素负荷在 0.791~0.839。按照文献回顾和项目题义，将这个因素命名为自我效能感。自我效能感的 α 系数是 0.835，说明量表信度良好。

第三节　基于回归分析的假设验证

一、科研绩效压力、职业紧张、焦虑与过度劳动的关系

（一）基于相关分析的假设检验

在确保量表信效度的基础上，对各个假设模型进行结构方程模型检验之前，进行了变量之间的相关关系分析，分析结果如表 4-1 所示。

表 4-1　变量相关关系分析

	1	2	3	4	5	6	7	8	9	10	11	12	13
1. 性别	1												
2. 年龄	0.545**	1											
3. 婚否	0.331**	0.611**	1										
4. 学历	0.315**	0.399**	0.329**	1									
5. 时间压力	0.597**	0.844**	0.682**	0.476**	1								
6. 竞争压力	0.255**	0.545**	0.521**	0.332**	0.691**	1							
7. 产出压力	0.221**	0.457**	0.444**	0.391**	0.653**	0.573**	1						
8. 业务紧张	0.171**	0.491**	0.472**	0.282**	0.613**	0.624**	0.545**	1					

续表

	1	2	3	4	5	6	7	8	9	10	11	12	13
9. 心理紧张	0.181**	0.454**	0.414**	0.257**	0.605**	0.590**	0.577**	0.660**	1				
10. 人际关系紧张	0.165**	0.322**	0.307**	0.250**	0.427**	0.396**	0.406**	0.485**	0.553**	1			
11. 躯体紧张	0.116**	0.452**	0.405**	0.290**	0.563**	0.528**	0.560**	0.552**	0.544**	0.312**	1		
12. 焦虑	0.161**	0.486**	0.465**	0.326**	0.634**	0.611**	0.647**	0.822**	0.632**	0.473**	0.622**	1	
13. 过度劳动	0.334**	0.583**	0.585**	0.411**	0.773**	0.681**	0.673**	0.688**	0.624**	0.527**	0.564**	0.681**	1

注：**P<0.01。下表同。

从表4-1中可以看出，自变量科研绩效压力的三个因素即科研时间压力、科研竞争压力、科研产出压力与中介变量职业紧张的四个因素即业务紧张、心理紧张、人际关系紧张及焦虑，与因变量过度劳动的相关系数都达到了显著水平，前文的假设得到了验证。通过相关关系分析，发现了各变量之间的相关性及相关系数，但是各变量之间的因果关系并未发现，所以需要通过下一步回归分析来验证变量之间的因果关系，并且，性别、年龄、婚否、学历与各变量均存在显著的相关关系。

（二）基于回归分析的假设检验

相关关系分析只能表明变量间是否存在关系，但无法解释变量之间是否存在因果关系以及变量间的影响方向和大小。因此，在相关分析的基础上，进一步采取回归分析对研究假设和理论模型依次进行检验。

1. 科研绩效压力对职业紧张、焦虑的影响

把科研绩效压力的三个因素即科研时间压力、科研竞争压力、科研产出压力作为自变量，业务紧张作为因变量，进行回归分析，回归分析的结果如表4-2所示。从表中可以看出，F值为66.589，表明回归效果好，调整后的R^2为0.486，表明科研绩效压力可以用来解释业务紧张总体变异的48.6%。同时β值分别为0.402（P<0.01）、0.291（P<0.01）、0.139（P<0.01），表明科研绩效压力的三个因素——科研时间压力、科研竞争压力、科研产出压力与业务紧张有着显著的正相关关系。

表 4-2 科研绩效压力对业务紧张的回归分析

因素	非标准化回归系数		标准化回归系数 β	T 值	Sig.
	B 的估计值	标准误差			
常数	0.469	0.170	—	2.750	0.006
性别	−0.322	0.075	−0.189	−4.323	0.000
年龄	−0.001	0.055	0.012	0.191	0.848
婚否	0.081	0.078	0.047	1.039	0.299
学历	−0.027	0.048	−0.021	−0.557	0.578
科研时间压力	0.445	0.102	0.402	4.357	0.000
科研竞争压力	0.268	0.044	0.291	6.118	0.000
科研产出压力	0.164	0.055	0.139	2.973	0.003

F = 66.589   Adj R^2 = 0.486

把科研绩效压力的三个因素即科研时间压力、科研竞争压力、科研产出压力作为自变量，心理紧张作为因变量，进行回归分析，回归分析的结果如表 4-3 所示。从表中可以看出，F 值为 62.993，表明回归效果好，调整后的 R^2 为 0.472，表明科研绩效压力可以用来解释心理紧张总体变异的 47.2%。同时 β 值分别为 0.510（P<0.01）、0.228（P<0.01）、0.218（P<0.01），表明科研绩效压力的三个因素——科研时间压力、科研竞争压力、科研产出压力对心理紧张有着显著的正相关关系。

表 4-3 科研绩效压力对心理紧张的回归分析

因素	非标准化回归系数		标准化回归系数 β	T 值	Sig.
	B 的估计值	标准误差			
常数	0.755	0.143		5.272	0.000
性别	−0.231	0.063	−0.164	−3.690	0.000
年龄	−0.408	0.046	−0.066	−1.035	0.301
婚否	−0.051	0.066	−0.057	−0.777	0.438
学历	−0.061	0.040	−0.021	−1.510	0.132
科研时间压力	0.468	0.086	0.510	5.449	0.000
科研竞争压力	0.174	0.037	0.228	4.736	0.000
科研产出压力	0.213	0.046	0.218	4.598	0.000

F = 62.993   Adj R^2 = 0.472

把科研绩效压力的三个因素即科研时间压力、科研竞争压力、科研产出压力作为自变量，人际关系紧张作为因变量，进行回归分析，回归分析的结果如表4-4所示。可以看出，F值为19.991，表明回归效果好，调整后的 R^2 为0.215，表明科研绩效压力可以用来解释人际关系紧张总体变异的21.5%。同时β值分别为0.287（P<0.05）、0.131（P<0.05）、0.160（P<0.01），表明科研绩效压力的三个因素——科研时间压力、科研竞争压力、科研产出压力对人际关系紧张有着显著的正相关关系。

表4-4　科研绩效压力对人际关系紧张的回归分析

因素	非标准化回归系数		标准化回归系数 β	T 值	Sig.
	B 的估计值	标准误差			
常数	0.970	0.217	—	4.474	0.000
性别	−0.110	0.095	−0.063	−1.165	0.245
年龄	−0.050	0.070	−0.055	−0.708	0.479
婚否	0.020	0.099	0.011	0.197	0.844
学历	0.060	0.061	0.046	0.997	0.319
科研时间压力	0.327	0.130	0.287	2.518	0.012
科研竞争压力	0.124	0.056	0.131	2.228	0.026
科研产出压力	0.194	0.070	0.160	2.765	0.006
F = 19.991　Adj R^2 = 0.215					

把科研绩效压力的三个因素即科研时间压力、科研竞争压力、科研产出压力作为自变量，躯体紧张作为因变量，进行回归分析，回归分析的结果如表4-5所示。从表中可以看出，F值为52.903，表明回归效果好，调整后的 R^2 为0.428，表明科研绩效压力可以用来解释躯体紧张总体变异的42.8%。同时β值分别为0.416（P<0.01）、0.140（P<0.01）、0.238（P<0.01），表明科研绩效压力的三个因素——科研时间压力、科研竞争压力、科研产出压力对躯体紧张有着显著的正相关关系。

表 4-5　科研绩效压力对躯体紧张的回归分析

因素	非标准化回归系数		标准化回归系数 β	T 值	Sig.
	B 的估计值	标准误差			
常数	0.859	0.164	—	5.250	0.000
性别	−0.389	0.072	−0.251	−5.432	0.000
年龄	0.043	0.053	−0.054	0.821	0.412
婚否	−0.019	0.075	−0.012	−0.246	0.805
学历	0.016	0.046	0.014	0.354	0.724
科研时间压力	0.419	0.098	0.416	4.272	0.000
科研竞争压力	0.118	0.042	0.140	2.801	0.005
科研产出压力	0.255	0.053	0.238	4.821	0.000
F = 52.093　Adj R^2 = 0.428					

　　基于以上科研绩效压力对工作紧张的回归分析结果，与本书的理论假设以及前文的相关分析结果是一致的。

　　把科研绩效压力的三个因素即科研时间压力、科研竞争压力、科研产出压力作为自变量，焦虑作为因变量，进行回归分析，回归分析的结果如表 4-6 所示。从表中可以看出，F 值为 84.228，表明回归效果好，调整后的 R^2 为 0.545，表明科研绩效压力可以用来解释焦虑总体变异的 54.5%。同时 β 值分别为 0.427（P<0.01）、0.196（P<0.01）、0.299（P<0.01），表明科研绩效压力的三个因素——科研时间压力、科研竞争压力、科研产出压力对焦虑有着显著的正相关关系，与本书的理论假设以及前文的相关分析结果是一致的。

表 4-6　科研绩效压力对焦虑的回归分析

因素	非标准化回归系数		标准化回归系数 β	T 值	Sig.
	B 的估计值	标准误差			
常数	0.212	0.157	—	1.352	0.177
性别	−0.345	0.069	−0.208	−5.039	0.000
年龄	−0.016	0.051	−0.018	−0.308	0.758
婚否	0.028	0.072	0.017	0.391	0.696
学历	0.010	0.044	0.008	0.228	0.820

续表

因素	非标准化回归系数		标准化回归系数 β	T 值	Sig.
	B 的估计值	标准误差			
科研时间压力	0.462	0.094	0.427	4.918	0.000
科研竞争压力	0.177	0.040	0.196	4.397	0.000
科研产出压力	0.345	0.051	0.299	6.798	0.000
F = 84.228 Adj R^2 = 0.545					

2. 科研绩效压力对过度劳动的影响

把科研绩效压力的三个因素即科研时间压力、科研竞争压力、科研产出压力作为自变量，过度劳动作为因变量，进行回归分析，回归分析的结果如表4-7所示，从表中可以看出，F 值为149.308，表明回归效果好，调整后的 R^2 为0.681，表明科研绩效压力可以用来解释过度劳动总体变异的68.1%。同时 β 值分别为0.606（P<0.01）、0.191（P<0.01）、0.199（P<0.01），表明科研绩效压力的三个因素——科研时间压力、科研竞争压力、科研产出压力对过度劳动均有着显著的正相关关系，这与本书的理论假设以及前文的相关分析结果是一致的，假设2得到了验证。

表4-7　科研绩效压力对过度劳动的回归分析

因素	非标准化回归系数		标准化回归系数 β	T 值	Sig.
	B 的估计值	标准误差			
常数	−1.492	0.170	—	−8.760	0.000
性别	−0.174	0.074	−0.080	−2.331	0.020
年龄	−0.165	0.055	−0.148	−3.002	0.003
婚否	0.195	0.078	0.089	2.494	0.013
学历	0.060	0.048	0.037	1.260	0.208
科研时间压力	0.851	0.102	0.606	8.337	0.000
科研竞争压力	0.224	0.044	0.191	5.116	0.000
科研产出压力	0.297	0.055	0.199	5.397	0.000
F = 149.308 Adj R^2 = 0.681					

3. 职业紧张、焦虑的中介作用检验

对职业紧张、焦虑的中介效应的验证，我们借鉴 Baron 和 Kenny（1986）的建议，成为中介变量必须满足以下四个条件：①自变量对中介变量有影响；②自变量对因变量有影响；③中介变量对因变量有影响；④控制中介变量之后，自变量对因变量的影响变小（部分中介）或没有（完全中介）。

为了验证工作紧张和焦虑在科研绩效压力与过度劳动之间的中介作用，进行了多元层级回归，结果如表4-8所示。

表4-8 工作紧张和焦虑的中介作用检验

	因变量										
	第一阶段					第二阶段	第三阶段				
	业务紧张	心理紧张	人际关系紧张	躯体紧张	焦虑	过度劳动	过度劳动				
							模型1	模型2	模型3	模型4	模型5
控制变量											
年龄	-0.189	-0.164	-0.063	-0.091	-0.208	-0.080	-0.034	-0.060	-0.069	-0.062	-0.042
性别	0.012	-0.066	-0.055	-0.054	-0.018	-0.148	-0.151	-0.140	-0.139	-0.152	-0.145
婚否	0.047	-0.036	0.011	-0.012	0.017	0.089	0.077	0.093	0.087	0.090	0.086
学历	-0.021	-0.057	0.046	0.014	0.008	0.037	0.042	0.044	0.029	0.036	0.036
自变量											
时间压力	0.402**	0.510**	0.287**	0.416**	0.427**	0.606**	0.508**	0.541**	0.555**	0.576**	0.526**
竞争压力	0.291**	0.228**	0.131**	0.140**	0.196**	0.191**	0.120**	0.162**	0.168**	0.181**	0.155**
产出压力	0.139**	0.218**	0.160**	0.238**	0.299**	0.199**	0.165**	0.171**	0.171**	0.182**	0.143**
中介变量											
业务紧张							0.244**				
心理紧张								0.127**			
人际关系紧张									0.176**		
躯体紧张										0.072*	
焦虑											0.187**
F	66.589	62.993	19.991	52.903	84.228	149.308	150.55	135.63	146.13	132.16	140.38
Adj R²	0.486	0.472	0.215	0.428	0.545	0.681	0.711	0.689	0.705	0.683	0.696

注：**P<0.01，*P<0.05。下表同。

通过表 4-8 可知，当控制职业紧张的四因素即业务紧张、心理紧张、人际关系紧张、躯体紧张之后，自变量科研绩效压力的因素即科研时间压力、科研竞争压力、科研产出压力对过度劳动的影响系数从 0.606（P<0.01）、0.191（P<0.01）、0.199（P<0.01）分别变为 0.508（P<0.01）、0.120（P<0.01）、0.165（P<0.01）；0.541（P<0.01）、0.162（P<0.01）、0.171（P<0.01）；0.555（P<0.01）、0.168（P<0.01）、0.171（P<0.01）；0.576（P<0.01）、0.181（P<0.01）、0.182（P<0.01），这表明对因变量的影响逐渐变小，并且中介变量对因变量过度劳动的影响系数分别为 0.244（P<0.01）；0.127（P<0.01）；0.176（P<0.01）；0.072（P<0.05）呈明显的相关性，说明职业紧张的四因素——业务紧张、心理紧张、人际关系紧张、躯体紧张在科研绩效压力与过度劳动之间起部分中介效应，假设 3-1 得到验证。

当控制焦虑之后，自变量科研绩效压力的因素即科研时间压力、科研竞争压力、科研产出压力对过度劳动的影响系数从 0.606（P<0.01）、0.191（P<0.01）、0.199（P<0.01）变为 0.526（P<0.01）、0.155（P<0.01）、0.143（P<0.01），这表明对因变量的影响程度逐渐变小，并且中介变量对因变量过度劳动的影响系数为 0.187（P<0.01），呈明显的相关性，说明焦虑在科研绩效压力与过度劳动之间起部分中介效应，假设 3-2 得到验证。

二、情绪劳动、职业紧张、组织支持感与过度劳动的关系

（一）基于相关分析的假设检验

在确保量表信效度的基础上，对各个假设模型进行结构方程模型检验之前，进行了变量之间的相关关系分析，分析结果如表 4-9 所示，所有相关系数都在 0.01 水平上显著相关。

表 4-9　变量相关关系分析

	1	2	3	4	5	6	7	8	9	10
1. 性别	1									
2. 年龄	-0.154**	1								
3. 婚否	0.037	0.194**	1							
4. 学历	0.236**	-0.169**	0.019	1						
5. 深层扮演	0.336**	-0.158**	0.073	0.375**	1					

续表

	1	2	3	4	5	6	7	8	9	10
6. 表层扮演	0.261**	-0.159**	0.087	0.299**	0.691**	1				
7. 心理紧张	0.363**	-0.061	0.119*	0.409**	0.678**	0.649**	1			
8. 躯体紧张	0.306**	-0.105*	0.088	0.391**	0.666**	0.592**	0.767**	1		
9. 组织支持感	0.141**	-0.045	0.054	-0.196**	-0.448**	-0.492**	-0.421**	-0.371**	1	
10. 过度劳动	0.485**	-0.181**	0.060	0.456**	0.652**	0.611**	0.798**	0.702**	0.469**	1

从表4-9中可以看出，自变量情绪劳动的两个因素即深层扮演、表层扮演，中介变量职业紧张的两个因素即心理紧张、躯体紧张，调节变量组织支持感与因变量过度劳动的相关系数都达到了显著水平，前文的假设得到了初步验证。通过相关关系分析，发现了各变量之间的相关性及相关系数，但是各变量之间的因果关系还并未发现，所以需要通过下一步回归分析来验证变量之间的因果关系，并且，性别、年龄、学历与各变量均存在显著的相关关系。

（二）基于回归分析的假设检验

前文相关关系分析结果只能表明变量间是否存在关系，但无法解释变量之间是否存在因果关系以及变量间的影响方向和大小。因此，在相关分析的基础上，进一步采取回归分析对研究假设和理论模型依次进行检验。

1. 情绪劳动对职业紧张的影响

把情绪劳动的两个因素深层扮演与表层扮演作为自变量，心理紧张作为因变量，进行回归分析，回归分析的结果如表4-10所示。从表4-10中可以看出，F值为108.195，表明回归效果好，调整后的R^2为0.562，表明科研绩效压力可以用来解释业务紧张总体变异的56.2%。同时β值分别为0.357（P<0.01）、0.336（P<0.01），表明情绪劳动的两个因素——深层扮演和表层扮演对心理紧张有着显著的正相关关系，假设4-1、假设4-2得到验证。

表4-10 情绪劳动对心理紧张的回归分析

因素	非标准化回归系数		标准化回归系数β	T 值	Sig.
	B 的估计值	标准误差			
常数	0.601	0.175		3.437	0.001
性别	0.190	0.050	0.133	3.813	0.000

因素	非标准化回归系数		标准化回归系数 β	T 值	Sig.
	B 的估计值	标准误差			
年龄	0.096	0.033	0.096	2.894	0.004
学历	0.190	0.042	0.159	4.493	0.000
深层扮演	0.324	0.043	0.357	7.586	0.000
表层扮演	0.360	0.048	0.336	7.466	0.000
F = 108.195　Adj R^2 = 0.562					

把情绪劳动的两个因素即深层扮演与表层扮演作为自变量，躯体紧张作为因变量，进行回归分析，回归分析的结果如表 4-11 所示。从表中可以看出，F 值为 83.249，表明回归效果好，调整后的 R^2 为 0.497，表明科研绩效压力可以用来解释业务紧张总体变异的 49.7%，同时 β 值分别为 0.426（P<0.01）、0.241（P<0.01）。表明情绪劳动的两个因素——深层扮演和表层扮演对躯体紧张有着显著的正相关关系，假设 4-3、假设 4-4 得到验证。

表 4-11　情绪劳动对躯体紧张的回归分析

因素	非标准化回归系数		标准化回归系数 β	T 值	Sig.
	B 的估计值	标准误差			
常数	0.490	0.218		2.246	0.025
性别	0.117	0.062	0.070	1.885	0.060
年龄	0.043	0.042	0.037	1.041	0.298
学历	0.206	0.053	0.149	3.913	0.000
深层扮演	0.450	0.053	0.426	8.440	0.000
表层扮演	0.301	0.060	0.241	4.998	0.000
F = 83.249　Adj R^2 = 0.497					

2. 情绪劳动对过度劳动的影响

把情绪劳动的两个因素即深层扮演与表层扮演作为自变量，过度劳动作为因变量，进行回归分析，回归分析的结果如表 4-12 所示。从表中可以看出，F 值为 115.166，表明回归效果好，调整后的 R^2 为 0.578，表明科研绩效压力可以用来解释职业紧张总体变异的57.8%。同时β值分别为0.296（P<0.01）、0.276（P<0.01），表明情绪劳动的两个因素——深层扮演和表层扮演对过度劳动有着显著的正相关，假设2-1、侵设2-2得到验证。

表4-12　情绪劳动对过度劳动的回归分析

因素	非标准化回归系数		标准化回归系数β	T值	Sig.
	B的估计值	标准误差			
常数	-1.312	C.270		-4.851	0.000
性别	0.595	C.077	0.264	7.719	0.000
年龄	-0.026	C.051	-0.017	-0.508	0.612
学历	0.369	C.065	0.197	5.652	0.000
深层扮演	0.423	C.066	0.296	6.408	0.000
表层扮演	0.466	C.075	0.276	6.254	0.000
F=115.166　Adj R² = 0.578					

3. 职业紧张的中介作用检验

通过前文分析可知，在控制中介变量工作紧张之前，情绪劳动的两个因素即深层扮演和表层扮演对过度劳动的影响系数分别是0.296（P<0.01）、0.276（P<0.01），说明对过度劳动有着显著的正向影响。为了验证职业紧张在情绪劳动与过度劳动之间的中介作用，进行了多元层级回归，结果如表4-13所示。

通过表4-13可知，当控制职业紧张的两个因素即心理紧张、躯体紧张之后，自变量情绪劳动的因素即深层扮演和表层扮演对过度劳动的影响系数分别从0.296（P<0.01）、0.276（P<0.01）变为0.098（P<0.05）、0.090（P<0.05）；0.141（P<0.01）、0.188（P<0.01），表明对因变量过度劳动的影响逐渐变小，并且中介变量即心理紧张和躯体紧张对因变量过度劳动的影响系数分别为0.555（P<0.01）、0.365（P<0.01），呈明显的正相关性，表明职业紧张的两个因素——心理紧张和躯体紧张在情绪劳动与过度劳动之间起部分中介效应。

表 4-13　职业紧张在情绪劳动与过度劳动之间的中介作用检验

	因变量：过度劳动				
	第一阶段		第二阶段	第三阶段	
	心理紧张	躯体紧张	过度劳动	模型 1	模型 2
控制变量					
性别	0.133 **	0.070	0.264 **	0.190 **	0.238 **
年龄	0.096 **	0.037	−0.017	−0.070 *	−0.030
学历	0.159 **	0.149 **	0.197 **	0.108 **	0.143 **
自变量					
深层扮演	0.357 **	0.426 **	0.296 **	0.098 *	0.141 **
表层扮演	0.336 **	0.241 **	0.276 **	0.090 *	0.188 **
中介变量					
心理紧张				0.555 **	
躯体紧张					0.365 **
F	108.195	83.249	115.166	172.784	126.804
Adj R^2	0.562	0.497	0.578	0.712	0.644

4. 组织支持感的调节效应检验

本书为了检验组织支持感在情绪劳动与过度劳动之间的调节效应，在考虑性别、年龄、学历等控制变量的影响下，使用分层多元回归对主要变量进行了回归分析。在进行回归前对数据进行了标准化以及多重共线性检测，未发现预测变量之间存在明显的共线性问题，说明回归分析的结果是可靠的。

第一步，将性别、年龄和学历等控制变量加入模型 1，该模型成立（$R^2 =$ 0.362），说明性别、年龄和学历等控制变量能够解释过度劳动总体变异的 36.2%。其中性别（0.392）、学历（0.353）与过度劳动呈正相关。

第二步，加入情绪劳动的主效应（模型 2），从表 4-14 中可以看出，F 值为 115.166，R^2 为 0.583，能够解释过度劳动总体变异的 58.3%，比模型 1 增加了 22.1% 的解释力，同时情绪劳动的两个因素——深层扮演和表层扮演对过度劳动有着显著的正相关关系，模型 2 成立。

表 4-14　组织支持感在情绪劳动与过度劳动之间的调节作用检验

	因变量：过度劳动			
	模型 1	模型 2	模型 3	模型 4
性别	0.392**	0.264**	0.268**	0.267**
年龄	-0.061	-0.017	-0.024	-0.032
学历	0.353**	0.197**	0.193**	0.185**
深层扮演		0.296**	0.260**	-0.223
表层扮演		0.276**	0.215**	0.157
组织支持感			-0.174**	-0.672**
深层扮演×组织支持感				0.061
表层扮演×工作支持感				-0.499**
调整后 R^2	0.357	0.578	0.599	0.614
R^2	0.362	0.583	0.605	0.622
ΔR^2		0.221	0.023	0.017
F	73.317	115.166	104.933	84.053

　　第三步，加入调节变量组织支持感（模型 3），F 值分别为 104.933，R^2 为 0.605，能够解释过度劳动变异的 60.5%，比模型 2 增加了 2.2% 的解释力，并且组织支持感（-0.174）与过度劳动负相关。

　　第四步，加入情绪劳动的两个因素即深层扮演和表层扮演与组织支持感的交互项（模型 4），F 值分别为 84.053，R^2 为 0.622，能够解释过度劳动变异的 62.2%，比模型 3 增加了 1.7% 的解释力。其中，深层扮演、表层扮演与组织支持感的交互项系数分别为 0.061、-0.499，这表明组织支持感对表层扮演与过度劳动之间的关系有着显著的负向调节作用，而组织支持感对深层扮演与过度劳动之间的关系没有显著的负向调节作用。

三、工作-生活平衡、组织支持感与过度劳动的关系

（一）基于相关分析的假设检验

　　在确保量表信效度的基础上，在对各个假设模型进行结构方程模型检验之前，进行了变量之间的相关关系分析，分析结果如表 4-15 所示，所有相关系数都在 0.01 水平上显著相关。

从表4-15中可以看出，自变量工作-生活平衡的三个因素即工作-家庭平衡、工作-休假平衡、工作-成长平衡与调节变量组织支持感的三个因素即工作支持、认同价值、关心利益与因变量过度劳动的相关系数都达到了显著水平，前文的假设得到了初步验证。通过相关关系分析，发现了各变量之间的相关性及相关系数，但各变量之间的因果关系并未发现，所以需要通过下一步回归分析来验证变量之间的因果关系，并且，性别、年龄、婚否、学历与各变量均存在显著的相关关系。

表4-15　变量相关关系分析

	1	2	3	4	5	6	7	8	9	10
1. 性别	1									
2. 年龄	0.134**	1								
3. 婚否	0.059	0.006**	1							
4. 工作-家庭平衡	0.206**	0.325**	0.061**	1						
5. 工作-休假平衡	0.255**	0.381**	0.097**	0.766**	1					
6. 工作-成长平衡	0.168**	0.293**	0.035**	0.702**	0.737**	1				
7. 工作支持	0.180**	0.291**	0.094**	0.560**	0.603**	0.589**	1			
8. 认同价值	0.232**	0.314**	0.150**	0.605**	0.675**	0.595**	0.632**	1		
9. 关心利益	0.155**	0.275**	0.114**	0.427**	0.506**	0.479**	0.671**	0.491**	1	
10. 过度劳动	-0.155**	-0.333**	-0.319**	-0.563**	-0.590**	-0.502**	-0.489**	-0.526**	-0.496**	1

（二）基于回归分析的假设检验

为了进一步明确各变量之间的关系，本书在考虑性别、年龄、婚否和学历等控制变量的影响下，使用分层多元回归对主要变量进行了回归分析。在进行回归前对数据进行了标准化以及多重共线性检测，未发现预测变量之间存在明显的共线性问题，说明回归分析的结果是可靠的。

第一步，将性别、年龄、婚否和学历等控制变量加入模型1，该模型成立（$R^2 = 0.229$），说明性别、年龄、婚否和学历等控制变量能够解释过度劳动变异的22.9%。

第二步，加入工作-生活平衡的主效应（模型2），从表4-16中可以看出，F

值为 51.350，R^2 为 0.461，能够解释员工个体过度劳动变异的 46.1%，比模型 1 增加了 23.2%的解释力，表明工作-生活平衡的三个因素——工作-家庭平衡、工作-休假平衡、工作-成长平衡对过度劳动有着显著的相关关系，模型 2 成立。

表 4-16 组织支持感对工作-生活平衡与过度劳动的调节检验

	创新行为							
	模型 1	模型 2	模型 3	模型 4	模型 5	模型 6	模型 7	模型 8
性别	0.095 *	0.009	0.013	0.016	0.013	0.022	0.020	0.021
年龄	0.322 **	0.133 **	0.124 **	0.126 **	0.117 **	0.116 **	0.120 **	0.116 **
婚否	0.317 **	0.278 **	0.271 **	0.266 **	0.263 **	0.272 **	0.255 **	0.265 **
学历	0.083 *	0.026	0.029	0.019	0.036	0.032	0.011	0.031
工作-家庭平衡		-0.194 **	-0.173 **	-0.155 **	-0.129 *	-0.907 **	0.156	-0.465 *
工作-休假平衡		-0.284 **	-0.248 **	-0.251 **	-0.263 **	0.263	0.001	-0.574 *
工作-成长平衡		-0.108 *	0.069	-0.093 *	0.082	-0.829 **	-0.627 *	-0.364
工作支持			-0.141 **			0.105		
认同价值				-0.119 *			0.156	
关心利益					-0.193 **			0.367
工作-家庭平衡×工作支持						-1.700 **		
工作-休假平衡×工作支持						0.099		
工作-成长平衡×工作支持						-1.296 **		
工作-家庭平衡×认同价值							0.477	
工作-休假平衡×认同价值							0.523	
工作-成长平衡×认同价值							-0.977 *	
工作-家庭平衡×关心利益								-1.078 *

续表

	创新行为							
	模型 1	模型 2	模型 3	模型 4	模型 5	模型 6	模型 7	模型 8
工作-休假平衡×关心利益								0.647
工作-成长平衡×关心利益								0.560
调整后 R^2	0.222	0.452	0.463	0.458	0.476	0.477	0.459	0.480
R^2	0.229	0.461	0.473	0.468	0.486	0.490	0.473	0.493
ΔR^2		0.232	0.012	0.007	0.015	0.017	0.005	0.007
F	31.409	51.350	46.946	46.013	49.469	36.342	33.981	36.763

第三步，依次加入组织支持（模型 3）、认可价值（模型 4）、关心利益（模型 5），F 值分别为 46.946、46.013、49.469，R^2 分别为 0.473、0.468、0.486，分别能够解释员工个体过度劳动变异的 47.3%、46.8%、48.6%，比模型 2 分别增加了 1.2%、0.7%、2.5%的解释力，并且工作支持（0.141）与过度劳动负相关。

第四步，依次加入工作-生活平衡与工作支持的交互项（模型 6）、工作-生活平衡与认同价值的交互项（模型 7）、工作-生活平衡与关心利益的交互项（模型 8），F 值分别为 36.342、33.981、36.763，R^2 分别为 0.490、0.473、0.493，分别能够解释员工过度劳动变异的 49.0%、47.3%、49.3%，比模型 3、模型 4、模型 5 依次增加了 1.7%、0.5%、0.7%的解释力。其中，工作-家庭平衡、工作-成长平衡与工作支持的交互项系数分别为-1.700、-1.296，工作-成长平衡与认同价值的交互项系数为-0.977，工作-家庭平衡与关心利益的交互项系数为-1.078。这表明组织支持对工作-家庭平衡、工作-成长平衡与过度劳动之间的关系有着显著的调节作用，认同价值对工作-成长平衡与过度劳动之间的关系有着显著的调节作用，关心利益对工作-家庭平衡与过度劳动之间的关系有着显著的调节作用。

（三）成就需要动机、工作投入、"工作狂"与过度劳动的关系

1. 基于相关分析的假设检验

在确保量表信效度的基础上，对各个假设模型进行结构方程模型检验之前，进行了变量之间的相关关系分析，分析结果如表 4-17 所示，所有相关系数都在 0.01 水平上显著相关。

表 4-17 变量相关关系分析

	1	2	3	4	5	6	7	8
1. 性别	1							
2. 年龄	0.021	1						
3. 婚否	0.020	0.367**	1					
4. 学历	0.012	0.018	0.001	1				
5. 成就需要动机	0.027	0.147**	0.124*	0.007	1			
6. 工作投入	0.032	0.084	0.070	0.044	0.681**	1		
7. "工作狂"	0.042	0.062	0.102*	0.018	0.704**	0.694**	1	
8. 过度劳动	0.070	0.087	0.081	0.033	0.657**	0.706**	0.700**	1

从表 4-17 中可以看出，自变量成就需要动机与中介变量工作投入及"工作狂"，与因变量过度劳动的相关系数都达到了显著水平，前文的假设得到了验证。通过相关关系分析，发现了各变量之间的相关性及相关系数，但是各变量之间的因果关系还并未发现，所以需要通过下一步回归分析来验证变量之间的因果关系，并且，性别、年龄、婚否各变量均存在显著的相关关系。

2. 基于回归分析的假设检验

相关关系分析只能表明变量间是否存在关系，但无法解释变量之间是否存在因果关系以及变量间的影响方向和大小。因此，在相关分析的基础上，进一步采取回归分析对研究假设和理论模型依次进行检验。

（1）成就需要动机对工作投入的影响。把成就需要动机作为自变量，工作投入作为因变量进行回归分析，回归分析的结果如表 4-18 所示。从表 4-18 中可以看出，F 值为 121.481，表明回归效果好，调整后的 R^2 为 0.461，表明成就需要动机可以用来解释工作投入总体变异的 46.1%。同时 β 值为 0.684（P<0.01），表明成就需要动机对工作投入有着显著的正相关关系。

表 4-18 成就需要动机对工作投入的回归分析

因素	非标准化回归系数		标准化回归系数 β	T 值	Sig.
	B 的估计值	标准误差			
常数	0.615	0.195		3.153	0.002

续表

因素	非标准化回归系数		标准化回归系数 β	T 值	Sig.
	B 的估计值	标准误差			
年龄	−0.015	0.046	0.013	0.335	0.738
婚否	0.019	0.073	0.010	0.258	0.796
成就需要动机	0.762	0.040	0.684	18.908	0.000
F = 121.481 Adj R² = 0.461					

把成就需要动机作为自变量，"工作狂"作为因变量进行回归分析，回归分析结果如表4-19所示。从表4-19中可以看出，F 值为 139.078，表明回归效果好，调整后的 R^2 为 0.495，表明成就需要动机可以用来解释"工作狂"总体变异的 49.5%。同时 β 值为 0.708（P<0.01），表明成就需要动机对"工作狂"有着显著的正相关关系。

表4-19 成就需要动机对"工作狂"的回归分析

因素	非标准化回归系数		标准化回归系数 β	T 值	Sig.
	B 的估计值	标准误差			
常数	0.970	0.161		6.018	0.000
年龄	−0.055	0.038	0.054	1.448	0.148
婚否	0.055	0.060	0.034	0.908	0.365
成就需要动机	0.672	0.033	0.708	20.198	0.000
F = 139.078 Adj R² = 0.495					

基于以上成就需要动机对工作投入、"工作狂"的回归分析结果，与本书的理论假设以及前文的相关分析结果是一致的。

（2）成就需要动机对过度劳动的影响。把成就需要动机作为自变量，过度劳动作为因变量进行回归分析，回归分析结果如表4-20所示。从表中可以看出，F 值为 106.505，表明回归效果好，调整后的 R^2 为 0.428，表明成就需要动机可以用来解释"工作狂"总体变异的 42.8%。同时 β 值为 0.658（P<0.01），表明成就需要动机对过度劳动有着显著的正相关关系。

表4-20　成就需要动机对"工作狂"的回归分析

因素	非标准化回归系数		标准化回归系数 β	T 值	Sig.
	B 的估计值	标准误差			
常数	0.972	0.168		5.783	0.000
年龄	-0.011	0.039	0.011	0.277	0.782
婚否	0.005	0.063	0.003	0.080	0.936
成就需要动机	0.612	0.035	0.658	17.661	0.000
F = 106.505　Adj R^2 = 0.428					

（3）工作投入和"工作狂"的中介作用检验。如前文所述，对工作投入和"工作狂"的中介效应的验证我们借鉴 Baron 和 Kenny（1986）的建议，成为中介变量必须满足以下四个条件：①自变量对中介变量有影响；②自变量对因变量有影响；③中介变量对因变量有影响；④控制中介变量之后，自变量对因变量的影响变小（部分中介）或没有（完全中介）。

控制中介变量工作投入之前，成就需要动机对过度劳动的影响系数是 0.658（P<0.01），说明对过度劳动有着显著的正向影响。为了验证工作投入和"工作狂"在成就需要动机与过度劳动之间的中介作用，进行了多元层级回归，结果如表4-21 所示。

表4-21　工作投入和"工作狂"的中介作用检验

	因变量：过度劳动				
	第一阶段		第二阶段	第三阶段	
	工作投入	工作狂	过度劳动	模型 1	模型 2
控制变量					
年龄	0.013	0.054	0.011	-0.005	0.014
婚否	0.010	0.034	0.003	0.008	-0.013
自变量					
成就需要动机	0.684**	0.708**	0.658**	0.328*	0.325**
中介变量					
工作投入				0.483**	
工作狂					0.471**
F	139.078	106.505	115.166	131.629	126.804
Adj R^2	0.495	0.428	0.578	0.553	0.539

通过表4-21可知，当控制工作投入之后，自变量成就需要动机对过度劳动的影响系数从0.658（P<0.01）变为0.328（P<0.05），表明对因变量的影响逐渐变小，并且中介变量对因变量过度劳动的影响系数为0.483（P<0.01），呈明显的相关性，说明工作投入在成就需要动机与过度劳动之间起部分中介效应，前文假设得到验证。

当控制"工作狂"之后，自变量成就需要动机对过度劳动的影响系数从0.658（P<0.01）变为0.325（P<0.01），表明对因变量的影响逐渐变小，并且中介变量对因变量过度劳动的影响系数为0.471（P<0.01），呈明显的相关性，说明"工作狂"在成就需要动机与过度劳动之间起部分中介效应，前文假设得到验证。

（四）工作压力、情绪衰竭、工作倦怠与过度劳动的关系

1. 基于相关分析的假设检验

在确保量表信效度的基础上，对各个假设模型进行结构方程模型检验之前，进行了变量之间的相关关系分析，分析结果如表4-22所示，所有相关系数都在0.01水平上显著相关。

表4-22　变量相关关系分析

	1	2	3	4	5	6	7	8	9
1. 性别	1								
2. 年龄	0.027	1							
3. 婚否	0.048	0.357**	1						
4. 学历	-0.116*	-0.093	-0.004	1					
5. 职称评聘压力	-0.021	0.090	0.121*	-0.033	1				
6. 工作负荷压力	0.041	0.110	0.182**	-0.114*	0.652**	1			
7. 情绪衰竭	-0.031	0.131*	0.165**	-0.068	0.785**	0.758**	1		
8. 工作倦怠	-0.002	0.152**	0.129**	-0.049	0.722**	0.719**	0.802**	1	
9. 过度劳动	-0.006	0.121*	0.052	-0.045	0.632**	0.583**	0.635**	0.848**	1

从表4-22中可以看出，自变量工作压力的两个因素即职称评聘压力和工作负荷压力与中介变量情绪衰竭和工作倦怠及因变量过度劳动的相关系数都达到了显著水平，前文的假设得到了验证。通过相关关系分析，发现了各变量之间的相关性及

相关系数，但各变量之间的医果关系还未发现，所以需要通过下一步回归分析来验证变量之间的因果关系。并且，性别、年龄、婚否各变量均存在显著的相关关系。

2. 基于回归分析的假设检验

相关关系分析只能表明变量间是否存在关系，但无法解释变量之间是否存在因果关系以及变量间的影响方向和大小。因此，在相关分析的基础上，进一步采取回归分析对研究假设和理论模型依次进行检验。

（1）工作压力对情绪衰竭、工作倦怠的影响。把工作压力的两个因素即职称评聘压力和工作负荷压力作为自变量，情绪衰竭作为因变量，进行回归分析，回归分析的结果如表 4 - 23 所示。从表 4 - 23 中可以看出，F 值为 200.749，表明回归效果好，调整后的 R^2 为 0.720，表明工作压力可以用来解释情绪衰竭总体变异的 72%。同时 β 值分别为 0.505（P<0.01）、0.423（P<0.01），表明工作压力的两个因素——职称评聘压力和工作负荷压力对情绪衰竭有着显著的正相关。

表 4-23 工作压力对情绪衰竭的回归分析

因素	非标准化回归系数		标准化回归系数 β	T 值	Sig.
	B 的估计值	标准误差			
常数	0.369	0.153		2.413	0.016
婚否	0.024	0.056	0.014	0.435	0.664
年龄	0.038	0.036	0.034	1.064	0.288
职称评聘压力	0.439	0.034	0.505	12.739	0.000
工作负荷压力	0.452	0.043	0.423	10.572	0.000
F = 200.749　　Adj R^2 = 0.720					

把工作压力的两个因素即职称评聘压力和工作负荷压力作为自变量，工作倦怠作为因变量进行回归分析，回归分析的结果如表 4-24 所示。从表中可以看出，F 值为 132.614，表明回归效果好，调整后的 R^2 为 0.629，表明工作压力可以用来解释工作倦怠总体变异的 62.9%。同时 β 值分别为 0.437（P<0.01）、0.431（P<0.01），表明工作压力的两个因素——职称评聘压力和工作负荷压力对工作倦怠有着显著的正相关关系。

表 4-24　工作压力对工作倦怠的回归分析

因素	非标准化回归系数		标准化回归系数 β	T 值	Sig.
	B 的估计值	标准误差			
常数	−1.691	0.272		−6.222	0.000
婚否	−0.077	0.099	−0.029	−0.782	0.435
年龄	0.131	0.064	0.076	2.054	0.041
职称评聘压力	0.587	0.061	0.437	9.587	0.000
工作负荷压力	0.712	0.076	0.431	9.366	0.000
F = 132.614　Adj R^2 = 0.629					

基于以上工作压力对情绪衰竭、工作倦怠的回归分析结果，与本书的理论假设以及前文的相关分析结果是一致的。

（2）工作压力对过度劳动的影响。把工作压力的两个因素即职称评聘压力和工作负荷压力作为自变量，过度劳动作为因变量进行回归分析，回归分析的结果如表 4-25 所示。从表中可以看出，F 值为 65.076，表明回归效果好，调整后的 R^2 为 0.452，表明工作压力可以用来解释过度劳动总体变异的 45.2%。同时 β 值分别为 0.437（P<0.01）、0.305（P<0.01），表明工作压力的两个因素——职称评聘压力和工作负荷压力对过度劳动有着显著的正相关。

表 4-25　工作压力对过度劳动的回归分析

因素	非标准化回归系数		标准化回归系数 β	T 值	Sig.
	B 的估计值	标准误差			
常数	−0.038	0.242		−158	0.875
婚否	−0.165	0.088	−0.085	−1.870	0.062
年龄	0.100	0.057	0.079	1.755	0.080
职称评聘压力	0.431	0.055	0.437	7.884	0.000
工作负荷压力	0.369	0.068	0.305	5.446	0.000
F = 65.076　Adj R^2 = 0.452					

（3）情绪衰竭、工作倦怠的中介作用检验。对情绪衰竭、工作倦怠的中介效应的验证我们借鉴 Baron 和 Kenny（1986）的建议，成为中介变量必须满足以

下四个条件：①自变量对中介变量有影响；②自变量对因变量有影响；③中介变量对因变量有影响；④控制中介变量之后，自变量对因变量的影响变小（部分中介）或没有（完全中介）。

控制中介变量情绪衰竭之前，工作压力的两个因素即职称评聘压力和工作负荷压力对过度劳动的影响系数分别是 0.437（P<0.01）、0.305（P<0.01），说明对过度劳动有着显著的正向影响。为了验证情绪衰竭和工作倦怠在工作压力与过度劳动之间的中介作用，进行了多元层级回归，结果如表 4-26 所示。

通过表 4-26 可知，当控制情绪衰竭之后，自变量工作压力的两个因素即职称评聘压力和工作负荷压力对过度劳动的影响系数从 0.437（P<0.01）、0.305（P<0.01）变为 0.319（P<0.01）、0.206（P<0.01），表明对因变量的影响逐渐变小，并且中介变量对因变量过度劳动的影响系数为 0.233（P<0.01），呈明显的相关性，说明情绪衰竭在工作压力的两个因素——职称评聘压力和工作负荷压力与过度劳动之间起部分中介效应，前文假设得到验证。

表 4-26　情绪衰竭和工作倦怠的中介作用检验

	因变量：过度劳动				
	第一阶段		第二阶段	第三阶段	
	情绪衰竭	工作倦怠	过度劳动	模型 1	模型 2
控制变量					
年龄	0.014	−0.029	−0.085	−0.088	−0.060
婚否	0.034	0.076	0.079	0.071	0.014
自变量					
职称评聘压力	0.505**	0.437**	0.437	0.319**	0.064
工作负荷压力	0.423**	0.431**	0.305	0.206**	−0.063
中介变量					
情绪衰竭				0.233**	
工作倦怠					0.852**
F	200.749	132.614	65.076	55.113	161.191
Adj R²	0.720	0.629	0.452	0.465	0.720

当控制工作倦怠之后，自变量工作压力的两个因素即职称评聘压力和工作负

荷压力对过度劳动的影响系数分别从 0.437（P<0.01）、0.305（P<0.01）变为 0.064（P>0.01）、-0.063（P>0.01），表明对因变量没有影响，并且中介变量对因变量过度劳动的影响系数为 0.852（P<0.01），呈明显的相关性，说明工作倦怠在工作压力的两个因素——职称评聘压力和工作负荷压力与过度劳动之间起完全中介效应，前文假设得到验证。

四、情商、自我效能感与过度劳动的关系

1. 基于相关分析的假设检验

在确保量表信效度的基础上，对各个假设模型进行结构方程模型检验之前，进行了变量之间的相关关系分析，分析结果如表 4-27 所示，所有相关系数都在 0.01 水平上显著相关。

表 4-27　变量相关关系分析

	1	2	3	4	5	6	7	8	9	10
1. 性别	1									
2. 年龄	0.508**	1								
3. 婚否	0.353**	0.636**	1							
4. 学历	0.302**	0.389**	0.317**	1						
5. 自我情绪评估	0.169**	0.518**	0.471**	0.256**	1					
6. 他人情绪评估	0.184**	0.486**	0.415**	0.259**	0.685**	1				
7. 情绪利用	0.166**	0.323**	0.305**	0.241**	0.477**	0.560**	1			
8. 情绪调节	0.123**	0.485*	0.426**	0.298**	0.577**	0.579**	0.345**	1		
9. 自我效能感	0.209**	0.481	0.461	0.364**	0.567**	0.604**	0.413**	0.589**	1	
10. 过度劳动	-0.303**	-0.606**	-0.585	-0.326**	-0.672**	-0.627**	-0.532**	0.576**	-0.658**	1

从表4-27中可以看出，自变量情商的四个因素即自我情绪评估、他人情绪评估、情绪利用和情绪调节，中介变量自我效能感与因变量过度劳动的相关系数都达到了显著水平，前文的假设得到了初步验证。通过相关关系分析，发现了各变量之间的相关性及相关系数，但是各变量之间的因果关系还并未发现，所以需要通过下一步回归分析来验证变量之间的因果关系，并且，性别、年龄、婚否、学历与各变量均存在显著的相关关系。

2. 基于回归分析的假设检验

前文相关关系分析结果只能表明变量间是否存在关系，但无法解释变量之间是否存在因果关系以及变量间的影响方向和大小。因此，在相关分析的基础上，进一步采取回归分析对研究假设和理论模型依次进行检验。

（1）情商对自我效能感的影响。把情商的四个因素即自我情绪评估、他人情绪评估、情绪利用和情绪调节作为自变量，自我效能感作为因变量进行回归分析，回归分析的结果如表4-28所示。从表中可以看出，F值为47.947，表明回归效果好，调整后的 R^2 为0.495，表明情商可以用来解释自我效能感总体变异的49.5%。同时 β 值分别为 0.124（P<0.05）、0.246（P<0.01）、0.152（P<0.05）、0.254（P<0.01），表明情商的四个因素——自我情绪评估、他人情绪评估、情绪利用和情绪调节对自我效能感有着显著的正相关关系，前文假设得到验证。

表4-28　情商对自我效能感的回归分析

因素	非标准化回归系数		标准化回归系数 β	T值	Sig.
	B的估计值	标准误差			
常数	0.846	0.165		5.315	0.000
性别	0.013	0.065	0.009	0.197	0.884
婚否	0.023	0.042	0.031	0.543	0.587
年龄	0.167	0.072	0.112	2.306	0.022
学历	0.150	0.047	0.130	3.201	0.001
自我情绪评估	0.106	0.047	0.124	2.262	0.024
他人情绪评估	0.251	0.058	0.246	4.360	0.000
情绪利用	0.144	0.037	0.152	1.162	0.046
情绪调节	0.238	0.046	0.254	5.211	0.000
F=47.947　Adj R^2=0.495					

（2）情商对过度劳动的影响。把情商的四个因素即自我情绪评估、他人情绪评估、情绪利用和情绪调节作为自变量，过度劳动作为因变量进行回归分析，回归分析的结果如表4-29所示。从表中可以看出，F值为81.656，表明回归效果好，调整后的 R^2 为0.682，表明情商可以用来解释自我效能感总体变异的68.2%。同时 β 值分别为 -0.252（P<0.01）、-0.105（P<0.05）、-0.187（P<0.01）、-0.145（P<0.01），表明情商的四个因素——自我情绪评估、他人情绪评估、情绪利用和情绪调节对过度劳动有着显著的负相关关系，前文假设得到验证。

表4-29　情商对过度劳动的回归分析

因素	非标准化回归系数		标准化回归系数 β	T 值	Sig.
	B 的估计值	标准误差			
常数	5.863	0.146		40.062	0.000
性别	-0.074	0.058	-0.048	-1.283	0.200
婚否	-0.108	0.038	-0.140	-2.880	0.004
年龄	-0.298	0.064	-0.194	-4.626	0.000
学历	-0.019	0.042	-0.016	-0.453	0.651
自我情绪评估	-0.223	0.042	-0.252	0.535	0.000
他人情绪评估	-0.110	0.051	-0.105	-2.157	0.032
情绪利用	-0.162	0.033	-0.187	-4.979	0.000
情绪调节	-0.140	0.041	-0.145	-3.446	0.001
F=81.656　Adj R^2=0.682					

（3）自我效能感的中介作用检验。对自我效能感的中介效应的验证我们借鉴 Baron 和 Kenny（1986）的建议，成为中介变量必须满足以下四个条件：①自变量对中介变量有影响；②自变量对因变量有影响；③中介变量对因变量有影响；④控制中介变量之后，自变量对因变量的影响变小（部分中介）或没有（完全中介）。

通过前文分析可知，在控制中介变量自我效能感之前，情商的四个因素即自我情绪评估、他人情绪评估、情绪利用和情绪调节对过度劳动的影响系数分别为 -0.252（P<0.01）、-0.105（P<0.05）、-0.187（P<0.01） -0.145（P<0.01），说

明对过度劳动有着显著的负向影响。为了验证自我效能感在情绪劳动与过度劳动之间的中介作用，进行了多元层级回归，结果如表4-30所示。

通过表4-30可知，当控制自我效能感之后，情商的四个因素即自我情绪评估、他人情绪评估、情绪利月和情绪调节对过度劳动的影响系数分别从-0.252（P<0.01）、-0.105（P<0.05）、-0.187（P<0.01）-0.145（P<0.01）变为-0.222（P<0.01）、-0.046、-0.175（P<0.01）和-0.084（P<0.05），其中情商的三个因素即自我情绪评估、情绪利用和情绪调节对过度劳动的影响逐渐变小，情商的他人情绪评估对过度劳动没有影响，并且中介变量自我效能感对因变量过度劳动的影响系数为-0.237（P<0.01），呈明显的正相关性，表明自我效能感在情商的三个因素即自我情绪评估、情绪利用和情绪调节与过度劳动之间起部分中介效应，在情商的因素——他人情绪调节与过度劳动之间起完全中介效应。

表4-30 自我效能感在情商与过度劳动之间的中介作用检验

	因变量：过度劳动		
	第一阶段	第二阶段	第三阶段
	自我效能感	过度劳动	模型1
控制变量			
性别	0.009	-0.048	-0.046
年龄	0.031	-0.140**	-0.133**
婚否	0.112**	-0.194**	-0.167**
学历	0.130**	-0.016	0.015
自变量			
自我情绪评估	0.124**	-0.252**	-0.222**
他人情绪评估	0.245**	-0.105**	-0.046
情绪利用	0.152**	-0.187**	-0.175**
情绪调节	0.254**	-0.145**	-0.084*
中介变量			
自我效能感			-0.237**
F	47.947	81.656	81.787
Adj R²	0.495	0.682	0.655

第五章 结论与展望

第一节 研究结论及管理建议

一、研究结论

（一）科研绩效压力、职业紧张、焦虑与过度劳动的关系

本书基于高校青年教师的视角，通过对山东省 487 名高校青年教师的抽样调查，实证分析了科研绩效压力、职业紧张及焦虑和过度劳动三者之间的关系，研究结果如下：

1. 科研绩效压力与职业紧张、焦虑的关系

本书结果显示，科研绩效压力的三个因素即科研时间压力、科研竞争压力、科研产出压力对职业紧张的四因素即业务紧张、心理紧张、人际关系紧张、躯体紧张都有着显著的正相关关系，这表明高校青年教师的科研绩效压力对职业紧张有着显著的正向影响，科研绩效压力是导致职业紧张的重要因素。同时，验证了科研绩效压力的三个因素即科研时间压力、科研竞争压力、科研产出压力与焦虑也有着明显的正相关关系，表明如果科研绩效压力过大，会导致员工的焦虑情绪增加。

2. 科研绩效压力与过度劳动的关系

实证发现，科研绩效压力的三个因素即科研时间压力、科研竞争压力和科研

产出压力对过度劳动有着显著的正相关关系，这表明高校青年教师科研绩效压力越大，过度劳动现象就会更加严重。

3. 职业紧张、焦虑在科研绩效压力与过度劳动之间的中介作用

通过多元层级分析，发现职业紧张和焦虑在科研绩效压力与过度劳动之间起部分中介作用，即科研绩效压力通过职业紧张和焦虑来导致员工的过度劳动，验证了两者之间的理论模型和研究框架。

（二）情绪劳动、职业紧张、组织支持感与过度劳动的关系

本书基于高校青年教师的视角，通过对山东省418名高校青年教师的抽样调查，实证分析了情绪劳动、职业紧张与过度劳动三者之间的关系，研究结果如下：

1. 情绪劳动与职业紧张的关系

本书结果显示，情绪劳动的两个因素即深层扮演和表层扮演对职业紧张的两个因素即心理紧张和躯体紧张都有着显著的正相关，这表明对高校青年教师的情绪劳动对职业紧张有着显著的正向影响，情绪劳动是导致职业紧张的重要因素。

2. 情绪劳动与过度劳动的关系

通过实证发现，情绪劳动的两个因素即深层扮演和表层扮演对过度劳动有着显著的正相关，这表明高校青年教师情绪劳动越多，过度劳动现象就会越严重。

3. 职业紧张在情绪劳动与过度劳动之间的中介作用

通过中介效应检验，发现职业紧张在情绪劳动与过度劳动之间起部分中介作用，即情绪劳动通过职业紧张导致员工的过度劳动，验证了两者之间的理论模型和研究框架。

4. 组织支持感在情绪劳动与过度劳动之间的调节作用

通过多元层级回归分析，发现组织支持感在情绪劳动的因素之一——表层扮演与过度劳动之间起负向调节作用，即感知到的组织支持感可以减少表层扮演对过度劳动的影响。但是并没有发现组织支持感可以减少深层扮演对过度劳动的影响。为了找到其中原因，在实证分析的基础上对高校25名高校青年教师进行了深度访谈，可以初步了解到以下原因：表层扮演多归因于组织的相关制度，对组织内各种支持感更为敏感，而深层扮演多来源于内在动机，组织各种制度不是其行为的主因，与表层扮演相比，对组织支持感反而显得不是较为敏感，这就从某种程度上证明了组织支持感在深层扮演与过度劳动之间不起调节作用的原因。

（三）工作-生活平衡、组织支持感与过度劳动之间的关系

本书基于高校青年教师员工的视角，实证分析了工作-生活平衡、组织支持感和过度劳动三者之间的关系，研究结论如下：

1. 工作-生活平衡与过度劳动的关系

工作-生活平衡的三个因素即工作-家庭平衡、工作-休假平衡、工作-成长平衡对创新行为都有着显著的负相关，说明如果"90后"青年员工工作-生活平衡程度越高，就越能降低他们的过度劳动。

2. 组织支持感在工作-生活平衡与过度劳动之间的调节作用

组织支持感的因素——工作支持在工作-家庭平衡、工作-成长平衡与过度劳动之间起负向调节作用，组织支持感的因素——价值认同在工作-成长平衡与过度劳动之间起负向调节作用，组织支持感的因素——关心利益在工作-家庭平衡与过度劳动之间起负向调节作用。组织支持感的因素——工作支持在工作-休假与过度劳动之间、价值认同在工作-家庭平衡和工作-休假平衡与过度劳动之间、关心利益在工作-休假平衡和工作成长与过度劳动之间的调节作用并没有得到验证。通过对济南市30名青年教师进行的深度访谈，可以得出以下解释：一方面员工针对家庭、成长和休假三个领域，更希望在家庭与成长方面获得更多来自组织层面的支持，尤其是高校青年教师更关注个人的发展与成长。另一方面在工作与休假方面，我国的员工休假基本上都是按照国家法定节假日来进行的，在现实中很难得到来自组织方面的休假支持，导致员工对组织层面给予的休假支持敏感度不高，而对家庭与成长方面的组织支持就显得较为敏感。

（四）成就需要动机、工作投入、"工作狂"与过度劳动的关系

本书基于高校青年教师的视角，通过对山东省424名高校青年教师的抽样调查，实证分析了成就需要动机、工作投入、"工作狂"与过度劳动之间的关系，研究结果如下：

1. 成就需要动机与工作投入、"工作狂"的关系

本书研究结果显示，成就需要动机对工作投入、"工作狂"都有着显著的正相关关系，这表明对高校青年教师成就需要动机对工作投入、"工作狂"有着显著的正向影响，成就需要动机是导致工作投入、"工作狂"的重要因素。

2. 成就需要动机与过度劳动的关系

通过实证发现，成就需要动机对过度劳动有着显著的正相关关系，这表明高

校青年教师成就需要动机越高，过度劳动现象就会越严重。

3. 工作投入、"工作狂"在成就需要动机与过度劳动之间的中介作用

通过中介效应检验，发现工作投入、"工作狂"在成就需要动机与过度劳动之间起部分中介作用，即成就需要动机通过工作投入、"工作狂"影响员工的过度劳动，验证了两者之间的理论模型和研究框架。

（五）工作压力、情绪衰竭、工作倦怠与过度劳动的关系

本书基于高校青年教师的视角，通过对山东省312名高校青年教师的抽样调查，实证分析了工作压力、情绪衰竭、工作倦怠与过度劳动之间的关系，研究结果如下：

1. 工作压力与工作投入、"工作狂"的关系

本书研究结果显示，工作压力的两个因素即职称评聘压力和工作负荷压力对情绪衰竭、工作倦怠都有着显著的正相关关系，这表明对高校青年教师工作压力对情绪衰竭、工作倦怠有着显著的正向影响，工作压力是导致情绪衰竭、工作倦怠的重要因素。

2. 工作压力与过度劳动的关系

通过实证分析发现，工作压力的两个因素即职称评聘压力和工作负荷压力对过度劳动有着显著的正相关关系，这表明高校青年教师工作压力越大，过度劳动现象就会越严重。

3. 情绪衰竭、工作倦怠在工作压力与过度劳动之间的中介作用

通过中介效应检验发现，情绪衰竭在工作压力与过度劳动之间起部分中介作用、工作倦怠在工作压力与过度劳动之间起完全中介作用，即工作压力通过情绪衰竭、工作倦怠影响员工的过度劳动，验证了两者之间的理论模型和研究框架。

（六）情商、自我效能感与过度劳动的关系

本书研究基于高校青年教师的视角，通过对山东省384名高校青年教师的抽样调查，实证分析了情商、自我效能感与过度劳动之间的关系，研究结果如下：

1. 情商与自我效能感的关系

本书研究结果显示，情商的四个因素即自我情绪评估、他人情绪评估、情绪利用和情绪调节对自我效能感有显著的正相关关系，这表明对高校青年教师情商对自我效能感有着显著的正向影响，情商是影响自我效能感的重要因素。

2. 情商与过度劳动的关系

通过实证分析发现，情商的四个因素即自我情绪评估、他人情绪评估、情绪利用和情绪调节对有显著的过度劳动有着显著的负相关关系，这表明高校青年教师情商对过度劳动有着显著的负向影响，情商越高，过度劳动程度就会越低。

3. 自我效能感在情商与过度劳动之间的中介作用

通过中介效应检验发现，自我效能感在情商的三个因素即自我情绪评估、情绪利用和情绪调节与过度劳动之间起部分中介效应，在情商的因素即他人情绪调节与过度劳动之间起完全中介效应，验证了两者之间的理论模型和研究框架。

二、管理建议

基于以上科研绩效压力、职业紧张、焦虑和过度劳动之间的作用机理和影响路径，启示高校可以从科研绩效压力、职业紧张和焦虑层面入手，来减少教师的过度劳动，促进高校人力资源的可持续利用和发展。

（一）设计合理的科研绩效考核制度，减轻高校青年教师科研绩效压力

由研究结论可知，科研绩效压力对高校青年教师的职业紧张、焦虑以及过度劳动都有着显著的正向影响。所以如果要减少科研过程中的职业紧张、焦虑以及过度劳动，首先应该降低科研绩效压力。由于严格的科研绩效考核制度是导致教师产生巨大科研压力的根本，高校在制定科研考核指标体系时，既看数量，又应该侧重于质量。根据科研研究的周期性长的特点，要适当放宽考核周期，提供相对轻松的科研环境，来减少科研绩效压力，从而来预防职业紧张、焦虑和过度劳动。

高校评价教师的机制，无论从重视程度、舆论导向还是从实际操作上，首先偏重于学术评价，其次是教学评价。学术评价主要体现于论文、科研、专业及学科建设等工作目标的量化考核、评比和职称评定上。学术评价机制源于高等教育改革发展的必然性，也有其促进学术竞争的合理性。但偏于级别和数量的价值指向，则易造成部分教师在内在价值的比较中产生"被评价意识不满足"的心理。因此，学术评价应在重视级别和数量价值指向的同时，有机地加重"学术价值"或"社会价值"等质的要求，当然，这有待于整个高等教育评价机制的进一步完善。至于教学评价，各高校已经倾注了变革、规范、强化的力度，但对教师教学质量评价的公正性、客观性、可操作性上尚有诸多不尽如人意之处，这也是教

师易产生心理失衡的原因。因此，加强探索与实践，进一步完善教学评价机制不仅是提高教学质量的需要，也是调动教师积极性的需要。另一点应提出的是，高校青年教师的能力、水平因人而异，因岗而异，因事而异，科研、教学、学生教育、行政管理、社会服务等各有所长，因此，要重视完善教师的多元化评价体系，注重其相互间操作的协调性，引导、鼓励教师在完成自身本职工作的同时，进行多能化发展并争取取得成就，形成"能够使一切有利于社会进步的创造愿望得到尊重、创造活动得到支持、创造才能得到发挥、创造成果得到肯定的充满活力的工作氛围"。

（二）构建良好组织氛围，减少职业紧张和焦虑

根据实证结果可知，职业紧张和焦虑在科研绩效压力与过度劳动之间起着中介作用，对高校青年教师的职业紧张和焦虑进行有效管理就显得至关重要。营造浓郁的学术氛围和开放包容的文化环境，来有效降低高校青年教师的职业紧张、焦虑情绪。同时，针对高校青年教师群体特征，应积极构建高校健康教育等综合性防治干预系统，加强对高校青年教师的健康管理，并定期对教师进行身心健康疏导，减轻职业紧张强度，增进其身心健康。

基于以上情绪劳动、职业紧张和过度劳动之间的作用机理和影响路径，启示高校可以从教师的情绪劳动和职业紧张层面入手，来减少高校青年教师的过度劳动，促进高校人力资源的可持续健康发展。

（三）强化情绪劳动管理，培养教师情绪管理

根据研究结论，高校青年教师的情绪劳动对职业紧张和过度劳动都有着显著的正向影响，这就启示我们如果要降低高校青年教师的过度劳动，可以从提高教师的情绪劳动管理层面入手，提高教师情绪管理水平。学校可以通过相关培训，培养高校青年教师的情绪管理技巧。例如，可以通过行动学习方法和无领导小组讨论，模拟在教学工作中遇到与情绪相关的各种情景，让教师感知情绪和管理情绪，培养教师情绪管理能力，提高情绪管理技能。

（四）制定相应的管理策略，提高员工的组织支持感

本书验证了组织支持感在情绪劳动与过度劳动之间的负向调节作用，可知可以通过提高组织支持感来降低情绪劳动对过度劳动的影响。可以帮助员工制订计划和高校青年教师导师制等管理策略，通过多种方式和途径帮助教师解决各种心理和行为问题。

（五）企业可以通过制定相关企业制度来提高员工的工作-生活平衡水平

施行弹性工作制和压缩工作周之类有利于工作-生活平衡的制度体制，提高员工适应工作和生活两个角色要求的能力，改善员工的生活质量和减少后顾之忧。

（六）制定相应的管理策略，提高员工的组织支持感

组织可以通过多重方式和途径帮助员工，例如，开展如何平衡工作和生活为主题的讲座或咨询服务，成立专业部门或委托公共机构、提供看护中心信息等多方面的组织支持。

大量研究表明，社会支持对身心健康有着显著影响，如社会支持在一定程度上能预测自杀率、死亡率、心血管疾病的发病率。不同方面的社会支持以及个体是否自觉利用社会支持，对个体的影响迥然不同。通过考察发现，缺乏朋友、配偶和父母支持，遇到烦恼时不懂得利用社会支持的个体，会产生较多的负面情感；得到朋友、邻里、配偶、父母支持并主动参与团体活动的个体能更经常地体验到快乐等正向情感。朋友、配偶、父母的支持以及有效利用社会支持宣泄烦恼和克服困难的能力，是身心健康必不可少的因素，这些因素被称为"保健因素"，它起着"雪中送炭"的作用，缺乏这些因素，个体很容易产生无处宣泄的负向情感，严重影响着身心健康。在获得了"保健因素"的基础上，邻里、同事的支持，对团体的参与和归属感会促进情感向积极方向发展，产生更多的正向情感，使个体体验到快乐感。这种因素称为"发展因素"，它起着"锦上添花"的作用。因此，在建立成年人身保健系统时不可忽视最基本的夫妻、朋友关系及与父母的关系，要为他们开通缓解心理压力的渠道，以排解烦恼等负向感；同时，要增强他们的团体参与意识和对社会支持的利用意识，促进正向情感的增长，使他们获得快乐。正像本书中发现的：处于不良婚姻状态中的高校青年教师表现出了较严重的躯体化状况和焦虑感。

高校青年教师同其他职业人员一样，也是社会上的普通一员，其作为社会人同样肩负着生活的重压。为此，以社会期望、报酬体系、环境支持等因素组成的社会支持系统也是造成高校青年教师心理健康状况不佳的重要因素。

（七）提升运用情绪的能力

心理压力一旦产生，必然伴随着情绪上的焦虑和高度紧张，而高度的紧张情绪又作为一种刺激反馈到人的身上，使人产生更强的压力感。情绪紧张和心理压

力就是这样相互影响、逐步升级、逐步增强的。因此，调整情绪是十分必要的。

1. 认真进行自我分析，及时发现自己的不良情绪

情绪的表现非常复杂，并不是所有的不良情绪我们都能及时觉察，有时，我们会觉得最近一段时间，自己总是不舒服，也没有生病，也不知道是什么事情导致自己出现这种状况，总是闷闷不乐。这就要求我们，关注自己情绪的异动，提高对内心体验做出准确判断的敏感度，及时发现自己的不良情绪，是采取有效措施加以调节与控制的前提。

2. 采取合理的宣泄方式，化解消极情绪

面对压力或产生挫折时，心中淤积的消极情绪会对身心造成极大伤害。因此，采取合理宣泄的方式将其释放出来，是一种自我保健的有效措施。这就像"水库里的水如果太多就会冲垮堤坝的危险，此时为了保证大坝的安全就要通过泄洪道将多余的水释放出去"一样。在宣泄时，注意选择积极的、建设性的方式，所谓"建设性"指的是不会给自身、他人或其他方面造成消极影响和破坏性后果。

3. 进行积极的心理暗示

一是自我激励。用一些富于哲理和感染力的名言警句鼓舞自己，或选择令自己欣赏和佩服的榜样，用他们的勇敢精神激励自己，鼓起战胜消极情绪的勇气。二是转移注意力。通过一些自己感兴趣的活动，将注意力从消极情绪的事件当中转移出来。过于强烈的消极情绪都与当时的情境密切相关，只要善于脱离不利的情境，对于情绪的控制就变得相对容易。三是心理补偿。消极情绪的产生一般都是由于个体某方面的需求没能得到满足，如果说还要一味强求，结果只能使自己的情绪更加糟糕。要能够考虑到"条条大路通罗马"，可以从其他方面的收获得到补偿，求得心理上的平衡。四是合理化法。就是所谓的"精神胜利法"，比如吃亏是福、破财免灾等。这并不是一种积极的应对策略。虽然效果很好，但注意不要滥用，以免形成习惯或定式。

（八）提高员工自我效能感

自我效能感的强度越高，个体越能保持行为的坚定性。自我强度高的个体，在不一致经验的作用下仍能维持其努力程度，而自我效能感低的个体在不一致经验的作用下就比较容易选择放弃。新东方创始人俞敏洪先生有一句很出名的话是这样说的："在绝望中寻找希望，人生终将辉煌！"这也是体现了自我效能感强

度的作用，遇到再困难的境况，经历再多的挫折，只要坚持信念，保持不懈努力，成功终会到来。所以俗话也说"成功的人总是笑到最后的"。对于企业来说，自我效能感强的员工离职率比较低，承受压力的能力也较强，可以胜任烦琐、耗时长、需要长时间努力的工作。自我效能强度的提升与个体在面对挫折、痛苦或其他行为障碍时的坚持性的重复有关。如果个体在遇到困难或挫折时，能够坚持下去，并常常在坚持后得到成功，那么就会积累起比较高的自我效能强度。

（九）正确面对压力，进行积极的自我调节

对于客观存在的压力源，教师要正确面对，因为每个人都有一个压力的承受幅度，只有及时认识自己的压力、正确地分析压力，才能有效地应对压力，压力可以是动力，也可以成为阻力，很大程度上在于教师个体对压力的认识，而这在一定程度上又决定着教师倦怠的程度，因为那些具有较高自我效能感的个体习惯视压力源为积极动力，并不会把它视为重压，相反会激励教师更加努力，因为这是一种乐趣、一种享受，在这个"积极压力地带"能有效应对；而当个体具有较低自我效能时，对压力源的解释更多表现为消极状态，这时就会使教师产生一种负担，甚至是一种厌恶，结果可想而知，身心受到煎熬，必然会出现职业倦怠的症状表现。事实上，本书研究基于工作压力的干预研究中，已清晰地看到，从源头上治理调控工作压力，效果是明显的。压力管理的一个核心问题就是使教师个体承受压力的压力宽带能与个体的个性特征相吻合，从而使教师个体处于一种愉悦、幸福的状态，提升抗压能力，而且这种效应又会产生连锁反应，又会进一步增强教师的自我效能感，形成更强的自信和乐观心理，使教师的心理资本不断提升。正如苏联著名教育实践与理论家苏霍姆林斯基所言，教师"要善于掌握自己，克制自己是一种最必要的能力，它不仅关系到教师的工作成就，而且也关系到自身的健康。不能正确地抑制每时每刻的激动，不能掌控局面，是最能折磨教师心脏、煎熬教师神经系统的事"。

（十）调节自我成就动机期望值

高校青年教师的认知水平决定了其职业态度，在一定程度上影响和决定着其心理健康水平。高校青年教师如何看待自己的职业，对自己职业期望的高低，如何对待工作中出现的冲突和问题，如何面对在工作中所遇到的问题，如何面对在工作中所遇到的挫折与失败……这些认知因素直接决定着高校青年教师的心态，决定着其职业态度。过高的期望值自然就变成了压力和思想负担。如果这些压力得不到及时有效的疏导，很可能会使高校青年教师产生心理问题或心理障碍。克拉克等发现，自我期望值高是压力的最主要来源之一。美国大学教师也认为"强加于自己的高期望值"是主要压力源之一，可见，自我期望值越高，与现实的冲突越激烈，则产生的压力也越大。在调查中，我们也发现，教师常常觉得自己不被重视，在学校是个"打工者"。

（十一）健全健康高效教师保障

高校历来重视教师的身体健康。但是身体健康的概念包含了生理和心理两个方面，相对于学生的心理健康，高校在教师心理健康保障方面显然关注不够、认识不足、缺乏措施。从各类调查结果看，高校青年教师心理健康状况较差，在这种情况下，一旦过重的压力诱发心理疾病，必然会不同程度地带来教书育人工作的负面影响。因而，在高校建立教师心理健康保障体系十分必要。心理健康保障体系的建立，一是重教育重预防，以舆论宣传、专题讲座、知识橱窗等加强知识普及和预防指导；二是建立教师心理健康普查和建档制度，便于预防心理疾患的可能发生和重点关注心理疾患的生活、工作及其治疗；三是建立教师心理咨询和治疗站点，方便教师群体的心理健康活动开展及个体的咨询和治疗。

第二节　研究的局限性及展望

本书研究主要是基于高校青年教师的视角，运用定量研究方法来探索过度劳动的影响因素。一方面，研究对象的范围相对比较狭窄，这就可能对研究结果的普适性带来一定影响。在未来的研究中，还需要扩大样本的数量和范围来进一步验证三者之间的关系，提高研究结果的普适性程度。另一方面，本书研究主要是采用横向研究设计方法，在未来的研究中，还应该强化纵向研究设计，通过纵向比较来发现变量之间关系的动态变化过程和因果关系。

参考文献

一、英文文献

［1］Adams, E., Heath-Camp, B. & Camp, W. G.. Vocational Teacher Stress and the Educational System ［J］. Journal of Vocational Education Research, 1999, 24 (3): 133-144.

［2］Ames, C.. Classrooms: Goals, Structures and Student Motivation ［J］. Journal of Educational Psychological Review, 1988, 95 (2): 256-273.

［3］Arsenault, A. & Dolan, S. L.. The Role of Personality, Occupation and Organization in Understanding between Job Stress, Performance and Absenteeism ［J］. Journal of Occupational Psychology, 1983 (56): 227-240.

［4］Aryee, S., Srinivas, E. S. & Tan, H.. Rhythms of Life: Antecedents and Outcomes of Work-Family Balance in Employed Parents ［J］. Journal of Applied Psychology, 2005, 90 (1): 132-146.

［5］Ausubel, D. P.. Educational Psychology: A Cognitive View ［M］. New York: Holt Rinehart & Wilson, 1977.

［6］Bakker, A. B. & Demerouti, E.. Towards a Model of Work Engagement ［J］. Career Development International, 2008, 13 (3): 209-223.

［7］Bakker, A. B. & Bal, M. P.. Weekly Work Engagement and Performance: A

Study Among Starting Teachers〔J〕. Journal of Occupational and Organizational Psychology, 2010, 83 (1): 189-206.

〔8〕Bakker, A. B. & Demerouti, E.. The Job Demands-resources Model: State of the Art〔J〕. Journal of Managerial Psychology, 2010 (22): 309-328.

〔9〕Baron, R. M. & Kenny, D. A.. The Moderator-mediator Variable Distinction in Social Psychological Research: Conceptual, Strategic, and Statistical Considerations〔J〕. Journal of Personality and Social Psychology, 1986 (51): 1173-1182.

〔10〕Bar-On, R.. Emotional Quotient Inventory: Technical Manual〔M〕. Toronto: Multi-Health Systems Inc., 1997.

〔11〕Bar-On, R.. The Development of a Concept of Psychological Well-being〔D〕. Unpublished Doctoral Dissertation, Rhodes University, South Africa, 1988.

〔12〕Belkic, K. L., Landsbergis, P. A., Schnall, P. L., et al.. Is Job Strain a Major Source of Cardiovascular Disease Risk〔J〕. Scandinavian Journal of Work, Environment and Health, 2004, 30 (2): 85-128.

〔13〕Bhanugopan, R.. An Empirical Investigation of Job Burnout Among Expatriates〔J〕. Personnel Review, 2013, 35 (35): 449-468.

〔14〕Blackburn, R. T., Horowitz, S. M., Edington, D. W., et al.. University Faculty and Administrator Responses to Job Strains〔J〕. Research in Higher Education, 1986 (25): 31-41.

〔15〕Borg, M. G. & Riding, R. J.. Stress in Teaching: A Study of Occupational Stress and Its Determinants, Job Satisfaction and Career Commitment among Primary School Teachers〔J〕. Educational Psychology, 1991 (11): 59-75.

〔16〕Britt, T. W., Bartone, P. T. & Adlera, C.. Deriving Benefits from Stressful Events: The Role of Engagement in Meaningful Work and Hardness〔J〕. Journal of Occupational Health Psychology, 2001, 6 (1): 53-63.

[17] Brown, R. D., Bond, S., Gerndt, J., et al.. Stress on Campus: An Interactional Perspective [J]. Research in Higher Education, 1986 (24): 97-112.

[18] Brummelhuis, L. L. & Bakker, A. B.. Staying Engaged During the Week: The Effect of Off-job Activities on Next Day Work Engagement [J]. Journal of Occupational Health Psychology, 2012, 17 (4): 445-455.

[19] Buelens, M. & Poelmans, S. A. Y.. Enriching the Spence and Robbins' Typology of Workaholism: Demographic, Motivational and Organizational Correlates [J]. Journal of Organizational Change Management, 2004 (17): 440-458.

[20] Burke, R. J. & MacDermid, G.. Are Workaholics Job Satisfied and Successful in Their Careers? [J]. Career Development International, 1999, 4 (5): 277-284.

[21] Burke, R. J., Matthiesen, S. B. & Pallesen, S.. Personality Correlates of Workaolism [J]. Personality and Individual Difference, 2006 (40): 1223-1233.

[22] Burke, R. J., Oberklaid, F. & Burgess, Z.. Workaholism Among Australian Women Psychologists: Antecedents and Consequences [J]. Women in Management Review, 2004, 19 (5): 252-259.

[23] Burke, R. J.. Workaholism among Women Managers: Personal and Workplace Correlates [J]. Journal of Managerial Psychology, 2000, 15 (6): 520-534.

[24] Burke, R. J.. Workaholism in Organizations: Measurement Validation and Replication [J]. International Journal of Stress Management, 1999 (6): 45-55.

[25] Burke, R. J.. Workaholism in Organizations: Psychological and Physical Welbeing Consequences [J]. Stress Medicine, 2000, 16 (1): 11-16.

[26] Burke, R. J.. Workaholism in Organizations: The Role of Organizational Values [J]. Personnel Review, 2001 (30): 637-645.

[27] Carlson, D. S. & Perrewe, P. L.. The Role of Social Support in the Stres-

sor−Strain Relationship: An Examination of Work−Family Conflict ［J］. Journal of Management, 1999 (25): 513−540.

［28］ Carlson, D. S. , Witt, L. A. , Zivnuska, S. , et al. . Supervisor Appraisal as the Link Between Family−Work Balance and Contextual Performance ［J］. Journal of Business & Psychology, 2008. 23 (1): 37−49.

［29］ Carlson, S. D. & Frone, R. M. . Relation of Behavioral and Psychological Involvement to a New Four−Factor Conceptualization of Work−Family Interference ［J］. Journal of Business and Psychology, 2003, 17 (4): 515−535.

［30］ Cherniss, C. . Staff Burnout−Job Stress in the Human Service ［M］. California: Sage Publieation, 1980.

［31］ Clark, L. A. , Livesley, W. J. , Schroeder, M. L. , et al. . Convergence of Two Systems for Assessing Specific Traits of Personality Disorder ［J］. Psychological Assessment, 1996 (8): 294−303.

［32］ Clark, L. A. , McEwen, J. L. , Collard, L. M. , et al. . Symptoms and Traits of Personality Disorder: Two New Methods in Their Assessment ［J］. Psychological Assessment, 1993 (5): 81−91.

［33］ Clark, S. C. . Work Cultures and Work/Family Balance ［J］. Journal of Vocational Behavior, 2001 (58): 348−365.

［34］ Clark, S. C. . Work/Family Border Theory: A New Theory of Work/Life Balance ［J］. Human Relations, 2000, 53 (6): 747−770.

［35］ Coleman, D. , Boyatzis, R. & Mc Kee, A. . Primal Leadership: Realizing the Power of Emotional Intelligence ［M］. Boston: Harvard Business School Press, 2002.

［36］ Coleman, D. . What Makes a Leader? ［J］. Harvard Business Review, 1998 (76) : 92−102.

［37］ Cooper, C. L. & Marshall, J.. Understanding Executive Stress ［M］. London: Macmillan Press, 1978.

［38］ Crouter, A. C., Bumpus, M. F., Maguire, M. C., et al.. Linking Parents, Work Pressure and Adolescents' Well-being: Insights into Dynamics in Dual-earner Families ［J］. Developmental Psychology, 1999, 35 (6): 1453-1461.

［39］ De Bacquerd, D., Pelfrenee, E., Clayse, E., et al.. Perceived Job Stress and Incidence of Coronary Events: 3-year Follow-up of the Belgian Job Stress Project Cohort ［J］. American Journal of Epidemiology, 2005, 161 (5): 434-441.

［40］ Demerouti, E., Bakker, A., Nahreiner, F., et al. The Job Demands-resouces Model of Bumout ［J］. Journal of Applied Psychology, 2001, 86 (3): 499-512.

［41］ Diefendorff, J. M. & Gosserand, R. H.. Understanding the Emotional Laborprocess: A Control Theory Perspective ［J］. Organizational Behavior, 2003 (24): 945-959.

［42］ Diefendorff, J. M., Croyle M. H. & Gosserand, R. H.. The Dimensionality and Antecedents of Emotional Labor Strategies ［J］. Journal of Vocational Behavior, 2005 (66): 339-357.

［43］ Douglas, E. J. & Morris, R.. Workaholic, or Just Hard Worker? ［J］. Career Development International, 2006, 11 (5): 394-417.

［44］ Dweck, C. S. & Elliot, E. S.. Achievement Motivation ［M］//Mussen, P. H. & Hetherington, E. M.. Handbook of Child Psychology: Socialization Personality Development New York: John Wiley & Sons, 1983: 643-691.

［45］ Edward W.. Multidimensionality of Achievement Motivation among Employed Adults ［J］. Journal of Social Psychology, 1997, 137 (4): 24-45.

［46］ Elliot, A. J.. Approach and Avoidance Motivation and Achievement Goals

[J] . Educational Psychologist, 1999, 34 (3): 169-189.

[47] Eysenck, H. J.. Addiction, Personality and Motivation [J] . Human Psy-chopharmacology-clinical and Experimental, 1997 (12): 79-87.

[48] Fischbach, A.. Determinants of Emotion Work [D] . Frankfurt University, Doctoral Dissertation, 2003.

[49] Flowers, C. P. & Robinson, B.. A Structural and Discriminate Analysis of the Work Addiction Risk Test [J] . Educational and Psychological Measurement, 2002 (62): 517-526.

[50] French, E. G.. Motivation as a Variable in Work Partner Selection [J] . Journal of Abnormal and Social Psychology, 1956 (55): 96-99.

[51] Freudenberger, H. J. & North, G.. Women's Burnout [M] . Garden City, New York: Doubleday, 1985.

[52] Frone, M. R. & Yardley, J. K.. Workplace Family-supportive Programmes: Predictors of Employed Parents' Importance Ratings [J] . Journal of Occupational and Organizational Psychology, 1996 (12): 353-354.

[53] Gaines, J. & Jermier, J. M. Emotional Exhaustion in a High Stress Organization [J] . Academy of Management Journal, 1983, 26 (4): 567-586.

[54] Galperin, B. L. & Burke, R. J.. Uncovering the Relationship Between Workaholism and Workplace Destructive and Constructive Deviance: An Exploratory Study [J] . Journal of Human Resource Management, 2006, 17 (2): 331-347.

[55] Giancarlo, C., Roberto, S., Marco, F., et al.. Job Strain and Blood Pressure in Employed Men and Women: A Pooled Analysis of Four Northern Italian Population Samples [J] . Psychosom Med, 2003, 65 (4): 558-563.

[56] Gillespie, N. A., Walsh, M., Winefield, A. H., et al.. Occupational Stress in Universities: Staff Perceptions of the Causes, Consequences and Moderators

of Stress［J］. Work and Stress, 2001, 15（1）: 53-72.

［57］Goerdeler, K. J., Wegge, J., Schrod, N., et al.. "Yuck, That's Disgusting!" -"No, Not to Me!": Antecedents of Disgust in Geriatric Care and Its Relation to Emotional Exhaustion and Intention to Leave［J］. Motivation & Emotion, 2014, 39（2）: 247-259.

［58］Goleman, D.. Emotional Intelligence［M］. New York: Bantam Books, 1995.

［59］Grandey, A.. Emotional Labor: A Concept and Its Correlates［R］. Paper Presented at the First Conference of Emotions in Organizational Life, San Diego, CA, 1998.

［60］Grandey, A.. Emotion Regulation in the Workplace: A New Way to Conceptualize Emotional Labor［J］. Journal of Occupational Health Psychology, 2000, 5（1）: 95-110.

［61］Greenhaus, J. H., Parasuraman, S. & Collins, K. M.. Career Involvement and Family Involvement as Moderators of Relationships between Work-Family Conflict and Withdrawal from a Profession［J］. Journal of Occupational Health Psychology, 2001, 6（2）: 91-100.

［62］Greenhaus, H. J. & Powell, N. G.. When Work and Family Collide: Deciding between Competing Role Demands［J］. Organizational Behavior and Human Decision Processes, 2003, 90（2）: 291-303.

［63］Greenhaus, J. H. & Beutell, N. J.. Sources of and Conflict Family Between Work and Family Roles［J］. The Academy of Management Review, 1985（10）: 76-88.

［64］Grzywacz, J. G. & Marks, N. F.. Recanceptualizing the Work-Family Interface: An Ecological Perspective on the Correlates of Positive and Negative Spillover

Between Work and Family [J] . Journal of Occupational Health Psychology, 2000 (5): 111-126.

[65] Hackman, J. R.. Tasks and Task Performance in Research on Stress [C] //McCrrath, J. E. (Ed.) . Social and Psychological Factors in Stress. New York: Holt Rinehart & Winston, 1970.

[66] Hackman, J. R.. Toward Understanding the Role of Tasks in Behavioral Research [J] . Acta Psychologica, 1969 (31): 97-128.

[67] Haines, V. Y. & Saba, T.. Challenges to Professional Identities and Emotional Exhaustion [J] . Career Development International, 2012, 17 (2): 120-136.

[68] Hanson, G. C. , Hammer, L. B. & Colton, C. L.. Development and Validation of a Multidimensional Scale of Perceived Work-Family Positive Spillover [J] . Journal of Occupational Health Psychology, 2006, 11 (3): 249-265.

[69] Harpaz, I. & Snir, R.. Workaholism: Its Definition and Nature [J] . Human Relations, 2003, 56 (3): 291-319.

[70] Helmreich, R. L. & Spence, J. T.. The Work and Family Orientation Questionnaire: An Objective Instrument to Assess Components of Achievement Motivation and Attitudes Toward Family and Career [J] . JSAS Catalog of Selected Document in Psychology, 1974, 8 (2): 35-40.

[71] Hill, E. J. , Hawkins, A. J. , Ferris, M. , et al.. Finding an Extra Day a Week: The Positive Influence of Perceived Job Flexibility on Work and Family Life Balance [J] . Family Relations, 2001, 50 (1): 49-58.

[72] Hochschild, A. R.. Emotion Work, Feeling Rules, and Social Structure [J] . American Journal of Sociology, 1979, 85 (3): 551-575.

[73] Holohan, C. K. & Gilbert, L. A.. Conflict Between Major Life Roles: Women and Men in Dual Career Couples [J] . Human Relations, 1979 (326):

451-467.

［74］Hu, S., Wang, J. N., Liu, L., et al.. The Association Between Work-related Characteristic and Job Burnout among Chinese Correctional Officers: A Cross-sectional Survey ［J］. Public Health, 2015, 129 (9): 1172-1178.

［75］Irving, P. G. & Coleman, D. F.. The Moderating Effect of Different Forms of Commitment on Role Ambiguity-Job Tension Reations ［J］. Canadian Journal of Administrative Science, 2003, 20 (2): 97-106.

［76］Judge, T. A., Woolf, E. F. & Hurst, C.. Is Emotional Labor More Difficult for Some Than for Others? A Multilevel, Experience-Sampling Study ［J］. Peronnel Psuchlolgy, 2009 (2): 57-88.

［77］Kahn, R. L., Wolfe, D. M., Quinn, R., et al.. Organizational Stress: Studies in Role Conflict and Ambiguity ［M］. New York: John & Wiley Sons, 1964: 144.

［78］Kahn, W. A.. Psychological Conditions of Personal Engagement and Disengagement at Work ［J］. Academy of Management Journal, 1990, 33 (4): 692-724.

［79］Kanai, A. & Wakabayashi, M.. Effects of Economic Environmental Changes on Job Demands and Workaholism in Japan ［J］. Journal of Organizational Change Management, 2004 (17): 537-548.

［80］Kanai, A. & Wakabayashi, M.. Workaholism among Japanese Blue-collar Employees ［J］. International Journal of Stress Management, 2001 (8): 129-145.

［81］Karasek, R. A.. Job Demands, Job Decision Latitude, and Mental Strain: Implications for Job Redesign ［J］. Administrative Science Quarterly, 1979, 24 (2): 285-308.

［82］Kouvonen, A., Toppinen-Tanner, S., Kivisto, M., et al.. Job Characteristics and Burnout among Aging Professionals in Information and Communications Technology ［J］. Psychological Reports, 2005, 97 (2): 505-514.

［83］ Kruml, S. M. & Geddes, D.. Exploring the Dimensions of Emotional Labor ［J］. Management Communication Quarterly, 2000, 14 (1): 8-49.

［84］ Kubota, K., Shimazu, A., Kawakami, N., et al.. Association Between Workaholism and Sleeping Problems among Hospital Nurses ［J］. Industrial Health, 2010, 48 (6): 864-871.

［85］ Kyriacou, C. & Sutcliffe, J.. A Model of Teacher Stress ［J］. Educational Studies, 1978 (4): 1-6.

［86］ Kyriacou, C.. Teacher Stress: Directions for Future Research ［J］. Educational Review, 2001 (53): 27-35.

［87］ Leiter, M. P.. Coping Patterns are Predictors of Burnout: The Function of Control and Escapist Coping Patterns ［J］. Journal of Organizational Behaviour, 1991 (12): 123-144.

［88］ Lewin, K.. Pyschology of Success and Failure ［J］. Occupations: The Vocational Guidance Journal, 1936, 14 (9): 926-930.

［89］ Linda, E. D. & Christopher, A. H.. Gender Difference in Work - Family Conflict ［J］. Journal of Applied Psychology, 1991, 76 (1): 60-73.

［90］ Litwin, G. & Stringer, R.. Motivation and Organizational Climate ［M］. Boston, MA: Harvard Business School Press, 1968.

［91］ Liu, Y. M., Perrewe, P. L., Hochwarter, W. A., et al.. Dispositional Antecedents and Consequences of Emotional Labor at Work ［J］. Journal of Leadership & Organizational Studies, 2004, 10 (4): 12-25.

［92］ Maslach, C. & Goldberg, J.. Prevention of Burnout: New Perspectives ［J］. Applied & Prevention Psychology, 1998 (7): 63-74.

［93］ Maslach, C. & Jackson, S. E.. The Measurement of Experienced Burnout ［J］. Journal of Occupational Behaviour, 1981, 2 (2): 99-113.

［94］Maslach, C. & Leiter, M. P.. The Truth about Burnout (3rd ed.)［M］. San Francisco, CA: Jossey-Bass, 1997.

［95］Maslach, C. , Schaufeli, W. B. & Leiter, M. P.. Job Burnout［J］. Annual Review of Psychology, 2001, 52 (1): 397-422.

［96］Mayer, P. & Salovey, P.. "What is Emotional Intelligence?" Emotional Development and Emotional Intelligence: Implications for Education［M］. Basic Books, 2006: 3-31.

［97］McClelland, D. C.. Human Motivation［M］. Glenview: Scott, Foresman & Co. , 1985.

［98］McMillan, L. H. W. , Brady, E. C. , O' Driscoll, M. P. , et al.. A-multifaceted Validation Study of Spence and Robbins' Workaholism Battery［J］. Journal of Occupational and Organizational Psychology, 2002, 75 (3): 357-368.

［99］McMillan, L. H. W. , O' Driscoll, M. P. & Brady, E. C.. The Impact of Workaholism on Personal Relationship［J］. British Journal of Guidance and Counseling, 2004 (32): 171-186.

［100］McMillan, L. H. W. , O' Driscoll, M. P. , Marsh, N. V. , et al.. Understanding Workaholism: Data Synthesis, Theoretical Critique, and Future Design Strategies［J］. International Journal of Stress Management, 2001, 8 (2): 69-91.

［101］Moore, J. E.. One Road to Turnover: An Examination of Work Exhaustion in Technology Professionals［J］. Mis Quarterly, 2000, 24 (1): 141-168.

［102］Morris, J. A. & Feldman, D. C.. Managing Emotions in the Workplace［J］. Journal of Managerial Issues, 1997, 9 (3): 257-274.

［103］Morris, J. A. & Feldman, D. C.. The Dimensions, Antecedents, and Consequences of Emotional Labor［J］. Academy of Management Review, 1996, 21 (4): 986.

[104] Mudrack, P. E. & Naughton, T. J.. The Assessment of Workaholism as Behavioral Tendencies: Scale Development and Preliminary Empirical Testing [J]. International Journal of Stress Management, 2001, 8 (2): 93-111.

[105] Mudrack, P. E.. Job Involvement, Obsessive Compulsive Personality Traits, and Workaholic Behavioral Tendencies [J]. Journal of Organizational Change Management, 2004 (17): 490-508.

[106] Murray, H. A.. Explorations in Personality [M]. New York: Ford University Press, 1938.

[107] Oates, W.. Confessions of a Workaholic: The Facts about Work Addiction [C] //Scott, K. S., Moore, K. S. & Miceli, M. P.. An Exploration of the Meaning and Consequences of Workaholism. Human Relations, 1997 (50): 287-314.

[108] Parasuraman, S. & Simmers, C.. Type of Employment, Work-family Conflict and Well-being: A Comparative Study [J]. Journal of Organizational Behavior, 2001 (22): 551-568.

[109] Pines, A. & Aronson, E.. Career Burnout: Causes and Cures [M]. New York: Free Press, 1988.

[110] Pines, A., Aronson, E. & Kafry, D.. Burnout: From Tedium to Personal Growth [M]. New York: The Free Press, 1981.

[111] Porter, G.. Workaholic Tendencies and the High Potential for Stress among Coworkers [J]. International Journal of Stress Management, 2001 (8): 147-164.

[112] Prem, R., Ohly, S., Kubicek, B., et al.. Thriving on Challenge Stressors? Exploring Time Pressure and Learning Demands as Antecedents of Thriving at Work [J]. Journal of Organizational Behavior, 2017, 38 (1): 108-123.

[113] Pugliesi, K. L.. The Consequences of Emotional Labor: Effects on Work

Stress, Job Satisfaction, and Weil – Being [J]. Motivation and Emotion, 1999 (2): 150-160.

[114] Reis, D., Hoppe, A., Arndt, C., et al.. Time Pressure with State Vigour and State Absorption: Are They Non-linearly Related? [J]. European Journal of Work and Organizational Psychology, 2017, 26 (1): 94-106.

[115] Richard, G. J. & Krieshok, T. S.. Occupational Stress, Strain, and Coping in University Faculty [J]. Journal of Vocational Behavior, 1989 (34): 117- 132.

[116] Robinson, B. E. & Kelley, L.. Adult Children of Workaholics: Self-concept, Anxiety, Depression, and Locus of Control [J]. The American Journal of Family, 2007 (6): 223-238.

[117] Robinson, B. E., Carroll, J. J. & Flowers, C.. Marital Estrangement, Positive Affect and Locus of Control among Spouses of Workaholics and Spouses of Non-workaholics: A National Study [J]. American Journal of Family Therapy, 2001 (29): 397-410.

[118] Robinson, B. E., Flowers, C. & Carroll, J. J.. Work Stress and Marriage: A Theoretical Model Examining the Relationship Between Workaholism and Marital Cohesion [J]. International Journal of Stress Management, 2001 (8): 165- 175.

[119] Robinson, B. E., Flowers, C. & Kok-Mun, N.. The Relationship Between Workaholism and Marital Disaffection: Husbands' Perspective [J]. The Family Journal, 2006 (14): 213-220.

[120] Robinson, B. E.. Chained to the Desk: A Guidebook for Workaholics, Their Partners and Children and the Clinicians Whotreat Them [C] //Robinson, B. E.. A Typology of Workaholics with Implications for Counselor. Journal of Addictions

and Offender Counseling, 2000 (21): 34-48.

[121] Rolly, M.. The Meaning of Anxiety [M]. New York: Ronald Press: 19-50.

[122] Roskies, E. & Lazarus, R. S.. Coping Theory and the Teaching of Coping Skills [C] //Davidson, P. O. & Davidson, F. M. (Eds.). Behavioral Medicine: Changing Health and Life Style New York: Brunner/Marzel, 1980.

[123] Russo, J. A. & Waters, L. E.. Workaholic Worker Type Differences in Work-Family Conflict: The Moderating Role of Supervisor Support and Flexible Work Scheduling [J]. Career Development International, 2006, 11 (5): 418-439.

[124] Salovey, P. & Mayer, J. D.. Emotional Intelligence [J]. Imagination, Cognition & Personality, 1990 (9): 185-211.

[125] Salovey, P. & Mayer, J. D.. Imagination, Cognition, and Personality [J]. Emotional Intelligencce, 1990, 9 (3): 185-211.

[126] Salzstein, A. L., Ting, Y. & Salzstein, G. H.. Work-Family Balance and Job Satisfaction: The Impact of Family-friendly Policies on Attitudes of Federal Government Employees [J]. Public Administration Review, 2001 (61): 452-467.

[127] Sauter, S. L.. Occupational Health Psychology: An Emerging Discipline [J]. Health, 1999, 37 (2): 199-211.

[128] Schaubroeck, J. & Jones, J. R.. Antecedents of Workplace Emotional Labor Dimensions and Moderators of Their Effects on Physical Symptoms [J]. Journal of Organizational Behavior, 2000 (21): 163-183.

[129] Schaufeli, W. B., Salanova, M., González-Romá, V., et al.. The Measurement of Engagement and Burnout: A Two Sample Confirmatory Factor Analytic Approach [J]. Journal of Happiness Studies, 2002, 3 (1): 71-92.

[130] Schaufeli, W. B., Taris, T. W. & Rhenen, W. V.. Workaholism, Burn-

out，and Work Engagement：Three of Kind or Three Different Kinds of Employee Welbeing？［J］. Applied Psychology，2008，57（2）：173-203.

　　［131］Schnall，P. A.. Social Epidemiologic Approach to the Workplace and Cardiovascular Disease［R］. Job Stress Network，2004.

　　［132］Sharp，T. P.. Job Satisfaction among Psychiatric Registered Nurse in New England［J］. Journal of Psychiatric and Mental Health Nursing，2008，15（5）：374-378.

　　［133］Shirom，A.. Burnout in Work Organizations［M］//Cooper，C. L. & Robertson，L.（Eds.）. International Review of Industrial-Organizational Psychology. New York：Wiley，1989.

　　［134］Snir，R. & Harpaz，I.. The Workaholism Phenomenon：A Cross-national Perspective［J］. Career Development International，2006，11（5）：374-393.

　　［135］Sonnentag，S.. Recovery，Work Enagement，and Proactive Behavior：A New Look at the Interface Between Non-work and Work［J］. Journal of Applied Psychology，2003，88（3）：518-528.

　　［136］Spence，J. T. & Robbins，A. S.. Workaholism：Definition，Measurement，and Preliminary Results［J］. Journal of Personality Assessment，1992（58）：160-178.

　　［137］Spielberger，C. D.. Anxiety：State-Trait-Process［M］//Spielberger，C. D. & Sarason，I. G.（Eds.）. Stress and Anxiety. New York：Hemisphere，1975.

　　［138］Stamfelds，S. & Candy，B.. Psychosocial Work Environment and Mental Health—A Meta-analytic Review［J］. Scandinavian Journal of Work，Environment and Health，2006，32（6）：443-462.

　　［139］Stanislav，V. K. Stress and Health［J］. Annual Review Public Health，1984（5）：319-341.

[140] Strauss, A., Farahaugh, S., Suczek, B., et al.. Sentimental Work: A Contribution to Industrial and Occupational Sociology [J]. Work Psychology and Organizational Behavior, 1980 (32): 629-651.

[141] Sutton, G. W. & Huberty, T. J.. An Evaluation of Teacher Stress and Job Satisfaction [J]. Education, 1984 (105): 189-192.

[142] Taris, T. W., Schaufeli, W. B. & Verhoeven, L. C.. Workaholism in the Netherlands: Measurement and Implications for Job Strain and Worknonwork Conflict [J]. Applied Psychology an International Review, 2005, 54 (1): 37-60.

[143] Thomas, L. T. & Ganster, D. C.. Impact of Family-Supportive Work Variables on Work-Family Conflict and Strain: A Control Perspective [J]. Journal of Applied Psychology, 1995, 80 (1): 6-15.

[144] Thorndike, E. L.. Intelligence and Its Uses [R]. Harpers Magazine, 1919.

[145] Toerien, M. & Kitzinger, C.. Emotional Labour in Action: Navigating Multiple Involvements in the Beauty Salon [J]. Sociology, 2003 (1): 99-118.

[146] Viotti, S., Converso, D. & Loera, B.. Job Satisfaction, Job Burnout and Their Relationships with Work and Patients Characteristics: A Comparison Between Intensive Care Units (ICU) and Not-intensive Care Units (not-ICU) [J]. Giornale Italiano Di Medicina Del Lavoro Ed Ergonomia, 2012 (34): 52-60.

[147] Vodanovich, S. J., Piotrowski, C. & Wallace, C.. The Relationship Between Workaholism and Health: A Report of Negative Findings [J]. Organization Development Journal, 2007, 25 (1): 70-75.

[148] Wagner, L. I., Jason, L. A. & Ferrari, J. R.. Chronic Fatigue Syndrome, Chronic Fatigue, and Psychiatric Disorders: Predictors of Functional Status in a National Nursing Sample [J]. Journal of Occupational Health Psychology, 1999, 4 (1): 63-71.

［149］Wang, J., Wang, B. & Zhang, F.. The Effects of Emotional Display Rules on Emotion Exhaustion: The Mediating Role of Emotional Labor and the Moderating Role of Commitment ［R］. Psychology Techniques & Applications, 2016.

［150］Wiley, D. L.. The Relationship Between Work-nonwork Role Conflict and Job-related Outcomes: Some Unanticipated Findings ［J］. Journal of Management: Official Journal of the Southern Management Association, 1987, 13 (3): 467-472.

［151］Xanthopoulou, D., Bakker, A. B., Demerouti, E., et al.. Reciprocal Relationships Between Job Resources, Personal Resources, and Work Engagement ［J］. Journal of Vocational Behavior, 2009, 74 (3): 235-244.

［152］Yu, S. F., Zhou, W. H., Jiang, K. Y., et al.. Job Stress, Gene Polymorphism of Beta2-AR, and Pervalence of Hypertension ［J］. Biomedical and Environmental Sciences, 2008, 21 (3): 239-246.

［153］Zapf, D.. Emotion Work and Psychological Well-being: A Review of the Literature and Some Conceptual Considerations ［J］. Human Resources Management Review, 2002 (12): 237-268.

二、中文文献

［1］罗伯特·斯莱文. 教育心理学理论与实践 ［M］. 姚美林, 译. 北京: 人民邮电出版社, 2004.

［2］Beck R, Harter J. 好的管理者为何如此稀少? ［J］. 中国人力资源开发, 2014 (8): 9.

［3］白玉苓. 工作压力与工作倦怠关系研究 ［J］. 北京工商大学学报 (社会科学版), 2010, 5 (3): 79-80.

［4］毕琳琳. 职业女性工作压力、社会支持与工作满意度的关系研究 ［D］. 桂林: 广西师范大学硕士学位论文, 2012.

［5］伯纳德·韦纳. 动机和情绪的归因理论 ［M］. 林钟敏, 译. 福州: 福

建教育出版社，1989：24-25.

［6］薄萌．透析"过劳"的背后［J］．科学教育家，2008（6）：97-98.

［7］曹济川．电子商务企业客服人员离职倾向研究——基于情绪智力及工作倦怠视角［D］．长春：吉林财经大学硕士学位论文，2016.

［8］常彦梅．大学生焦虑情绪及其影响因素研究［D］．大庆：大庆石油学院硕士学位论文，2008.

［9］陈功建．情绪智力与离职倾向的关系研究［D］．威海：山东大学（威海分校）硕士学位论文，2012.

［10］陈海芳．高校青年教师生存状态调查研究［D］．贵阳：贵州师范大学硕士学位论文，2016.

［11］陈京水．企业基层员工情绪智力的内容结构及其相关研究［D］．广州：暨南大学硕士学位论文，2013.

［12］陈力．职业应激的研究现状与展望［Z］．中华医学会第八次全国行为医学会议，2006.

［13］陈乃溦．解读工作狂、敬业员工和倦怠员工的工作动机——基于自我决定理论的视角［J］．经管空间，2013（5）：46-47.

［14］陈妮．双职工工作不安全感对情绪衰竭的影响机制研究［D］．泉州：华侨大学硕士学位论文，2017.

［15］陈瑞君，秦启文．情绪劳动与抑郁及焦虑的关系：情绪耗竭的中介作用［J］．心理科学，2011，34（3）：676-679.

［16］陈术坤，单永乐，张放．职业紧张研究现状［J］．中国辐射卫生，2012，21（1）：114-116.

［17］陈夏芳．情绪劳动对工作倦怠的影响JDCS模式研究［D］．杭州：浙江大学硕士学位论文，2006.

［18］程延园，郭钟泽．工作投入在工作自主性与工作绩效之间的中介作用：来自经验取样法的证据［J］．中国人力资源开发，2015（19）：56-63.

［19］崔凯．家庭教养方式对大学生成就动机及主观幸福感的影响［D］．郑州：郑州大学硕士学位论文，2007.

［20］戴俊明，傅华．职业紧张评估方法研究进展［J］．环境与职业医学，2006，23（3）：

［21］戴晓辉．基于绩效考核的过度劳动问题研究［D］．北京：北京物资学院硕士学位论文，2014.

［22］党彩萍．焦虑研究述评［J］．西北师大学报（社会科学版），2005，42（4）：99-105.

［23］狄瑶．工作家庭平衡与情绪智力、工作生活满意度之间的关系［D］．南京：南京师范大学硕士学位论文，2014.

［24］丁越兰，王莉．基于情绪智力视角的员工创新行为研究综述［J］．现代经济信息，2012（2）：46-47.

［25］董巍．教师的成就动机与心理健康关系的实证研究［J］．当代教育科学，2005（15）：46-47.

［26］段锦云，田晓明，王先辉．情绪智力对员工创造力的影响［J］．科研管理，2013，34（8）：106-114.

［27］范琳波，李健，尚莉，等．高校青年教师社会心理因素与健康的关系［J］．中国工业医学杂志，2009，6（22）：422-425.

［28］范琳波，李健，王晓萍，等．高校教职工职业紧张与血脂的关系［J］．中华心血管病杂志，2009，37（5）：454-457.

［29］范琳波，李健，张恒，等．高校教工职业紧张与睡眠时间关系的研究［J］．昆明医学院学报，2009（8）：90-93.

［30］范琳波，刘萍，尚莉，等．1244名高校教职工职业紧张与血压的关系［J］．环境与职业医学，2009，26（4）：345-348.

［31］房祥翠．家电行业营销人员工作-家庭平衡研究［D］．扬州：扬州大学硕士学位论文，2012.

［32］房颖．企业中层管理者的工作-家庭冲突与工作满意度的关系研究［D］．西安：西北大学硕士学位论文，

［33］冯建新，戴雅玲．大学生焦虑状况及原因调查［J］．西北大学学报（哲学社会科学版），2002，32（3）：99-102.

［34］冯起升．企业青年员工工作压力、组织支持与工作绩效的关系研究［D］．成都：西南财经大学硕士学位论文，2013.

［35］冯祥斌，周红金．大学生成就动机现状及其强化［J］．当代经理人，2006（14）：123-124.

［36］付立晶，金恒善，焦鹏涛，等．乳腺病普查结果分析［J］．中国妇幼保健，2007，22（15）：2055-2056.

［37］付煜．家庭支持型主管行为对组织氛围的影响及其机制［D］．武汉：华中师范大学硕士学位论文，2017.

［38］甘元霞．知识型员工工作压力、自我效能感及离职倾向关系研究［D］．成都：西南财经大学硕士学位论文，2014.

［39］高申春．论自我效能感的主体作用机制［J］．外国教育研究，1998（6）：1-5.

［40］葛曼曼．情绪智力对管理绩效的影响［D］．合肥：中国科学技术大学硕士学位论文，2017.

［41］耿昕．领导授权赋能行为对员工创新行为的影响研究［D］．上海：上海交通大学硕士学位论文，2011.

［42］龚素芳．领导与下属情绪智力对不当督导及工作压力的作用机制［J］．华东经济管理，2014，28（10）：120-127.

［43］顾源．工作狂对生活满意度的影响——工作家庭关系的双路径模型［D］．杭州：浙江大学硕士学位论文，2016.

［44］顾远东．工作压力如何影响员工离职？——基于 Maslach 职业倦怠模型的实证研究［J］．经济管理，2010（10）：88-93.

[45] 关力. 麦克利兰和阿特金森及其成就需要理论 [J]. 管理现代化, 1988 (3): 48-49.

[46] 管连荣. 日本疲劳心理学研究概况 [J]. 心理学动态, 1983 (4): 10-13.

[47] 郭钟泽, 谢宝国, 程延园. 发展机会、乐观和工作投入: 任务责任心的调节作用 [J]. 心理科学, 2014, 40 (1): 160-167.

[48] 郭钟泽, 谢宝国, 程延园. 昨天的积极体验影响今天的工作投入吗? —— 一项经验取样的日记研究 [J]. 管理评论, 2017, 31 (1): 171-182.

[49] 韩孝盼. 如何缓解情绪劳动引起的情绪耗竭: 基于工作家庭关系的视角 [D]. 武汉: 华中师范大学硕士学位论文, 2016.

[50] 贺琼. 浅谈从满足人需要的角度设计薪酬 [J]. 企业家天地下半月刊 (理论版), 2007 (11): 67-68.

[51] D. 赫尔雷格尔, J. W. 斯洛克姆, R. W. 伍德曼. 组织行为学 (第九版) [M]. 俞文钊, 等, 译. 上海: 华东师范大学出版社, 2001: 215-234.

[52] 胡姝, 孟令一, 马磊, 等. 监狱干警职业紧张、抑郁症状与组织支持感的相互作用 [J]. 中国卫生统计, 2012, 29 (1): 155.

[53] 黄河. 从劳动时间论员工"过劳"现象及其防止 [J]. 中国人力资源开发, 2010 (9): 17-22.

[54] 黄敏儿, 戴健林. 情绪智力: 促进心理健康的能力 [J]. 心理学动态, 1997 (3): 58-63.

[55] 黄世伍. 农村教师工作家庭平衡的实证研究 [D]. 贵阳: 贵州师范大学硕士学位论文, 2016.

[56] 黄希庭. 人格心理学 [M]. 台北: 台湾东华书局, 1998: 129.

[57] 黄辛隐, 辻野顺子, 乾原正. 关于中国、日本大学生焦虑的一项研究 [J]. 心理科学, 1999 (5): 467-468.

[58] 黄逸群. 创业女性工作家庭平衡及其对绩效影响机制研究 [D]. 杭

州：浙江大学博士学位论文，2007.

［59］冀晓丽，谭卫国，刘继文．放射工作者职业紧张与工作能力关系的研究［J］．新疆医科大学学报，2010，33（9）：1052-1055.

［60］贾方方．职业女性时间管理、工作-家庭冲突与工作压力的关系［D］．开封：河南大学硕士学位论文，2008.

［61］贾树艳，刘岳．A 型性格与工作焦虑及自我效能感的相关研究［J］．校园心理，2010，8（6）：395-396.

［62］蒋奖，许燕，林丹瑚．医护人员工作倦怠与 A 型人格、控制点的关系研究［J］．心理科学，2004，27（2）：364-366.

［63］蒋奖，许燕，张西超．银行职员职业倦怠状况及其与压力水平的关系［J］．中国临床心理学杂志，2004，12（2）：178-180.

［64］蒋立新，张世英，黄先青，等．医师职业紧张和紧张反应的研究［J］．环境与职业医学，2006，23（2）：133-136.

［65］焦乐．职业女性工作压力与工作绩效关系研究［D］．石家庄：河北经贸大学硕士学位论文，2015.

［66］金一波，陈光旭．社会支持对高校青年教师压力与焦虑的调节［J］．宁波大学学报，2014，36（4）：12-15.

［67］景安磊，王羽佳，张飞．高校青年教师职业紧张和影响因素分析——基于山西高校青年教师的实证研究［J］．教师教育研究，2013，25（4）：37.

［68］景怀斌．中国人成就动机性别差异研究［J］．心理科学，1995（18）：2.

［69］乐楠子．高科技企业知识女性工作家庭平衡影响因素研究［D］．武汉：华中师范大学硕士学位论文，2017.

［70］李超平，时勘，罗王学，等．医护人员工作家庭冲突与工作倦怠的关系［J］．中国心理卫生杂志，2003（17）：807-809.

［71］李超平，时勘．分配公平与程序公平对工作倦怠的影响［J］．心理学报，2003，35（5）：677-684.

[72] 李光奇."青年"年龄划分标准管见 [J].青年研究,1994(5):7-8.

[73] 李建光,惠华强,连玉龙,等.寒区军人心理疲劳状况与特质研究 [J].解放军医院管理,2011,18(2):123-125.

[74] 李建军.创新导向、组织氛围对知识型员工创新行为的影响机制研究 [D].长春:吉林大学博士学位论文,2016.

[75] 李敬,朱嘉玲.员工情绪智力对组织公民行为影响的实证研究 [J].湖南大学学报(社会科学版),2010,24(6):78-83.

[76] 李梅.幽默感对压力的调节作用:效果及其机制 [D].长春:东北师范大学博士学位论文,2008.

[77] 李乃文,张蕾."过劳"与工作倦怠的比较研究 [J].现代生物医学进展,2007(4):607-610.

[78] 李珊,张拓红.北京某三级甲等医院在职护士职业紧张度及影响因素调查研究 [J].现代医院,2011,11(11):118-120.

[79] 李树林,刘继文,连玉龙,等.医疗卫生技术人员职业紧张水平及影响因素的研究 [J].新疆医学,2011(41):17-20.

[80] 李涛.大学教师职业紧张因素的调查 [J].现代预防医学,2007,34(23):4525-4530.

[81] 李晓艳,周二华.心理资本与情绪劳动策略、工作倦怠的关系研究 [J].管理科学,2013(1):38-47.

[82] 李一茗,邹泓,黎坚,等.被高估的情绪智力——基于构念和功能的分析 [J].北京师范大学学报(社会科学版),2016(4):31-42.

[83] 李永鑫,吴明证.工作倦怠的结构研究 [J].心理科学,2005,28(2):454-457.

[84] 李永鑫.工作倦怠及其测量 [J].心理科学,2003,26(3):556-557.

［85］李珍.中学生积极心理资本、情绪智力与适应的关系研究［D］.天津：天津师范大学硕士学位论文，2017.

［86］李宗波，彭翠.挑战性-阻碍性压力对工作满意度、情绪衰竭的差异性影响——上下属关系的调节作用［J］.软科学，2014，28（3）：82-86.

［87］廉思.工蜂：大学青年教师生存实录［M］.北京：中信出版社，2012.

［88］梁涛.高校辅导员胜任力、自我效能感与工作绩效的关系研究［D］.武汉：武汉大学硕士学位论文，2012.

［89］梁伟.服务氛围对情绪劳动与工作倦怠关系的调节作用研究［D］.长春：吉林大学硕士学位论文，2015.

［90］梁友信，金泰廙，孙贵范.劳动卫生与职业病［M］.北京：人民卫生出版社，2000.

［91］梁友信.职业心理紧张及其控制［J］.工业卫生与职业病，1991，17（1）：58-61.

［92］梁志静，苏联珍，董春玲.工作压力和生活紧张度对高校教师血压的影响及社会伦理对策［J］.中国医学伦理学，2011，24（4）：462-464.

［93］凌文辁，杨海军，方俐洛.企业员工的组织支持感［J］.心理学报，2006（2）：281-287.

［94］凌颖蕾.职业紧张对胚胎停育影响的病例——对照研究［J］.中国职业医学，2010，37（1）：18-20.

［95］刘帮成，杨文圣.基于 WEIS 的情绪智力测量及其效用研究［J］.管理学报，2010，7（9）：1329-1334.

［96］刘宝英，任南，杨华，等.职业紧张与多发多种心血管疾病关系的研究［J］.卫生研究，2006，35（4）：489-491.

［97］刘春华.高校青年教师职业倦怠干预研究［D］.天津：天津大学硕士学位论文，2014.

［98］刘国珍.情绪劳动视角下零售服务人员的人力资源管理［J］.经济论

坛，2009（15）：116-118.

[99] 刘继文，陶宁，刘斌，等．中小学教师慢性肌肉骨骼损伤与工作能力关系［J］．中国公共卫生，2009（1）：54-55.

[100] 刘继文，王治明，王绵珍，等．职业紧张对免疫功能的影响［J］．中国工业医学杂志，2002（2）：100-101.

[101] 刘继文．脑力劳动人群职业紧张干预研究现状和展望［J］．新疆医科大学学报，2008，31（1）：22-24.

[102] 刘杰，石伟．工作狂的研究述评［J］．心理科学进展，2008（4）：618-622.

[103] 刘坤．高校青年教师工作压力的社会工作介入研究［D］．长春：吉林大学硕士学位论文，2015.

[104] 刘丽，张珊珊．工作满意度在情绪智力与组织承诺关系中的中介作用［J］．中国健康心理学杂志，2011，19（7）：808-810.

[105] 刘丽．情绪智力、工作满意度对组织承诺的影响［J］．价值工程，2016，35（2）：190-192.

[106] 刘明理，张红，王志伟．民办高校青年教师职业过劳的成因与对策分析［J］．电脑知识与技术，2006（35）：209-210.

[107] 刘诗阳子．新生代员工工作倦怠对工作绩效、离职倾向的影响［D］．广州：华南理工大学硕士学位论文，2017.

[108] 刘晓明，王文增．中小学教师职业倦怠与心理健康的关系研究［J］．中国临床心理学杂志，2004，12（4）：357-359.

[109] 刘衍玲．中小学教师工作的探索性研究［D］．重庆：西南大学硕士学位论文，2007.

[110] 刘咏梅，卫旭华，陈晓红．群体情绪智力对群决策行为和结果的影响研究［J］．管理科学学报，2011（10）：11-27.

[111] 刘玉新．工作压力与生活：个体应对与组织管理［M］．北京：中国

社会科学出版社，2011.

［112］卢家媚．对情绪智力概念的探讨［J］．心理科学，2005，8（5）：1246-1249.

［113］陆昌勒，赵晓琳．影响工作倦怠感的社会与心理因素分项综述［J］．中国行为医学科学，2004，13（3）：345-346.

［114］陆昌勤，方俐洛，凌文轻．管理者的管理效能感［J］．心理学动态，2001（2）：179-185.

［115］陆欣欣，涂乙冬．工作投入的短期波动［J］．心理科学进展，2015（2）：268-279.

［116］吕律．试论过劳死的法律定位［J］．中国司法，2003（10）：57-58.

［117］吕勤，吴玉华，窨时萍．饭店员工主观幸福感、情绪智力、情绪劳动策略对离职倾向的影响研究——一个中介调节路径模型［J］．中国人力资源开发，2016（2）：43-51.

［118］吕晓．知识型员工工作压力、自我效能感及离职倾向关系研究［D］．成都：西南财经大学硕士学位论文，2014.

［119］罗财喜．对中国"过劳死"问题的法律思考［J］．全国商情（经济理论研究），2008（19）：131-132.

［120］罗财喜．论"过劳死"的概念及法律特征［J］．消费导刊，2008（10）：171.

［121］骆娜．组织支持、组织文化认同和情绪工作关系研究［D］．西安：陕西师范大学硕士学位论文，2013.

［122］马红宇，邱慕梦，唐汉瑛，等．家庭支持型主管行为研究述评与展望［J］．外国经济与管理，2016，38（10）：94-95.

［123］马红宇，唐汉瑛，谢菊兰，等．Work-Life Balance［C］//中国心理学会．第十八届全国心理学学术会议摘要集——心理学与社会发展．青少年网络心理与行为教育部重点实验室暨华中师范大学心理学院，2015.

［124］马建青，王东莉．心理咨询流派的理论与方法［M］．杭州：浙江大学出版社，2006.

［125］马晓彤．职业女性的工作压力对其情绪耗竭的影响研究［D］．北京：首都经济贸易大学硕士学位论文，2017.

［126］孟晓斌，许小东．企业管理者工作压力的绩效属性：基于自我效能感的解释［J］．商业经济与管理，2008（11）：32-37.

［127］孟续铎，杨河清．工作时间的演变模型及当代特征［J］．经济与管理研究，2012（12）：85-90.

［128］孟莹．心理脱离在工作压力源与情绪衰竭关系间的作用路径研究［D］．长春：吉林大学硕士学位论文，2016.

［129］彭娇子，张士斌．员工情绪智力、工作满意度对工作倦怠的影响——基于角色压力的中介效应分析［J］．贵州商业高等专科学校学报，2015，28（4）：60-66.

［130］卿涛，纪义予．我国"过劳"研究评述与展望［J］．中国人力资源开发，2015（13）：95-101.

［131］邱慕梦．家庭支持型主管行为对员工工作绩效的影响及其作用机制研究［D］．武汉：华中师范大学硕士学位论文，2016.

［132］任玉兵．服务性行业员工情绪劳动对离职意向的影响研究［D］．重庆：西南大学硕士学位论文，2009.

［133］尚莉，李燕，李健，等．职业倦怠在工作压力与健康功能间的中介效应［J］．职业与健康，2009，25（5）：449-452.

［134］邵晴芳．高校青年教师"过度劳动"问题研究［D］．武汉：武汉科技大学硕士学位论文，2012.

［135］邵瑞珍．教育心理学［M］．上海：上海教育出版社，1997.

［136］沈晟．工作倦怠、自我效能感与工作拖延的关系［D］．南京：东南大学硕士学位论文，2017.

［137］舒聘．家庭支持型主管行为、家庭和朋友支持对员工满意感的影响［D］．上海：华东师范大学硕士学位论文，2016.

［138］舒晓兵，廖建桥．国企管理人员工作压力源与工作满意度实证研究［J］．工业工程与管理，2003（2）：34-37.

［139］舒晓兵．管理人员的工作压力与工作效率研究［M］．武汉：武汉大学出版社，2007.

［140］宋爱芬．高校青年教师的成就目标、职业效能感和职业紧张的特点及其关系研究［D］．长春：东北师范大学硕士学位论文，2007.

［141］苏菲．家庭支持型主管行为与出勤主义行为：有调节的中介［D］．武汉：华中师范大学硕士学位论文，2017.

［142］苏曼．员工情绪智力与绩效的实证研究［J］．中国集体经济，2008（18）：102-103.

［143］孙丹．领导风格对员工离职倾向的影响——情感承诺的中介作用及LMX的调节作用［D］．成都：电子科技大学硕士学位论文，2019.

［144］孙金艳，张瑞成．职业紧张对职业人群健康影响的研究进展［J］．职业卫生与应急救援，2005（6）：65-67.

［145］孙婷．过度劳动的成因分析及其理论思考［J］．渭南师范学院学报，2008（4）：20-21+24.

［146］孙欣．员工组织支持感、心理契约与工作倦怠的关系研究［D］．贵阳：贵州财经大学硕士学位论文，2017.

［147］孙绪敏．评价视野下高校青年教师职业压力研究［J］．高等理科教育，2018（1）：29-35.

［148］谭亚梅．情绪劳动与工作倦怠、工作满意度的关系［D］．开封：河南大学硕士学位论文，2008.

［149］汤佳．工作—生活冲突和工作满意度—教师使命感的调节作用［D］．武汉：华中师范大学硕士学位论文，2015.

［150］汤家彦，王佳，姜国瑞．军队女性医护人员控制点、应对方式与心理健康水平的关系［J］．中国健康心理学杂志，2013，21（6）：839-841.

［151］唐春勇，潘妍．领导情绪智力对员工组织认同、组织公民行为影响的跨层分析［J］．南开管理评论，2010，13（4）：115-124.

［152］田传胜，孙菲，景心宇．职业应激应对方式与工作满意度及精神健康关系的探讨［J］．中国自然医学杂志，2004（3）：131-133.

［153］田学英．情绪调节自我效能感：结构、作用机制及影响因素［D］．上海：上海师范大学硕士学位论文，2012.

［154］佟丽君，张守臣．高校青年教师成就动机研究［J］．心理科学，2008，31（4）：861-865.

［155］童佳瑾，王垒，解雪．情绪智力对工作绩效的影响［J］．中国人力资源开发，2008（2）：90-94.

［156］万利，赵大伟．"90后"青年员工工作-生活平衡与创新行为：理论与实证研究［M］．北京：经济管理出版社，2017.

［157］汪新建，王丽．以心理治疗反思社会文化［J］．南京师大学报（社会科学版），2007（3）：98-102.

［158］王艾青．过度劳动及就业挤出效应分析［J］．华东理工大学学报（社会科学版），2006（4）：38-42.

［159］王本法．阿特金森的成就动机期望×价值模式论述评［J］．山东师范大学学报（社会科学版），2000（1）：69-71.

［160］王才康，胡中锋，刘勇．一般自我效能感量表的信度和效度研究［J］．应用心理学，2001（1）：37-40.

［161］王彩红，杨永坚．教师职业紧张及其对心理健康的影响研究进展［J］．职业与健康，2011，27（20）：2384.

［162］王彩霞．高校青年教师职业压力管理现状研究［D］．北京：首都经济贸易大学硕士学位论文，2017.

[163] 王丹．我国知识工作者过度劳动的理论与实证研究 [D]．北京：首都经济贸易大学博士学位论文，2010.

[164] 王海光．工作倦怠与薪酬制度关系的实证研究 [J]．科技与管理，2010，12（3）：103-106.

[165] 王海雯．中学教师的工作压力对情绪衰竭与工作投入的影响：心理弹性的调节作用 [D]．沈阳：沈阳师范大学硕士学位论文，2008.

[166] 王来宾．高校青年教师职业自我效能感与职业倦怠之关系 [J]．池州学院学报，2019，2（35）：32-34.

[167] 王蕾．高校青年教师心理健康状况及其与成就动机的关系 [J]．中国组织工程研究与临床康复，2007（39）：7834-7837.

[168] 王力娟，杨文彪，杨炳钧．分离焦虑研究述评 [J]．学前教育研究，2008（4）：28-33.

[169] 王立新．精神分析的焦虑理论述评 [J]．成都大学学报（社科版），2003（4）：15-18.

[170] 王林，曾晓立，林立．职业紧张及其对策 [J]．中国行为医学科学，2001，10（2）：157-158.

[171] 王梦珈，廖江群．压力与动机对工作狂满意度和离职倾向的影响 [C]．第十八届全国心理学学术会议，2015.

[172] 王素娟．"过度劳动"的影响要素与形成机理研究 [J]．劳动经济评论，2013（1）：107-112.

[173] 王文增，郭黎岩．中小学教师职业压力、职业倦怠与心理健康研究 [J]．中国临床心理学杂志，2007（15）：146-148.

[174] 王仙雅，林盛，陈立芸．科研压力对科研绩效的影响机制研究——学术氛围与情绪智力的调节作用 [J]．科学学研究，2013，31（10）：1564-1570.

[175] 王玉洁．过度劳动的形成机理及其效应的理论分析 [D]．武汉：武汉科技大学硕士学位论文，2015.

［176］王震宇．儿童心理发展理论［M］．上海：华东师范大学出版社，2000.

［177］王治明，兰亚佳．紧张和职业紧张［J］．劳动医学，2001，18（3）：186-188.

［178］韦耀阳，蔡太生，向光富，等．大学生成就动机、择业效能感与职业成熟度的关系［J］．中国临床心理学杂志，2013，21（1）：144-145.

［179］卫端．雇员"过度劳动"问题研究［D］．天津：天津财经大学硕士学位论文，2015.

［180］魏海勇，李祖超．知识型人才激励模型的建立与应用——基于成就需要理论的视角［J］．科技进步与对策，2008，25（6）：170-171.

［181］文书锋，汤冬玲，俞国良．情绪调节自我效能感的应用研究［J］．心理科学，2009，32（3）：666-668.

［182］吴迪．日本学者"过劳"问题研究评述［D］．北京：首都经济贸易大学硕士学位论文，2013.

［183］吴海燕．高校青年教师工作动机研究［D］．长沙：湖南大学硕士学位论文，2012.

［184］吴维库，余天亮，宋继文．情绪智力对工作倦怠影响的实证研究［J］．清华大学学报（哲学社会科学版），2008，23（S2）：122-133+144.

［185］吴晓亮．个体情绪智力与自我效能感对适应性绩效的影响研究［D］．昆明：昆明理工大学硕士学位论文，2014.

［186］吴宇驹．教师情绪劳动及其作用机制的研究［D］．广州：广州大学硕士学位论文，2008.

［187］夏玲．工作-生活平衡的涓滴效应研究——责任型领导的视角［D］．武汉：华中师范大学硕士学位论文，2017.

［188］肖凌燕，邹泓．大学生特质焦虑：结构及其特点［J］．心理发展与教育，2000（4）：44-50.

［189］肖伟平，马勇军．国外"教师焦虑"研究述评［J］．外国教育研究，2009，36（3）：48.

［190］肖玉垚．企业员工情绪智力、职场友谊与工作绩效的关系研究［D］．武汉：华中师范大学硕士学位论文，2017.

［191］肖志玲．大学生学业自我效能感与成就动机关系研究［D］．武汉：华中师范大学硕士学位论文，2002.

［192］谢秀芳．护理实习生情绪智力与职业压力的应对方式研究［J］．广东职业技术教育与研究，2015（3）：137-140.

［193］徐成东．基于结构方程模型的高校教师科研绩效压力与科研诚信影响机制研究［D］．杭州：浙江大学硕士学位论文，2010.

［194］徐木兰．见树又见林［M］．台北：经济与生活事业公司，1984.

［195］徐献梅．成教学生与普通本科生成就动机的比较分析［J］．武汉科技学院学报，2006，19（8）：108-110.

［196］徐小燕，张进辅．情绪智力理论的发展综述［J］．西南师范大学学报（人文社会科学版），2002（6）：77-82

［197］徐晓明．高校青年教师生活状态、发展状况及利益诉求影响因素研究［J］．石家庄铁道大学学报（社会科学版），2011，5（2）：90-95.

［198］徐晓宁．中小学教师职业压力、社会支持与职业倦怠的关系［D］．沈阳：东北师范大学硕士学位论文，2005.

［199］徐珠君．高校青年教师压力管理研究——基于N大学的个案分析［D］．上海：华东师范大学硕士学位论文，2008.

［200］许小东，孟晓斌．工作压力：应对与管理［M］．北京：航空工业出版社，2004.

［201］许小东．知识型员工工作压力与工作满意感状况及其关系研究［J］．应用心理学，2004（3）：41-46.

［202］许远理．情绪智力组合理论的建构与实证研究［D］．北京：首都师

范大学博士学位论文，2004.

[203] 薛红丽，李芝兰，史晓蓉，等．工作中的社会、心理因素对女教师生殖健康的影响 [J]．中国职业医学，2009，2（9）：73-77.

[204] 严标宾，张兴贵，林知．员工情绪智力对工作绩效的影响——自我效能感的中介效应 [J]．软科学，2013，27（12）：49-52.

[205] 燕国材．再谈非智力因素的几个问题 [J]．上海师范大学学报，2000，29（5）：38-42.

[206] 杨河清，韩飞雪，肖红梅．北京地区员工过度劳动状况的调查研究 [J]．人口与经济，2009（2）：33-41.

[207] 杨河清．我国过劳问题严重，亟须加强研究 [J]．人口与经济，2014（3）：85-88.

[208] 杨惠芳，王绵珍，王治明，等．体力劳动者职业紧张与工作能力现状及关系的研究 [J]．工业卫生与职业病，2006，32（5）：275-279.

[209] 杨佳．酒店服务人员情绪劳动、工作压力和工作绩效关系研究 [D]．南京：南京师范大学硕士学位论文，2012.

[210] 杨颉，姜燕媛．大学生成就动机及其影响因素分析 [J]．北京大学教育评论，2010，8（1）：63-69，190.

[211] 杨菊贤，卓杨．过劳死的发生和预防 [J]．中国行为医学科学，2006（7）：577-579.

[212] 杨君佑，杨浩，戴忠．医科新生焦虑症状的调查研究 [J]．健康心理学杂志，2001（3）：166-167.

[213] 杨满云．中小学教师情绪工作的特点及其与人格、教师心理健康的关系 [D]．重庆：西南大学硕士学位论文，2008.

[214] 杨韶刚．寻找存在的真谛——罗洛·梅的存在主义心理学 [M]．武汉：湖北教育出版社，1998.

[215] 杨维维．大学生与新员工情绪智力对个人绩效影响的比较研究 [D].

杭州：浙江大学硕士学位论文，2008.

［216］杨文杰，李健．工作场所中社会心理因素的测量——两种职业紧张测试模式的运用［J］．中华劳动卫生职业病杂志，2004，22（6）：422-426.

［217］杨晓萍．国外情绪智力研究述评［J］．山东教育学院学报，2008，23（6）：28-30+124.

［218］杨新伟，王治明，兰亚佳，等．不同个体特征职业紧张和工作能力变化的研究［J］．卫生研究，2004，33（1）：5-8.

［219］杨洋．浅析饭店员工情绪劳动管理［J］．河南商业高等专科学校学报，2009，22（4）：69-71.

［220］杨勇．体育专业大学生成就动机相关影响因素的研究［J］．体育成人教育学刊，2006，22（5）：41-43.

［221］杨哲．职业女性工作-生活平衡研究［D］．北京：首都经济贸易大学硕士学位论文，2012.

［222］叶浩生．罗洛·梅和他的存在主义心理学［J］．心理学探新，1987（3）：92-96.

［223］叶浩生．罗洛·梅论焦虑［J］．心理科学进展，1988（1）：50-54.

［224］叶浩生．西方心理学的历史与体系［M］．北京：人民教育出版社，2005.

［225］叶其生．企业组织氛围与绩效管理相关性研究［D］．北京：北京化工大学博士学位论文，2004.

［226］于丹．中国知识工作者过度劳动问题研究［M］．北京：首都经济贸易大学出版社，2011.

［227］余安汇，王维利，洪静芳，等．临床护士自我效能感与焦虑、抑郁的相关性研究［J］．护理学报，2011，18（10）：1-4.

［228］余善法．职业紧张和R2-AR基因多态性与高血压关系的病例对照研究［J］．工业卫生与职业病，2010，36（2）：93-98.

［229］袁博．高校青年教师相对剥夺感及其成因研究［D］．重庆：重庆工商大学硕士学位论文，2018.

［230］曾垂凯，时勘．Relationship Between Job Demands-Resources and Job Burnout of IT Employees［C］//中国管理现代化研究会．第三届（2008）中国管理学年会——公共管理分会场论文集．中国科学院研究生院管理学院，沈阳师范大学管理学院，2008.

［231］曾先锋，宋婷．新生代农民工情绪智力与心理健康的关系［J］．农村经济与科技，2015，26（10）：182-185.

［232］翟昶明，王利利．员工"过度劳动"现象的探因与防治［J］．商场现代化，2010（27）：140-141.

［233］詹承烈．劳动卫生学（第三版）［M］．北京：人民卫生出版社，1993.

［234］詹承烈．劳动心理学及其名词概念统一规范问题［J］．劳动医学，1999，16（1）：37-38.

［235］詹文慧．组织气氛对工作倦怠的影响［J］．浙江大学学报，2013（1）：112-118.

［236］张晨晨．国有企业中层经理情绪智力与直系下属员工工作绩效关系研究［D］．合肥：安徽大学硕士学位论文，2017.

［237］张春雨，张进辅，张苹平，等．员工过劳现象的形成机理与管理方法——立足工作要求-资源模型的分析［J］．中国人力资源开发，2010（9）：30-34.

［238］张德，郝文彦．关于成就动机的几个问题［J］．心理科学，2001，24（1）：94-95.

［239］张冬梅．枣庄地区两所高职院校教师职业紧张与生活质量的研究［D］．济南：山东大学硕士学位论文，2014.

［240］张光辉，高晓燕，付爱玲，等．新疆某高等医药学院教师职业紧张与

睡眠质量现状研究［J］. 新疆医科大学学报, 2016, 39（4）: 392-396.

　　［241］张鹤馨. 情绪劳动对服务岗位员工工作倦怠及离职倾向影响的实证研究［D］. 郑州: 河南工业大学硕士学位论文, 2017.

　　［242］张宏哲. 家庭支持型主管行为对员工健康的影响及主管干预方案设计［D］. 武汉: 华中师范大学硕士学位论文, 2015.

　　［243］张辉华, 黄婷婷. 情绪智力对绩效的作用机制——以团队信任感知和朋友网络中心为连续中介［J］. 南开管理评论, 2015（3）: 141-150.

　　［244］张辉华. 个体情绪智力与工作场所绩效关系的分析［J］. 心理学报, 2011, 43（2）: 188-202.

　　［245］张侃. 组织支持感对情绪劳动与工作倦怠之间关系的调节作用研究［D］. 南京: 南京大学硕士学位论文, 2011.

　　［246］张淑华, 王可心. 情绪、希望感与工作投入: 来自经验取样法的证据［J］. 中国人力资源开发, 2017（11）: 65-75.

　　［247］张舒. 我国劳动者过度劳动和劳动力闲置的成因与对策分析［D］. 北京: 对外经济贸易大学硕士学位论文, 2006.

　　［248］张文梅. 影响大学生成就动机因素的多元统计分析［D］. 贵阳: 贵州师范大学硕士学位论文, 2006.

　　［249］张向葵, 田录梅. 自尊对失败后抑郁、焦虑反应的缓冲效应［J］. 心理学报, 2005（2）: 240-245.

　　［250］张晓春. 专业人员工作疲乏研究模式——以社会工作人员为例（上）［J］. 思与言, 1983, 2（1）: 179-201.

　　［251］张轶文, 甘怡群. 中文版 Utrecht 工作投入量表（UWES）的信效度检验［J］. 中国临床心理学杂志, 2005（3）: 268-270+281.

　　［252］赵铭锡. 高师学生焦虑情绪调查分析［J］. 健康心理学杂志, 2000（1）: 44-45.

　　［253］赵鑫. 组织创新氛围、知识共享与员工创新行为［D］. 杭州: 浙江

大学博士学位论文，2011.

[254] 赵旭. 饭店服务员情绪劳动与工作倦怠、离职意向关系的研究 [D].长春：吉林财经大学硕士学位论文，2013.

[255] 赵志刚，王继先，赵永成，等. 我国医用诊断 X 射线工作职业紧张与高血压病关系的研究 [J].中华放射医学与防护杂志，2004，24（6）：540-542.

[256] 赵作荣. 教师职业紧张与其健康和工作能力的关系研究 [D].乌鲁木齐：新疆医科大学学位论文，2014.

[257] 者卉. 甘肃省高校青年教师压力状况及其对健康的影响研究 [D].兰州：西北师范大学硕士学位论文，2016.

[258] 郑芳芳，蒋奖，李幸路，等. 工作狂问卷的初步编制 [J].中国临床心理学杂志，2010，18（5）：562-564.

[259] 郑雪娇. 职业女性的工作压力对工作倦怠的影响研究 [D].沈阳：东北师范大学硕士学位论文，2013.

[260] 中国高校人文社会科学信息网. 教育部社科司关于 2015 年度教育部人文社会科学研究一般项目申报工作的通知 [Z].2015.

[261] 中华人民共和国教育部. 高等教育司介绍 [Z].2015.

[262] 钟建安，黄奇栋，李晶. 上下级情绪智力对 LMX、员工工作结果变量的作用研究 [J].应用心理学，2009，15（1）：62-66+89.

[263] 周国有. 挑战性—阻碍性压力源对离职意向的影响：焦虑和组织承诺的中介作用 [D].西安：陕西师范大学硕士学位论文，2016.

[264] 周海明，陆欣欣，时勘. 时间压力何时增加工作专注——工作特征的调节作用 [J].南开管理评论，2018，21（4）：158-168+218.

[265] 周何奇. 简论日本"过劳死"及其社会问题 [J].硅谷，2008（15）：178-179.

[266] 周莎. 酒店员工组织承诺对创新行为的影响研究——以创新自我效能感为调节变量 [D].湘潭：湘潭大学硕士学位论文，2016.

［267］周小兰，李贞，张体勤．绩效考核干预下个体成就目标导向对知识共享意愿的影响研究［J］．科研管理，2018，39（3）：90-100.

［268］周小兰，张体勤．基于知识分流模型的团队学习三维结构测量与影响因素［J］．科技进步与对策，2015，32（24）：125-130.

［269］周旭，肖元梅．职业紧张与职业人群健康关系的研究进展［J］．南昌大学学报（医学版），2013，53（5）：79-86.

［270］朱仁崎，陈晓春，彭黎明．情绪智力影响工作绩效机制中工作压力的中介效用研究［J］．统计与信息论坛，2013，28（2）：104-108.

［271］朱湘竹，江俊康，翁诗君，等．视屏显示终端作业者职业紧张及影响因素分析［J］．中国公共卫生，2008，24（2）：205-206.

［272］朱旖旎．高校青年教师职业压力及其调试管理研究［D］．武汉：华中师范大学硕士学位论文，2016.

［273］祝刚，彭娜．亚健康慢性疲劳综合征与"过劳死"探析［J］．中华中医药学刊，2007，25（11）：2383-2385.

附录　调查问卷

一、工作紧张

请根据您的亲身体验，选择最接近您实际感受的选项。所选答案无对错之分。

序号	题目	完全不符合	不太符合	说不清楚	比较符合	完全符合
1	我感到不能完成很多的工作	1	2	3	4	5
2	近来，我害怕去上班	1	2	3	4	5
3	我厌烦我的工作	1	2	3	4	5
4	近来，我感到我的工作落后了	1	2	3	4	5
5	近来在工作中出现了事故	1	2	3	4	5
6	我的工作质量是好的	1	2	3	4	5
7	近来我常缺勤	1	2	3	4	5
8	我感到我的工作很有意义	1	2	3	4	5
9	我能专心工作	1	2	3	4	5
10	我在工作中造成了一些差错	1	2	3	4	5
11	近来，我容易发火	1	2	3	4	5
12	近来，我感到压抑	1	2	3	4	5
13	近来，我感到焦虑	1	2	3	4	5
14	近来，我感到愉快	1	2	3	4	5
15	晚上睡觉时，我常被一些想法所困扰而难以入睡	1	2	3	4	5
16	近来，我应付困境的能力很差	1	2	3	4	5
17	我发现自己为一些小事抱怨	1	2	3	4	5

序号	题目	完全不符合	不太符合	说不清楚	比较符合	完全符合
18	近来，我心烦	1	2	3	4	5
19	我说话风趣、幽默	1	2	3	4	5
20	我发现一切都在顺利地进行	1	2	3	4	5
21	我希望有更多时间与好友在一起	1	2	3	4	5
22	我常常与亲近的人发生争吵	1	2	3	4	5
23	我常常与朋友争辩	1	2	3	4	5
24	我与配偶在一起很开心	1	2	3	4	5
25	最近，一切事情我都是亲自做	1	2	3	4	5
26	我与家人发生争吵	1	2	3	4	5
27	最近我的人际关系很好	1	2	3	4	5
28	我认为需要时间来解决自己的问题	1	2	3	4	5
29	最近，我担心同事对我的看法	1	2	3	4	5
30	近来，我不愿与人接触	1	2	3	4	5
31	我的体重意外地增加	1	2	3	4	5
32	我的饮食习惯没有规律	1	2	3	4	5
33	近来，我饮酒多	1	2	3	4	5
34	近来，我感到疲倦	1	2	3	4	5
35	我感到紧张	1	2	3	4	5
36	我入睡和熟睡都感到困难	1	2	3	4	5
37	我感觉有些难以形容的疼痛	1	2	3	4	5
38	我食用一些不卫生的食品	1	2	3	4	5
39	我感觉良好	1	2	3	4	5
40	近来，我精力充沛	1	2	3	4	5

二、职业紧张

请根据您的亲身体验，选择最接近您实际感受的选项。所选答案无对错之分。

序号	题目	完全不符合	不太符合	说不清楚	比较符合	完全符合
1	我感到不能完成很多的工作	1	2	3	4	5
2	近来，我害怕去上班	1	2	3	4	5

续表

序号	题目	完全不符合	不太符合	说不清楚	比较符合	完全符合
3	我厌烦我的工作	1	2	3	4	5
4	近来,我感到我的工作落后了	1	2	3	4	5
5	近来,在工作中出现了事故	1	2	3	4	5
6	我的工作质量是好的	1	2	3	4	5
7	近来,我常缺勤	1	2	3	4	5
8	我感到我的工作很有意义	1	2	3	4	5
9	我能专心工作	1	2	3	4	5
10	我在工作中造成了一些差错	1	2	3	4	5
11	近来,我容易发火	1	2	3	4	5
12	近来,我感到压抑	1	2	3	4	5
13	近来,我感到焦虑	1	2	3	4	5
14	近来,我感到愉快	1	2	3	4	5
15	晚上睡觉时,我常被一些想法所困扰而难以入睡	1	2	3	4	5
16	近来,我应付困境的能力很差	1	2	3	4	5
17	我发现自己为一些小事抱怨	1	2	3	4	5
18	近来,我心烦	1	2	3	4	5
19	我说话风趣、幽默	1	2	3	4	5
20	我发现一切都在顺利地进行	1	2	3	4	5
21	我希望有更多时间与好友在一起	1	2	3	4	5
22	我常常与亲近的人发生争吵	1	2	3	4	5
23	我常常与朋友争辩	1	2	3	4	5
24	我与配偶在一起很开心	1	2	3	4	5
25	最近,一切事情我都是亲自做	1	2	3	4	5
26	我与家人发生争吵	1	2	3	4	5
27	最近我的人际关系很好	1	2	3	4	5
28	我认为需要时间来解决自己的问题	1	2	3	4	5
29	最近,我担心同事对我的看法	1	2	3	4	5
30	近来我不愿与人接触	1	2	3	4	5
31	我的体重意外地增加	1	2	3	4	5
32	我的饮食习惯没有规律	1	2	3	4	5
33	近来,我饮酒多	1	2	3	4	5

序号	题目	完全不符合	不太符合	说不清楚	比较符合	完全符合
34	近来，我感到疲倦	1	2	3	4	5
35	我感到紧张	1	2	3	4	5
36	我入睡和熟睡都感到困难	1	2	3	4	5
37	我感觉有些难以形容的疼痛	1	2	3	4	5
38	我食用一些不卫生的食品	1	2	3	4	5
39	我感觉良好	1	2	3	4	5
40	近来我精力充沛	1	2	3	4	5

三、焦虑

请根据您的亲身体验，选择最接近您实际感受的选项。所选答案无对错之分。

序号	题目	完全不符合	不太符合	说不清楚	比较符合	完全符合
1	我觉得比平常容易紧张和着急	1	2	3	4	5
2	我无缘无故地感到害怕	1	2	3	4	5
3	我容易心里烦乱或觉得惊恐	1	2	3	4	5
4	我觉得我可能将要发疯	1	2	3	4	5
5	我觉得一切都很好，也不会发生什么不幸	1	2	3	4	5
6	我手脚发抖打颤	1	2	3	4	5
7	我因为头疼、头颈痛和背痛而苦恼	1	2	3	4	5
8	我感到容易衰弱和疲乏	1	2	3	4	5
9	我觉得心平气和，而且容易安静坐着	1	2	3	4	5
10	我觉得心跳得很快	1	2	3	4	5
11	我因为一阵阵头晕而苦恼	1	2	3	4	5
12	我有晕倒或觉得要晕倒似的感觉	1	2	3	4	5
13	我呼气、吸气都感到很容易	1	2	3	4	5
14	我手脚麻木和刺痛	1	2	3	4	5
15	我因为胃痛和消化不良而苦恼	1	2	3	4	5
16	我常常要小便	1	2	3	4	5

序号	题目	完全不符合	不太符合	说不清楚	比较符合	完全符合
17	我的手脚常常是干燥温暖的	1	2	3	4	5
18	我脸红发热	1	2	3	4	5
19	我容易入睡，并且一夜睡得很好	1	2	3	4	5
20	我发现一切都在顺利地进行	1	2	3	4	5

四、情绪劳动

以下是您工作中可能会遇到的情况，使您表现出一定的情绪。请根据您亲身的情绪体验，选择最接近您实际感受的选项。所选答案无对错之分。

序号	题目	完全不符合	不太符合	说不清楚	比较符合	完全符合
1	目前的绩效考核周期设置总给我很大的时间压力	1	2	3	4	5
2	为了达到相关考核指标要求，我需要投入大量的时间	1	2	3	4	5
3	除了完成规定的科研任务外，我没有时间投入别的任务	1	2	3	4	5
4	如果给我更加充裕的时间，我可以将科研做得更好	1	2	3	4	5
5	在面临计划外科研项目时，我总感到时间不够用	1	2	3	4	5
6	我常常感受到与同行竞争科研资源所带来的压力	1	2	3	4	5
7	每当要与同事竞争有关奖励的时候我都感到焦虑	1	2	3	4	5
8	单位内同事的科研能力给我很大的压力	1	2	3	4	5
9	有限的职称晋升名额会使我感到紧张	1	2	3	4	5
10	有限的项目申请名额会使我在申请时承受很大的压力	1	2	3	4	5
11	目前绩效考核需要的成果数量指标给我很大压力	1	2	3	4	5

续表

序号	题目	完全不符合	不太符合	说不清楚	比较符合	完全符合
12	科研成果产出的考核要求让我疲于应付	1	2	3	4	5
13	在进行论文投稿时，我经常担心无法得到发表	1	2	3	4	5
14	我总是担心无法达到科研绩效指标	1	2	3	4	5
15	我需要经常高负荷工作才能完成科研产出任务	1	2	3	4	5

五、组织氛围

请根据您的亲身体验，选择最接近您实际感受的选项。所选答案无对错之分。

序号	题目	完全不符合	不太符合	说不清楚	比较符合	完全符合
1	我和同事关系紧密	1	2	3	4	5
2	我会考虑同事的立场	1	2	3	4	5
3	我觉得和同事是一个"团队"	1	2	3	4	5
4	我和同事能够很好地开展合作	1	2	3	4	5
5	我和同事对于工作的新观点能够得到公司积极鼓励	1	2	3	4	5
6	我能感受到公司会允许我和同事在日常工作中犯错，而且很看重冒险	1	2	3	4	5
7	在执行任务的过程中我和同事更倾向于采用新的方法，公司所积极提倡的	1	2	3	4	5
8	我相信领导对工作的评价和判断是准确的	1	2	3	4	5
9	我要完成的工作目标是客观的、合理的	1	2	3	4	5
10	我认为领导对任何一位下属都一视同仁，不存在任何歧视和偏见	1	2	3	4	5

六、工作-生活平衡

下面是关于工作-生活平衡的题项，请您根据自己的真实感受，选择相应的答案。

序号	题项	完全不符合	不太符合	说不清楚	比较符合	完全符合
1	我是对家庭事务不很关心的人	1	2	3	4	5
2	我常常把工作上的事情带回到家里	1	2	3	4	5
3	我下班以后还是挂念工作上的事情	1	2	3	4	5
4	我因为工作压力向家庭成员发过脾气	1	2	3	4	5
5	因为工作繁忙，我忘记过生日、结婚纪念日之类重要的日子	1	2	3	4	5
6	我希望家庭生活比现在更幸福	1	2	3	4	5
7	我对我的家庭生活不满足	1	2	3	4	5
8	对我来说，协调好工作和生活是一件很困难的事	1	2	3	4	5
9	我的运动及空余闲暇时间很少	1	2	3	4	5
10	我对自己的休闲活动及健康不是很满意	1	2	3	4	5
11	上一次看电影和演出已经是很久远的事情了	1	2	3	4	5
12	因为工作疲劳导致周末没有休闲活动的心情	1	2	3	4	5
13	在我身上发生过因为工作导致身体不健康的事情	1	2	3	4	5
14	我对我的休闲活动不满足	1	2	3	4	5
15	我很难协调好工作和休闲的时间	1	2	3	4	5
16	我的周末没意思、超级无聊	1	2	3	4	5
17	我对自己的生活目标和质量反省的时间很少	1	2	3	4	5
18	我与其他人相比，属于对自己阅历不关心的人	1	2	3	4	5
19	我对自我开发几乎漠不关心	1	2	3	4	5
20	因为工作，自我开发计划很难实践	1	2	3	4	5
21	因工作繁忙，我都忘记了自己的人生目标	1	2	3	4	5
22	因为工作劳累，没有自我开发的心情	1	2	3	4	5
23	我不能有计划地完成自我开发	1	2	3	4	5

序号	题项	完全不符合	不太符合	说不清楚	比较符合	完全符合
24	对我来说，协调好工作和自我开发是件很困难的事情	1	2	3	4	5
25	我很少感觉到通过工作能提高自己的能力	1	2	3	4	5

七、成就需要动机

请根据您的亲身体验，选择最接近您实际感受的选项。所选答案无对错之分。

序号	题目	完全不符合	不太符合	说不清楚	比较符合	完全符合
1	我喜欢执行挑战性任务，因为可以让我学习未接触过的新东西	1	2	3	4	5
2	我经常主动寻找发展新技能和学习新知识的机会	1	2	3	4	5
3	发展能力对我十分重要，我宁愿去为他承担风险	1	2	3	4	5
4	我喜欢对能力和素质有较高要求的工作环境	1	2	3	4	5
5	我比较关心是否在工作上表现得比他人更好	1	2	3	4	5
6	我更喜欢能够证明自身能力的工作	1	2	3	4	5
7	我会尽量避开可能显示我能力不如他人的工作任务	1	2	3	4	5
8	当别人对我的工作表示赞赏时，我会很开心	1	2	3	4	5
9	做得比别人更好的想法激励着我	1	2	3	4	5
10	我会尽量避开可能做得不好的工作情景	1	2	3	4	5
11	工作中碰到疑惑，我会尽量避免一些他人可能会觉得很简单的问题	1	2	3	4	5

八、工作投入

请根据您的亲身体验，选择最接近您实际感受的选项。所选答案无对错之分。

序号	题目	完全不符合	不太符合	说不清楚	比较符合	完全符合
1	今天，早上一起床，我就想要去上班	1	2	3	4	5
2	今天工作时，我感到自己干劲十足	1	2	3	4	5
3	今天工作时，我感到精力充沛	1	2	3	4	5
4	今天，我对工作充满热情	1	2	3	4	5
5	今天，我的工作鼓舞了我	1	2	3	4	5
6	今天，我为自己所从事的工作感到自豪	1	2	3	4	5
7	今天，我在工作时达到忘我的境界	1	2	3	4	5
8	今天，我沉浸在我的工作当中	1	2	3	4	5
9	今天，当我专心工作时，我感到快乐	1	2	3	4	5

九、工作狂

请根据您的亲身体验，选择最接近您实际感受的选项。所选答案无对错之分。

序号	题目	完全不符合	不太符合	说不清楚	比较符合	完全符合
1	我很享受工作时的感觉	1	2	3	4	5
2	工作时我心中充满了愉悦	1	2	3	4	5
3	工作时我充满激情	1	2	3	4	5
4	我经常沉醉于工作，不想离开	1	2	3	4	5
5	我没发现工作有什么值得享受的	1	2	3	4	5
6	工作的时候我感觉很亢奋	1	2	3	4	5
7	工作时我感觉自己有使不完的劲	1	2	3	4	5
8	我经常因为工作而不能参加家庭或朋友的活动	1	2	3	4	5
9	我经常加班	1	2	3	4	5

续表

序号	题目	完全不符合	不太符合	说不清楚	比较符合	完全符合
10	我发现自己经常在休息日工作	1	2	3	4	5
11	我的家庭和朋友经常要让位给工作	1	2	3	4	5
12	同事们已经停止工作时，我发现自己还在继续	1	2	3	4	5
13	我经常把工作带到家里	1	2	3	4	5
14	节假日我还想着如何改进工作	1	2	3	4	5
15	我总是很忙	1	2	3	4	5
16	工作是我全部的寄托	1	2	3	4	5
17	除了工作，对其他事情都提不起来精神	1	2	3	4	5
18	只有拼命工作才能消除心中的紧张感	1	2	3	4	5
19	工作之外我没有其他爱好	1	2	3	4	5
20	只有在工作中我的价值才能体现出来	1	2	3	4	5
21	工作是我唯一的兴趣	1	2	3	4	5
22	我把空余时间都用在与工作相关的事情上	1	2	3	4	5
23	即使不喜欢目前的工作，努力工作仍然很重要	1	2	3	4	5
24	工作时我力求完美	1	2	3	4	5
25	即使工作没有乐趣，我也觉得有义务努力工作	1	2	3	4	5
26	无论什么工作我都想尽快完成	1	2	3	4	5
27	我经常努力提前完成任务	1	2	3	4	5
28	即使是工作上微小的失误我也不能容忍	1	2	3	4	5
29	我感觉工作就像是跟时间赛跑	1	2	3	4	5
30	在同事下班后，我还会继续工作	1	2	3	4	5
31	我感觉每天都有许多工作要做	1	2	3	4	5
32	我花在工作上的时间明显多于社交时间	1	2	3	4	5
33	工作上有时需要同时做几件事情	1	2	3	4	5
34	我觉得努力工作是很重要的	1	2	3	4	5
35	我常感到内心某部分驱使我工作	1	2	3	4	5

序号	题目	完全不符合	不太符合	说不清楚	比较符合	完全符合
36	即便感到无趣，我也认为有义务要努力工作	1	2	3	4	5
37	当我请假时，我会有罪恶感	1	2	3	4	5
38	即使我远离工作，我也会一直想着与工作有关的事	1	2	3	4	5

十、工作压力

请根据您的亲身体验，选择最接近您实际感受的选项。所选答案无对错之分。

序号	题目	完全不符合	不太符合	说不清楚	比较符合	完全符合
1	我觉得缺少进修和接受继续教育的机会	1	2	3	4	5
2	我感到自己知识和学历不够	1	2	3	4	5
3	我觉得参加学术讨论和研究的机会太少	1	2	3	4	5
4	我觉得专业发展没有前途	1	2	3	4	5
5	上级不信任导致我工作压力大	1	2	3	4	5
6	同事之间的关系不协调导致我工作压力大	1	2	3	4	5
7	学生难管理导致我工作压力大	1	2	3	4	5
8	我觉得教师缺乏成就感	1	2	3	4	5
9	现在的压力使我有离开教师岗位的可能	1	2	3	4	5
10	自己的工作很难得到领导的认可	1	2	3	4	5
11	我觉得学校并不了解教师的实际困难	1	2	3	4	5
12	我觉得学校只重视科研能力而忽视教学能力	1	2	3	4	5
13	教师报酬与工作量不成比例	1	2	3	4	5
14	学校对教师考评与奖赏不够合理	1	2	3	4	5
15	岗位竞争激烈给我带来很大压力	1	2	3	4	5
16	我觉得教学和科研存在冲突，不能相互促进	1	2	3	4	5

续表

序号	题目	完全不符合	不太符合	说不清楚	比较符合	完全符合
17	除了进行正常的教学外，还兼任其他职务或科研工作	1	2	3	4	5
18	我觉得缺少获得课题的机会	1	2	3	4	5
19	我觉得教师职称评定要求较高、晋升困难	1	2	3	4	5
20	学校规定完成的教学工作量大	1	2	3	4	5
21	科研工作量要求高	1	2	3	4	5
22	工作时间长导致休闲娱乐时间少	1	2	3	4	5
23	工作要求高导致休闲娱乐时间少	1	2	3	4	5
24	经常失眠、头痛、心情烦躁	1	2	3	4	5
25	工作千篇一律	1	2	3	4	5
26	工作没有乐趣	1	2	3	4	5
27	每天要做自己不想做的事情	1	2	3	4	5
28	家庭住房紧张、经济困难带来的压力	1	2	3	4	5
29	家庭总收入较低带来的压力	1	2	3	4	5
30	难以平衡家庭与工作的关系带来的压力	1	2	3	4	5

十一、情绪衰竭

请根据您的亲身体验，选择最接近您实际感受的选项。所选答案无对错之分。

序号	题目	完全不符合	不太符合	说不清楚	比较符合	完全符合
1	工作让我感觉身心疲惫	1	2	3	4	5
2	下班的时候，我感觉筋疲力尽	1	2	3	4	5
3	当早晨起床不得不去面对一天的工作时，我感觉非常累	1	2	3	4	5
4	整天工作对我来说压力确实很大	1	2	3	4	5
5	工作让我有快要崩溃的感觉	1	2	3	4	5

十二、工作倦怠

请根据您的亲身体验，选择最接近您实际感受的选项。所选答案无对错之分。

序号	题目	完全不符合	不太符合	说不清楚	比较符合	完全符合
1	我对自己的任教工作，常常觉得负荷沉重，耗尽心神	1	2	3	4	5
2	我现在的工作使我无法冷静处理一些情绪上的问题	1	2	3	4	5
3	我对外界关于教育的不恰当指责常感到难以忍受	1	2	3	4	5
4	我觉得每天上班工作很疲倦	1	2	3	4	5
5	每天早晨起来想到要面对一天的工作时就无精打采	1	2	3	4	5
6	我对现在的工作感觉有挫折感	1	2	3	4	5
7	我现在的工作使自己的脾气变得更暴躁	1	2	3	4	5
8	我常在工作一整天后，感到筋疲力尽	1	2	3	4	5
9	我担心教育这份工作使我对人逐渐产生冷漠的感觉	1	2	3	4	5
10	我对某些学生常有"孺子不教"之感慨	1	2	3	4	5
11	我在面对学生的问题时常感到束手无策	1	2	3	4	5
12	我对整天与学生在一起感到压力很大	1	2	3	4	5
13	我觉得从事教学工作使我变得冷酷无情，有时对待学生就像对待没有生命的物体一样	1	2	3	4	5
14	我对某些顽劣的学生懒得去理他们	1	2	3	4	5
15	我的工作积极地影响学生或同事的生活	1	2	3	4	5
16	我能有效地处理工作上或学生的问题	1	2	3	4	5
17	我很容易和同事或学生共同创造一个轻松的气氛	1	2	3	4	5
18	我会在和同事或学生工作或相处一整天后感到很快乐	1	2	3	4	5

续表

序号	题目	完全不符合	不太符合	说不清楚	比较符合	完全符合
19	我在学校教育教学的过程中已成了许多有意义的事情	1	2	3	4	5
20	我认为教育教学工作很有价值	1	2	3	4	5
21	我常对学生的班级管理感到很有成效	1	2	3	4	5
22	我常能协助同事或学生解决一些问题	1	2	3	4	5

十三、情商

请根据您的亲身体验，选择最接近您实际感受的选项。所选答案无对错之分。

序号	题目	完全不符合	不太符合	说不清楚	比较符合	完全符合
1	一般情况下，我知道自己各种感受的原因	1	2	3	4	5
2	我非常了解自己的情绪	1	2	3	4	5
3	我非常清楚自己的感受是什么	1	2	3	4	5
4	我总是知道自己是否快乐	1	2	3	4	5
5	我总能根据朋友的行为知道他们的情绪	1	2	3	4	5
6	我是一个善于观察他人情绪的人	1	2	3	4	5
7	我对别人的感受和情绪非常敏感	1	2	3	4	5
8	我能很好地理解周围人的情绪	1	2	3	4	5
9	我总是为自己设定目标，并尽最大的努力去实现这些目标	1	2	3	4	5
10	我总是提醒自己我是一个有能力的人	1	2	3	4	5
11	我是一个能自我激励的人	1	2	3	4	5
12	我总是鼓励自己要尽最大的努力去工作	1	2	3	4	5
13	我能控制自己的脾气，所以能理智地克服困难	1	2	3	4	5
14	我比较能够控制自己的情感	1	2	3	4	5
15	当我非常愤怒的时候，总是能很快地平静下来	1	2	3	4	5
16	我能很好地控制自己的情感	1	2	3	4	5

十四、自我效能感

请根据您的亲身体验，选择最接近您实际感受的选项。所选答案无对错之分。

序号	题目	完全不符合	不太符合	说不清楚	比较符合	完全符合
1	如果我尽力去做的话，我总是能够解决问题	1	2	3	4	5
2	即使别人反对我，我仍有办法取得我所要的	1	2	3	4	5
3	对我来说，坚持理想和达成目标是轻而易举的事	1	2	3	4	5
4	我自信能有效地应付任何突如其来的事情	1	2	3	4	5
5	以我的才智，我定能应付意料之外的情况	1	2	3	4	5
6	在工作中，如果我付出必要的努力，我一定能解决大多数的难题	1	2	3	4	5
7	我能冷静地面对工作中的困难，因为我信赖自己处理问题的能力	1	2	3	4	5
8	面对一个难题时，我通常能找到几个解决方法	1	2	3	4	5
9	有麻烦的时候，我通常能想到一些应付的方法	1	2	3	4	5
10	无论什么事在我身上发生，我都能应付自如	1	2	3	4	5

十五、过度劳动

请根据您的亲身体验，选择最接近您实际感受的选项。所选答案无对错之分。

序号	题目	完全不符合	不太符合	说不清楚	比较符合	完全符合
1	急躁、烦躁、悲观、犹豫，不能控制自己的情绪	1	2	3	4	5
2	考虑问题时，思路不清晰	1	2	3	4	5
3	对事情放心不下，事事操心	1	2	3	4	5
4	记忆力减退，开始忘记熟人名字	1	2	3	4	5
5	不能集中注意力，厌于思考问题	1	2	3	4	5
6	头脑反应迟钝，做事容易出差错	1	2	3	4	5
7	工作时有很强的睡意袭来	1	2	3	4	5
8	对事不积极，没有干劲	1	2	3	4	5
9	头疼、胸闷、耳鸣、目眩、心悸，医学检查无异常	1	2	3	4	5
10	全身倦懒，总想躺下休息	1	2	3	4	5
11	睡眠质量不高（失眠、多梦、睡觉醒来不解乏）	1	2	3	4	5
12	运动让我感到出奇的累，且24小时后不能缓解此状况	1	2	3	4	5
13	和以前相比，容易疲劳，患病次数增多	1	2	3	4	5

十六、家庭支持型主管行为

请根据您的亲身体验，选择最接近您实际感受的选项。所选答案无对错之分。

序号	题目	完全不符合	不太符合	说不清楚	比较符合	完全符合
1	神经过敏，心中不踏实	1	2	3	4	5
2	发抖	1	2	3	4	5
3	无缘无故地突然感到害怕	1	2	3	4	5
4	感到害怕	1	2	3	4	5
5	心跳得很厉害	1	2	3	4	5
6	感到紧张或容易紧张	1	2	3	4	5
7	一阵阵恐惧或惊恐	1	2	3	4	5

续表

序号	题目	完全不符合	不太符合	说不清楚	比较符合	完全符合
8	感到坐立不安、心神不宁	1	2	3	4	5
9	感到熟悉的东西变得陌生或不像是真的	1	2	3	4	5
10	感到要很快把事情做完	1	2	3	4	5